权威·前沿·原创

皮书系列为
"十二五""十三五"国家重点图书出版规划项目

B

BLUE BOOK

智库成果出版与传播平台

印度洋地区蓝皮书

BLUE BOOK OF
THE INDIAN OCEAN REGION

印度洋地区发展报告
（2020）

ANNUAL REPORT ON THE DEVELOPMENT OF
THE INDIAN OCEAN REGION (2020)

主　编／朱翠萍

社会科学文献出版社
SOCIAL SCIENCES ACADEMIC PRESS (CHINA)

图书在版编目（CIP）数据

印度洋地区发展报告. 2020 / 朱翠萍主编. -- 北京：
社会科学文献出版社，2020. 11
（印度洋地区蓝皮书）
ISBN 978 - 7 - 5201 - 7607 - 1

Ⅰ. ①印… Ⅱ. ①朱… Ⅲ. ①南亚 - 研究报告 -
2020 Ⅳ. ①D735

中国版本图书馆 CIP 数据核字（2020）第 224097 号

印度洋地区蓝皮书
印度洋地区发展报告（2020）

主　　编 / 朱翠萍

出 版 人 / 谢寿光
责任编辑 / 郭白歌

出　　版 / 社会科学文献出版社·国别区域分社（010）59367078
　　　　　　地址：北京市北三环中路甲 29 号院华龙大厦　邮编：100029
　　　　　　网址：www. ssap. com. cn
发　　行 / 市场营销中心（010）59367081　59367083
印　　装 / 天津千鹤文化传播有限公司

规　　格 / 开　本：787mm×1092mm　1/16
　　　　　　印　张：18. 5　字　数：275 千字
版　　次 / 2020 年 11 月第 1 版　2020 年 11 月第 1 次印刷
书　　号 / ISBN 978 - 7 - 5201 - 7607 - 1
定　　价 / 158. 00 元

印度洋地区发展报告
编 委 会

主编简介

朱翠萍 云南财经大学印度洋地区研究中心常务副主任、教授,博士生导师。中国南亚学会副秘书长、常务理事。《印度洋经济体研究》编辑部主任、执行主编。《印度洋地区发展报告》(蓝皮书)主编。近年来出版专著 *India's Ocean：Can China and India Co-exist？*(2108 年,斯普林格出版社)、《印度洋与中国》(2014 年,社会科学文献出版社),译著《莫迪的世界》(2016 年,社会科学文献出版社)以及中英文编著《孟中印缅合作机制:中印视角》(2016 年,社会科学文献出版社)。研究专长为印度洋战略、南亚问题与中印关系。

摘　要

近年来，印度洋的地缘战略环境正在发生较为显著的变化。在印度洋地区，印度不仅试图巩固其在南亚次大陆的主导地位，而且积极扮演印度洋净安全提供者的角色，并努力追求在印度洋地区独一无二的影响力。与此同时，包括美中日俄在内的域外大国在印度洋地区的战略博弈呈加剧态势，各国正以不同方式、不同程度地对印度洋地区施加影响力。其中，域外大国美国是影响印度洋战略环境的最大变量，也是二战结束以来印度洋的主导力量。域内大国印度不仅地理上位于南亚中心，人口、面积和 GDP 分别约占整个南亚地区的 75%、63% 和 80%。位于南亚中心所形成的"众星捧月"的地理格局以及印度在印度洋背靠大陆三面环海的地理特点，使印度不仅将南亚次大陆视为其天然的势力范围，而且在一定程度上也将印度洋视为其"后院"。当前，国际局势正经历百年未有之大变局，新冠肺炎疫情在全球肆意蔓延，中美之间的竞争亦呈加剧态势。在这种情况下，印度洋地区的局势主要具有以下几个特点。

第一，印度在印度洋的战略姿态更加开放，排斥中国更加明显。一个值得关注的动向是，印度的战略关注点从重视东印度洋的环孟加拉湾，扩展到西印度洋和阿拉伯海。在东印度洋，印度正加大海军演习的规模和频度，并试图建立沿海雷达监视系统；在西印度洋，印度正努力加强"存在感"，不仅努力改善与海湾国家之间的关系，而且重视深化与塞舌尔、毛里求斯、科摩罗、马达加斯加等印度洋岛国的关系。印度于 2020 年 3 月 6 日加入了印度洋委员会，成为观察员。而且，在新冠肺炎疫情期间印度国内面临巨大抗疫压力的情况下，印度总理莫迪倡议召开了南盟国家视频会议，讨论了应对举措并设立了应急基金，还对多个国家尤其是南亚邻国和印度洋岛国提供了援助。

第二，美国主导的"印太战略"与"四国安全对话"呈加速推进态势。印日澳三国均不同程度地对特朗普政府于 2017 年底正式开启的"印太战略"构想做出了积极回应，四国在利用"印太"概念以改变于己不利局面的战略目标上具有一致性，各自的战略诉求及实施战略目标的手段虽各有不同却也存在一定关联。但是，印、日、澳三国迎合美国战略的力度不同，日本不遗余力地配合美国，澳大利亚积极充当"马前卒"，印度则"选择性介入"。在"四国安全对话"方面，印度过去一直反对四国集团的任何军事化行动，以免激化与中国的关系，澳大利亚也有相同考量。但相比之前不想过度激化与中国关系的态度取向，印澳近期均不同程度地对"四国安全对话"表现出一定的"松动"。

第三，印美国防合作再上新台阶。国防合作是印美两国战略关系的最大支撑，也是两国政治关系的稳定剂。从华盛顿的角度来看，加强与印度的国防合作可以获得经济利益，促进美国国防工业发展，创造就业机会。从新德里的角度来看，美印军事合作可以通过获得先进技术和武器装备促进印度的国防现代化建设，帮助提升印度的军事实力，增强对巴基斯坦作战能力，并通过"可置信的威胁"缓解新德里对中国在南亚和印度洋地区不断上升的影响力的担忧。

第四，印度洋地区安全局势仍然不容乐观，但总体可控。自 2019 年以来，印度洋地区安全形势总体呈现稳中向好趋势，但依然不容乐观。首先，由于印度单方面取消印控克什米尔地区的"特殊地位"，将其重新划分为"查谟－克什米尔"和"拉达克"两个中央直辖区。这一冒险决定不仅带来了克什米尔的动荡，更使印巴原本紧张的关系骤然恶化。同时，这在一定程度上也成为中印边境局势紧张的一个诱因。其次，美伊冲突升级，美俄在中东围绕伊朗展开较量。2020 年，中东地区首先引发国际社会关注的重大事件是被视为伊朗二号人物的卡西姆·苏莱曼尼遇袭身亡，由此引发了美伊之间的相互威胁与报复性行动。在美伊紧张局势升级背景下，为了威慑伊朗，美国增加了在海湾地区的军事部署。这使伊朗寻求与另一个不断受到西方严厉制裁的国家俄罗斯的合作，使美俄之间围绕伊朗而"明争暗斗"。最后，东南亚安全局势总体稳定，但安全隐患尚存。在印度洋沿岸的东南亚地区，安全问题主要表现在三个方面：一是国际化、组织化的非法活动，如走私、贩毒和非法移民等，导致地区安全问题较为突出；二是潜在的恐怖主义威胁逐渐浮出水面；三是历史问题导致的宗教和民族冲突，使部分国家国内政局不稳。

基于当前印度洋地区形势，美国正在进行战略调整：一方面减少对印度洋地区的"硬投入"；另一方面提升对印度洋地区的"软控制"。美俄在中东的激烈竞争以及中印在印度洋的竞争，正在重塑着印度洋地区的地缘政治格局。印度洋虽然是中国的次要战略区，但属于中国的战略周边，尤其是环孟加拉湾，是中国战略周边中的近邻。在未来几年内，孟加拉湾和安达曼海在印度的海上战略考量中的作用会更加突出，预示着随着"21世纪海上丝绸之路"的推进，中印在环孟加拉湾的竞争也将持续存在。印度洋上的大国竞争正呈现加剧态势，而史无前例的新冠肺炎疫情对国际战略格局的影响也将是前所未有的。

关键词：印度洋 环孟加拉湾 国际环境 "一带一路" "印太战略"

目 录

Ⅰ 总报告

Ⅱ 分报告

Ⅲ 专题报告

Ⅳ 附录

皮书数据库阅读**使用指南**

总 报 告

General Reports

B.1

变动中的印度洋局势

朱翠萍*

摘 要: 随着"印太"从概念构想走向战略实践,一个连接印度洋和
太平洋的战略区域正在形成。美国意欲减少对印度洋的"硬
投入",提升对印度洋的"软控制"。印度不仅重视东印度洋
的环孟加拉湾,而且努力增加在西印度洋的存在。印度洋地
区的中东、非洲和南亚是全球武装冲突最为集中的地区,传
统与非传统安全威胁此起彼伏。同时,美俄在中东的激烈竞
争以及中印在印度洋的竞争,正重塑着印度洋地区的地缘政
治格局,而史无前例的新冠肺炎疫情对国际格局带来的影响
也将是前所未有的。

---

* 朱翠萍,云南财经大学印度洋地区研究中心教授。

关键词： 新冠肺炎疫情　印度洋　"印太战略"　四国安全对话

　　新冠肺炎疫情正在全球蔓延，给世界经济秩序带来了巨大冲击，给全球治理带来了巨大挑战，为贸易与投资合作增添了阻力，也将不可避免地对国际战略环境产生深远影响。印度洋地区也不例外。近年来，印度洋的地缘战略环境正在发生较为显著的变化。在印度洋地区，印度试图巩固在南亚次大陆的主导地位，积极扮演印度洋净安全提供者角色，并努力追求在印度洋地区独一无二的影响力。澳大利亚、印度尼西亚、马来西亚、巴基斯坦、伊朗、沙特等国则试图发挥中等强国的作用。与此同时，美中日俄等域外大国正以不同方式不同程度地对印度洋地区施加影响力。其中，域外大国美国是影响印度洋战略环境的最大变量，也是二战结束以来印度洋的主导力量。域内大国印度不仅地理上位于南亚中心，人口、面积和 GDP 分别约占南亚地区的 75%、63% 和 80%①，在南亚"一国独大"，而且拥有背靠大陆、三面环海的地理环境优势。这是印度加强对南亚次大陆的控制和提升对印度洋影响力的一个主要因素。毕竟，谁也不能否认，一个国家的地理位置之于该国地缘战略的重要性。正如汉斯·摩根索所言："一国权力所依赖的最稳定的因素显然是地理。"② 这使得印度对于印度洋成为"印度之洋"的"排他性"努力从来没有停止过。在印度洋，美国第五舰队部署在西印度洋，迪戈加西亚军事基地是美国控制印度洋的战略支点；印度的军事力量则主要集中在东印度洋的安达曼-尼科巴群岛。当前，美国正在进行战略调整，一方面减少对印度洋的"硬投入"，另一方面提升对印度洋的"软控制"。而美俄在中东的激烈竞争以及中印在印度洋的竞争，正重塑着印度洋地区的地缘政治格局。史无前例的新冠肺炎疫情对国际战略格局的影响也将是前所未有

---

① 2019 年南亚 GDP 总量为 36562 亿美元，其中印度 GDP 为 29262 亿美元，约占南亚 GDP 总量的 80%。
② 〔美〕汉斯·摩根索：《国家间政治：权力斗争与和平》，徐昕、郝望和李保平译，北京大学出版社，2006，第 148 页。

的，印度洋上的大国竞争呈现加剧态势。与此同时，印度洋地区的安全局势也在发生变化，虽然全球海盗袭击从东非索马里向西非转移，但潜在的跨国安全挑战增加，地区安全局势呈现更加动荡的趋势。印度洋地区的中东、非洲和南亚是全球武装冲突最为集中的地区，传统与非传统安全威胁此起彼伏，各种形式的军事演习和活动频繁上演，加剧地区冲突与安全局势动荡。大国在印度洋的地缘战略博弈导致的地缘政治冲突已经开始显现，中印在印度洋的竞争将持续存在。

一 印度谋求印度洋地区领导权新动向

在印度洋沿岸五大区域 38 个国家和地区中①，崛起中的印度是最大的经济体，拥有较为强大的军事力量，且相对实力正处于不断上升阶段。除了巩固在传统势力范围南亚次大陆的支配地位，印度还谋求在东印度洋地区的领导权以及将西印度洋纳入势力范围，以增强在整个印度洋地区的影响力。美国积极配合印度在"印太战略"构想中对西印度洋的重视，在《2020 财年国防授权法案》（NDAA）的会议报告中，美国确定了要涵盖的主题，描述了美国和印度在西印度洋的军事活动以及两国之间在西印度洋的军事合作。②

（一）印度的印度洋战略姿态更加开放，排斥中国更加明显

一直以来，印度将印度洋视为其天然的势力范围，但印度深知其控制印度洋的实力有限。在印度洋，美国的中央司令部、非洲司令部以及美国驻中东范围涵盖波斯湾、红海、阿拉伯海和东非沿岸的第五舰队，印度无论如何也无法匹敌。同时，印度难以排斥英国、法国在印度洋的传统存在，也无力阻止中国、日本、俄罗斯等域外大国进入印度洋。在这样的情势下，印度在

---

① 参见朱翠萍《印度洋与中国》，社会科学文献出版社，2014，第 9~10 页。

② "Congress Seeks Pentagon Brief on India US Cooperation in Western Indian Ocean", December 11, 2019, https: //economictimes. indiatimes. com/news/defence/congress – seeks – pentagon – briefing – on – india – us – cooperation – in – western – indian – ocean/articleshow/72467503. cms.

印度洋的战略考量只能表现出更加开放的战略姿态，依靠美国的力量提升影响力。但是，印度明显排斥中国。从目前的事态发展来看，在域内，莫迪重视邻国，强调"邻国优先"政策。2019年莫迪赢得连任的一周之后，迅速访问了岛国马尔代夫与斯里兰卡。同时，意欲联合环印度洋主要国家，通过经济与安全合作来扩大印度在印度洋的影响范围。在域外，莫迪追求在美国的帮助下对冲中国在印度洋的影响力，不断提升印度在印度洋的实力，并逐步实现印度在印度洋主导地位的梦想。而且，有学者认为，当前国际环境对印度更加有利，即使挑衅中国，也不会招致中国的强力反制，机会主义策略的风险较低。① 印度迎合美国的"印太战略"构想，当然也不忘强调"印太"概念的包容性。自2017年以来，虽然印美在"印太战略"构想上更多地呈现"貌合神离"的特征，但印度的"印太战略"还是向美国的战略意图靠近。印度积极迎合美国的"印太战略"构想，源于"印太"概念构想和话语体系之中印度具有"举足轻重"的作用，有利于印度接近"有影响力的世界大国目标"。不同于美日澳"开放、自由的印太"的表述，印度提出"自由、开放与包容的印太"，强调"印太"概念的"开放性"，尤其是"包容性"。而且，印度的"战略自主"和"不结盟"传统遗产，在国内依然存在一定空间。印度曾在公开场合表达不会与美国联合制衡中国，这并不表示印度愿意接受中国在印度洋地区不断上升的影响力，印度在印度洋对中国的排斥不会改变，只不过在实力有限的情况下，不想过多刺激中国。与此同时，印度不断深化与东盟国家特别是与印度尼西亚、新加坡和越南等在"印太"框架下的合作。此外，在通过"印太战略"共同制衡中国的战略诉求方面，新德里逐渐显现出与华盛顿契合的趋势，在战略选择中也试图表现出一定的"自主性"和"差异性"，将印度的"印太战略"构想从之前重视东印度洋地区，扩大到涵盖印度洋西部和阿拉伯海在内的整个印度洋，并在战略上分为"东向行动"和"西向行动"两大部分。

---

① 叶海林：《莫迪政府对华"问题外交"策略研究——兼论该视角下印度对"一带一路"倡议的态度》，《当代亚太》2017年第6期，第37页。

（二）印度在东印度洋"动作不断"

近年来，印度不仅通过发起并主导印度洋海军论坛（IONS）、环印度洋联盟（简称环印联盟，IORA）、环孟加拉湾多领域经济技术合作倡议（BIMSTEC）等，奠定印度主导印度洋事务的基础，而且合并海军西部和东部司令部为拟建的半岛司令部，负责应对整个印度洋地区的安全挑战。

印度一直非常重视在东印度洋的军事存在与战略部署。在东印度洋，印度加强了"大规模"海军演习。自2018年6月莫迪在新加坡香格里拉对话中阐述了印度的"自由、开放、包容和基于规则的印太愿景"之后，2019年8月印度外交部长苏杰生（Subrahmanyam Jaishankar）在第26届东盟地区论坛上再次阐述了印度的印太愿景，认为"印度需要采取集体行动，以确保战略上至关重要的印太地区的安全。恐怖主义仍然是一个普遍的灾难"[1]。在过去的几年中，在越来越多的人将"印太"作为一个战略空间的背景之下，印度试图加强与多个东南亚国家之间的双边安全关系，并使一些安排多边化。尽管进展缓慢，但收获也是明显的，"新加坡－印度－泰国海上演习"（SITMEX）就是一个例子。

2019年9月16~20日，印度与新加坡、泰国在安达曼海举行了首次三边军事演习，包括在布莱尔港的岸上阶段演习和在安达曼海的海上阶段演习，意在确保通过马六甲海峡的自由和航运不受阻碍。该三边演习未来可能以印度为中心，形成包括马来西亚和印度尼西亚等国参与的多边格局。印度与泰国则从9月16日开始，举行了第三次"马特里（Maitree）2019"军事演习，这是一个月内第三次两国军队之间的军事接触，展现了印度与泰国之间不断深化的友好关系。[2] 2019年5月，印度海军和日本海上自卫队在安达

---

[1] "Jaishankar Bats for Collective Action to Secure Indo-Pacific at ARF", August 2, 2019, https：//economictimes. indiatimes. com/news/defence/jaishankar – bats – for – collective – action – to – secure – indo – pacific – at – arf/articleshow/70499814. cms.

[2] "Army Exercise Maitree – 2019 to Further Bolster India and Thailand Military Ties", http：//www. newindiaexpress. com/nation/2019/see/13/army – exercise – maitree – 2019 – to – further – bolster – india – and – thailand – military – ties – 2032752. html.

曼海举行了联合演习。9月，印度、美国和日本在九州佐世保至关东南部海域举行了为期10天的第23届"马拉巴尔"年度海上联合军事演习。该演习是1992年美印两国开启的年度海上联合演习，日本自2015年起加入该演习。同时，"米兰"海军演习是印度主持的一个多边海军演习，1995年首次在安达曼－尼科巴群岛举行，印度尼西亚、新加坡、斯里兰卡和泰国4个环孟加拉湾沿海国海军参加。此后每两年举行一次（除2005年和2011年外）。在过去的25年，该演习的规模持续扩大，2018年有17个国家参加了演习。2020年，该演习扩大到包括美国、俄罗斯、法国、伊朗、沙特阿拉伯、印度尼西亚、莫桑比克、苏丹、以色列、卡塔尔、泰国、澳大利亚、肯尼亚和埃及等在内的41个国家的海军官兵参加，原计划3月在印度沿海城市维沙卡帕特南举行。[①] 但是，由于受新冠肺炎疫情影响而取消。印度与新加坡常年开展代号为"SIMBEX"的双边海军演习。2019年11月，印度国防部长拉吉纳特·辛格（Raj Nath Singh）与新加坡国防部长黄永宏（NG Eng Hen）举行会谈后，双方交换了一份合作意向书，印度将向新加坡开放位于孟加拉湾的昌迪普尔导弹试验场。[②] 2019年9月7日，印度和斯里兰卡在孟加拉湾举行了为期6天的"SLINE 2019"联合海军演习。紧接着，10月12～16日，印度还与孟加拉国举行了首次海军双边演习。谢赫·哈西娜（Sheikh Hasina）访问印度期间，印度与孟加拉国签署了一份谅解备忘录，印度将在邻国的海岸线安装由20个雷达系统组成的网络，建立沿海监视雷达网络。同时，印度还正在毛里求斯、斯里兰卡、塞舌尔和马尔代夫等其他印度洋国家建立类似的沿海监视网络。

（三）印度在西印度洋加强"存在感"

近期一个颇为值得关注的动向是，印度扩大其印太政策的覆盖范围，将

---

① "India to Host 41 Nations including Russia, US during Largest Indian Ocean Naval Exercise", November 25, 2019, https://sputniknews.com/asia/201911251077398246 – india – to – host – 41 – nations – including – russia – us – during – largest – indian – ocean – naval – exercise/.

② Kalyan Ray, "India to Open up Its Missile Test Range to Singapore", November 20, 2019, https://www.deccanherald.com/national/india – to – open – up – its – missile – test – range – to – singapore – 778083.html.

西印度洋和阿拉伯海包括在内。2020 年 1 月，印度外交部长苏杰生在第六届印度洋对话和第十一届德里对话的联合会议中发表演讲："印度正在扩大其印度洋 – 太平洋政策所涵盖的区域，以包括西印度洋和阿拉伯海，其中包括印度洋的邻国、海湾、阿拉伯海和非洲的岛屿国家。印度将印度洋 – 太平洋的地理区域和战略区域扩展到不仅包括从印度向东延伸的区域（该区域将东盟作为中心与重点），印度现在正在将西印度洋和非洲纳入其中，这个概念有空间容纳西印度洋。"① 这意味着不仅东盟是印度洋 – 太平洋的中心，还包括海湾国家和非洲。事实上，印度历届政府都非常重视海湾地区。海湾地区不仅是印度能源的最大来源地，也是印度主要的投资来源地，还是侨汇的主要来源地。

2019 年 7 月，印度国防部长拉吉纳特·辛格首次海外出访期间与在印度洋具有战略位置的国家莫桑比克签署了三项重要协议，以在印度洋地区推进"萨迦"（SAGAR）倡议。一项协议是分享"白色航运"信息——这些数据有助于印度与该地区的友好国家建立雷达网络，以便全面了解航运动向。一项是分享水文信息的协议，这将充分利用印度在该领域的能力。印度曾用这些能力帮助斯里兰卡、马尔代夫和毛里求斯等邻国。还有一项是监控非洲国家的专属经济区。② 2019 年 8 月，印度总理莫迪访问了阿拉伯联合酋长国和巴林，凸显了印度继续致力于改变印度与海湾地区关系的承诺。尽管海湾地区之于印度的价值在过去四十多年里一直稳步上升，但莫迪是第一个对该地区给予持续关注的高层政治领导人。③ 同时，在海湾地区政治动荡的背景下，印度与沙特阿拉伯和法国携手合作，以加强在西印度洋的海上力量。

---

① "India's Indo-Pacific Strategy Must Take along the Neglected Side", January 3, 2020, https://theprint.in/opinion/indias – indo – pacific – strategy – must – take – along – the – neglected – side – eastern – nations/347942/.

② Manu Pubby, "In First Overseas Visit, Defense Minister Rajanath Singh Focus on SAGAR Initiative in Indian Ocean Region", July 26, 2019, https://economictimes.indiatimes.com/news/defence/in – first – overseas – visit – defence – minister – rajnath – singh – to – focus – on – sagar – initiative – in – indian – ocean – region/articleshow/70398666.cms.

③ Raja Mohan, "Raja Mandala: What India Has to Offer in the Gulf", August 20, 2019, https://indianexpress.com/article/opinion/columns/pm – narendra – modi – uae – gulf – visit – 5918216/.

印度和沙特阿拉伯还签署了建立战略伙伴关系理事会（SPC）的协议。印度是继英国、法国和中国之后第四个与沙特阿拉伯建立这种战略伙伴关系的国家。2019 年 12 月，印度在岛国马达加斯加任命了新的国防官员，以巩固印度在西印度洋的存在。同时，印度外交部还专门成立了一个单独的印度洋分部，以处理马达加斯加、科摩罗和法国等联合事务。① 印度还在外交部长苏杰生访问苏丹期间，和阿曼签署了《海上运输协定》。该协定是印度与海湾国家签署的第一个协议，使印度得以扩大在印度洋西部、波斯湾和东非的活动范围。2020 年 2 月 27 日，印度国防参谋长比平·拉瓦特（Bipin Rawat）宣布，印度将在 2022 年进行大幅度军改，将有 2～5 个战区司令部来应对西部和北部边界的未来安全挑战。查谟 - 克什米尔的安全挑战将由现有结构进行重大改革后的专门战区司令部来应对。② 此外，印度致力于推进有利于促进印度洋地区安全与繁荣的"萨迦"倡议，该倡议是印度外交政策的核心。2020 年 2 月 28 日，印度国防研究与发展组织（DRDO）科学家兼总干事苏德赫尔·米什拉（Sudhir Mishra）指出，所有守卫印度洋和阿拉伯海的印度海军舰艇均装有"布拉莫斯"（BrahMos）导弹，它们对敌人做出反应仅需要 22 秒。这些超音速巡航导弹使海军有能力"击败任何国家的军舰"。③ 在印度看来，印度重视西印度洋，除了从海上对抗巴基斯坦之外，中国在吉布提建立海外后勤保障基地增加了印度的担忧，也是印度将战略重点放在西印度洋的一个主要原因。④

---

① "Modi Gov't Appoints New Defense Attache in Madagascar to Boost Indian Ocean Presence", December 27, 2019, https://sputniknews.com/asia/201912271077880010 - modi - govt - appoints - new - defence - attache - in - madagascar - to - boost - indian - ocean - presence - - - source/.

② "CDS General Rawat Unveils Big Ticket Military Reform Agenda", February 17, 2020, https://economictimes.indiatimes.com/news/defence/cds - general - rawat - unveils - big - ticket - military - reform - agenda/articleshow/74176340.cms? from = mdr.

③ "Indian Navy Ships Armed with BrahMos can Defeat Warships of any Country", February 29, 2020, https://indianexpress.com/article/india/indian - navy - ships - armed - with - brahmos - can - defeat - warships - of - any - country - 6292227/.

④ "India Has a Bigger Worry than LAC, China Now Expanding Military Footprint in Indian Ocean", https://www.defenceaviaationpost.com/2020/06/india - has - a - bigger - worry - than - lac - china - now - expanding - military - footforint - in - indian - Ocean/.

（四）印度努力扮演在印度洋净安全提供者角色

2020 年 2 月 24～25 日，特朗普访问印度期间，两国政府发表的联合声明中指出，"印度和美国之间的紧密伙伴关系对于自由、开放、包容、和平与繁荣的印太地区至关重要。合作将基于发挥东盟的中心地位、遵守国际法和良好治理，支持安全和航行自由，为飞越和其他合法使用海洋提供支持"。同时，联合声明中还特别指出，"美国赞赏印度在印度洋地区的净安全提供者角色以及在人道主义援助中所发挥的作用。印度和美国将继续致力于该地区的可持续、透明和高质量的基础设施发展"。① 若要作为"净安全提供者"，印度需要通过提供公共产品展现其作为一个负责任地区大国的形象。

2020 年 3 月 6 日，印度被接纳为印度洋委员会（IOC）的观察员，该决定是在塞舌尔举行的印度洋委员会部长会议上做出的。印度洋委员会于1982 年在毛里求斯的路易港成立，1984 年实现机制化，现有科摩罗、马达加斯加、毛里求斯、塞舌尔和以法国名义加入的留尼汪 5 个成员及中国、欧盟、法语国家组织、日本、印度、联合国等观察员。此举有利于促进印度与具有战略意义的西印度洋岛屿的全面接触，加强与在西印度洋拥有强大影响力的法国的合作，是与东非进行安全合作的基石。② 鉴于印度计划在西印度洋进行扩张，这五个成员很重要，可以从战略上将印度洋与非洲东南沿海及其他地区连接起来。成员或是以前的法国殖民地，或曾部分是英国殖民地部分是法国殖民地。法国由于留尼汪岛而成为印度洋委员会的成员，其在确保印度的加入方面发挥了关键作用。

在新冠肺炎疫情逐渐向南亚蔓延时，印度总理莫迪于 2020 年 3 月

---

① "US Lauds India's Role as Net Provider of Security in Indian Ocean Region", February 26, 2020, https：//www. thedispatch. in/us－lauds－indias－role－as－net－provider－of－security－in－indian－ocean－region/.

② "India Joins Indian Ocean Commission as Observer Bolstering Indo-Pacific Vision", March 6, 2020, https：//economictimes. indiatimes. com/news/defence/india－joins－indian－ocean－commission－as－observer－bolstering－indo－pacific－vision/articleshow/74518307. cms.

15 日倡议召开南亚区域合作联盟（简称南盟，SAARC）领导人视频会议，以讨论应对新冠肺炎疫情的共同战略。3 月 20 日，南亚国家响应莫迪的号召，举行了南盟国家视频会议，探讨南亚国家如何合作以防控新冠肺炎疫情蔓延。除了巴基斯坦总理伊姆兰·汗（Imran Khan）派遣他的卫生特别顾问、国家卫生事务助理出席会议之外，南亚地区其他国家都由国家元首或政府首脑参加。此次会议达成共识，成立了新冠病毒应急基金，除巴基斯坦没有捐款之外，其他国家共计捐款 1830 万美元。其中，印度向该基金捐款 1000 万美元，约占捐款总额的 54.6%。印度的 GDP 占整个南亚地区的 80% 左右，从经济体量来看，印度的基金捐助额度并不算高。但是，印度希望"南亚的事情，最好能南亚自己解决"。除此之外，会议还讨论了建立门户监测网站、建立共同研究平台以及分享南盟国家抗疫政策等事宜，加强协调以共同抗疫。多年来，南盟几乎处于停滞状态。为了排除巴基斯坦，还能发挥在南亚的领导作用，印度在随后的几年里几乎以环孟加拉湾多领域经济技术合作倡议（BIMSTEC）和孟加拉国 - 不丹 - 印度 - 尼泊尔（BBIN）合作机制替代南盟发挥作用。此次莫迪意欲重启南盟，主要意图是借助新冠肺炎疫情，发挥印度的领导作用以加强南亚国家之间的凝聚力，提升印度在南亚邻国的话语权和影响力。

新冠肺炎疫情期间，虽然印度国内的抗疫压力巨大，但是，莫迪政府还是尽其所能地向其南亚邻国、印度洋岛国以及其他国家提供帮助和援助。2020 年 4 月 16 日，莫迪表示印度和毛里求斯将永远相互支持，特别是在像新冠肺炎大流行这样具有挑战性的时期。同时，印度将为塞舌尔抗击新冠病毒提供一切可能的支持。[①] 2020 年 4 月 23 日，印度外交部称已向南盟以及毛里求斯和塞舌尔等国家和地区提供人道主义援助，包括赠送羟氯喹（HCQ）和乙酰氨基酚（扑热息痛，PCM），并提供了一系列医疗援助，

---

① "India Will Provide Help to Mauritius, Seychelles: Modi", April 17, 2020, https://www.deccanherald.com/national/india - will - provide - help - to - mauritius - seychelles - modi - 826321.html.

包括基本药物和抗生素、医疗耗材以及实验室和医院设备，总价值约 500 万美元。①

二 "印太战略"与"四国安全对话"呈现发展态势

在印度洋战略环境变化中，美国是对印度洋地缘政治环境最具影响力的国家。在过去的十年中，随着北美地区石油和天然气产量的大幅增加，美国对中东的能源进口需求持续下降。1990 年，美国从波斯湾进口的石油占其石油进口总量的 24.5%，2011 年，这一数字下降到 16%。根据国际能源机构（International Energy Agency）的预测，从 2020 年开始，美国将成为天然气净出口国。② 从这个角度来看，似乎印度洋对华盛顿的重要性已经大大下降。同时，由于特朗普总统的"特立独行"，导致华盛顿对全球包括中东地区的安全承诺存在更多不确定性。而对波斯湾能源依赖的下降，也彻底改变了美国对印度洋的承诺。在印度洋，华盛顿将比以往拥有更多的战略选择，包括不对海上安全威胁做出反应的选择。③ 事实上，美国通过资源的重新配置，减少部署在印度洋的"硬存在"，让日、澳、印等国家一起"分担压力"，以更多"软存在"实现以更小的成本控制印度洋的意图。其中，"印太战略"和"四国安全对话"（Quadrilateral Security Dialogue，Quad）就是美国实现其战略意图的依托。

"印太战略"与"四国安全对话"既有区别又相互联系。"四国安全对话"或"四方倡议"（Quadrilateral Initiative）是美、日、印、澳于 2007 年 5

---

① "COVID - 19：India Gifts Drugs, Equipment Worth \$5 Million to Several Countries", April 24, 2020, https：//www. newindianexpress. com/nation/2020/apr/24/covid - 19 - india - gifts - drugs - equipment - worth - 5 - million - to - several - countries - 2134532. html.

② International Energy Agency, *Energy Policies of IEA Countries：The United States*, OECD, Paris, 2014.

③ Anthony Bergin, David Brewster, Francois Gemenne and Paul Barnes, "Environmental Security in the Eastern Indian Ocean, Antarctica and the Southern Ocean：A Risk Mapping Approach", May 2019, p. 21.

月，在日本首相安倍晋三提议下启动的。随后，澳大利亚在 2008 年 2 月（陆克文时期）单方面退出。印度也担心影响与中国的关系，一直心存顾忌。由于印度和澳大利亚两国心态复杂，之后的十年，美、日、印、澳"四国安全对话"几乎处于半停滞状态。特朗普在 2017 年 11 月亚洲行之后，于 12 月 18 日发布了《美国国家安全报告》。在该报告中，中国明确被界定为"战略竞争者"，"印太"概念升温。紧接着，2018 年 1 月 19 日，美国国防部发布了《美国国防战略报告》；2018 年 5 月，美国国防部宣布太平洋司令部更名为印度洋 - 太平洋司令部；2018 年 6 月，美国国防部长马蒂斯在"香会"系统阐述了"印太战略"；2018 年 9 月 28 日，白宫宣布美日"印太战略"重点合作领域。尤其是 2019 年 6 月 1 日，美国国防部发布首个《印太战略报告》，标志着"印太战略"开始实质性推进。2019 年 12 月，特朗普签署了《2020 财年国防授权法》，首次为利用印度洋 - 太平洋地区对抗中国"扩张主义"绘制了清晰的络线图。同时，授权 2020 财年 7380 亿美元用于军事活动。[①] 在此过程中，"四国安全对话"机制也重新启动。从近期印度和澳大利亚的官方话语和战略动向来看，后疫情时期或疫情之后，"印太"战略和"四国安全对话"具有加速推进的可能。

（一）"印太战略"出现加速推进态势

美国将印度视为其在印度洋 - 太平洋地区牵制中国的重要战略伙伴，希望拉拢和利用印度以遏制中国。这主要存在两个方面的考量：一是印度正在崛起，在印度洋地缘优势突出，且一直以来追求在印度洋独一无二的影响力；二是中国被印度视为追赶的目标，中印之间存在历史遗留的问题和结构性矛盾。虽然美、日、印、澳"印太战略"各有各的盘算，但毫无疑问，针对中国是美、日、印、澳一个共同的战略意图。由此，日、印、澳三国均

---

① Shaurya Karanbir Gurung, "US Defence Authorization Act Readies Three Strategies for Indo-Pacific Region", December 31, 2019, https：//economictimes. indiatimes. com/news/defence/us - defence - authorisation - act - readies - three - strategies - for - indo - pacific - region/articleshow/73039383. cms.

不同程度地对特朗普政府于 2017 年年底正式启动的 "印太战略" 构想做出了积极反应，四国在利用 "印太" 概念以改变于己不利局面的战略目标上具有一致性，各自战略诉求及实现战略目标的手段虽各有不同却也存在一定关联。但日、印、澳三国迎合美国的力度不同，日本不遗余力地配合美国，澳大利亚积极充当 "马前卒"，印度则 "选择性介入"。

　　印度是美国 "印太战略" 中的一个倚重对象，但印度的战略考量存在可变性和不确定性。① 当前，从美、日、印、澳的战略动向来看，未来 "印太战略" 具有加速推进的可能性。具体原因如下。第一，美国的积极推进。2019年 9 月，美国、日本、印度和澳大利亚在联合国大会期间的间隙，举行了有史以来第一次外交部长级 "自由与开放的印太" 的四边对话，专门讨论了 "印太战略"。印度似乎已经决定激活该机制，以制衡中国在印度洋日益上升的影响力。2019 年 12 月 18 日，美印在华盛顿举行第二轮 "2 + 2" 对话期间，两国聚焦于促进在 "自由和开放的印度洋 – 太平洋" 上的合作，双方签署了包括关键信息技术转让和共同研发等内容的防务合作协议。美国还启动了一个 "蓝点网络"（Blue Dot Network，BDN），以吸引印、日、澳加入，目的是鼓励私人投资基础设施项目，以直接应对 "一带一路" 倡议。在 2020 年年初的 "瑞辛纳对话"（Raisina Dialogue）上，美国副国家安全顾问马修·波廷格（Matthew Pottinger）配合印度对印太从地理上扩展到西印度洋的非洲沿岸的意愿，宣布将印度洋 – 太平洋架构也扩展到包括非洲大陆的东海岸。印度的西进利益源于海湾在印度能源安全中的中心地位，该地区也是印裔移民汇款的主要来源。印度计划与志趣相投的伙伴（例如日本）建立连通性项目，因此对美国的概念进行了重新调整，是对西北印度洋地区战略重要性的迟来认可。② 2020 年 2 月特朗普访问印度期间，美印不仅签署了 30 亿美元的军售协议，而且美印关系升级为 "全面的全球战略伙伴关

① 朱翠萍主编《印度洋地区发展报告（2018）》，社会科学文献出版社，2018，第 13 ~ 16 页。
② "US-India Defense Trade and India's Underwater Domain Awareness"，February 19, 2020，https：//www. eurasiareview. com/20022020 – us – india – defense – trade – and – indias – underwater – domain – awareness – analysis/.

系"。第二，印度的战略变化。印度正在军事上推进与美国形成"准同盟"甚至"同盟"。印度目前正在推进与美国签署《地理空间基本交流与合作协议》（BECA），这是印美2002年签署《整体军事信息安全协议》（GSOMIA）、2016年签署《后勤交换协议备忘录》（LEMOA）和2018年签署《通信兼容与安全协议》（COMCASA）之后的第四个也是最后一个基础性协议。其中，《后勤交换协议备忘录》将提供互惠的后勤支持；《通信兼容与安全协议》可以使印度更多获得美国的军事技术；《地理空间基本交流与合作协议》则使美印共享大范围的地貌、海洋和航空数据。四个协议完成之后，印度相当于具备了盟国应有的"特权"。第三，澳大利亚的推手作用。在美、日、印、澳四国中，澳大利亚对"印太"的讨论最为热烈，议题也更为丰富和全面。如果说美国是主导国，是"印太"从概念构想到战略实践的"舵手"，澳大利亚则是影响其走势的"推手"。"印太"是澳大利亚在21世纪第二个10年开始，在美国实力相对下降和战略存在"不确定"情况下，在维护美澳同盟的安全政策之外，意图在印太地区发挥中等强国的作用，以应对中国崛起所带来的世界体系和地区格局的变化。一个值得关注的动态是，2020年澳大利亚总理莫里森的首访也选择了印度（后因澳大利亚森林大火临时取消），双方拟定的主要议题是寻求在"印太战略"上的合作。莫迪曾计划在莫里森来访之时，与澳大利亚政府签署一项后勤共享协议，以在军事上相互获得设施和作战支持。同时，也有意向签署一项新的谅解备忘录，加强印澳在国防技术研发方面的合作。莫里森政府"印太战略"的一个新动向是以美、日、印、澳为基础，推动形成更多国家参与的伙伴关系网络。澳大利亚意图在深化美澳联盟的基础上，推进"印太战略"在美、日、印、澳四国之间的战略联动，形成亚洲更多国家参与的伙伴关系网络，以对冲中国不断上升的影响力。

随着"印太"从概念构想到走向战略实践，一个连接印度洋和太平洋的战略区域正在形成，其至少从两个方面影响印度洋的地缘战略环境。一是美国以"印太战略"取代亚太战略，印度洋地缘战略意义上升；二是印度的国际地位上升，且处于被大国竞相拉拢的有利地位，加剧了印度借"印太"之势与借美、日、澳等国之力，对华实施对冲战略的态势。无论如何，美国是"印太战略"主导国，"印太战略"有利于美国借助日、印、澳的优势和力量，对冲中国不断上升的影响力，巩固美国的霸权地位。日、印、澳积极迎合"印太"话语体系构建，并试图借助"印太"概念拓展战略空间，减缓中国快速发展带来的压力，并提升各自的地区影响力和国际地位。

（二）"四国安全对话"呈现加速推进态势

过去，印度在"四国安全对话"方面，一直反对四国集团的任何军事化，以免激化与中国的关系。同时，澳大利亚也有相同的考量。相比之前不想过度刺激中国的态度取向，印澳近期均不同程度地表现出一定的"松动"态势，预期后疫情时期或疫情之后，"四国安全对话"很可能会加速推进。具体原因如下。第一，印度倾向于将中国视为"威胁"。一个重要的推动因素是克什米尔问题。2019 年 8 月 5 日，莫迪政府宣布废除宪法 370 条（取消自治权）和 35A 条（取消永久居民认定权）。印度的言论中，从一开始的"印巴之间的问题"转变为"印度的内政问题"。尤其是，相比以前巴基斯坦被印度视为最大的安全威胁，近期一个值得关注的动向是，印度无论从陆地还是海上，都不再认为巴基斯坦是印度的安全威胁。2020 年 1 月，莫迪不仅宣称"印度打败巴基斯坦只需要 12 天"，而且印度方面亦声称在阿拉伯海，如果没有中国的帮助，巴基斯坦也不构成威胁。可以说，印度主流媒体在讲到国家安全、海洋局势等议题时，"中国威胁"和"警惕中国"是高频词。第二，印度国内正在形成通过"四国安全对话"应对中国的共识。2020 年 2 月 24~25 日特朗普访印期间，与印度讨论了"四国安全对话"。近期，关于印度对中国进入印度洋的担忧以及如何应对，印度知名战略分析家雷嘉·莫汉在 2020 年 4 月 11 日的《印度快报》发文称[①]，在世界卫生组织（WHO）和世界贸易组织（WTO）等全球机制正经历前所未有动荡的情况

---

① C. Raja Mohan, "With Global Institutions in Turmoil, India Needs to be Pragmatic and Fleet-footed", *Indian Express*, April 11, 2020, https://indianexpress.com/article/opinion/columns/world - health - organisation - coronavirus - crisis - india - delhi - china - un6356921/.

下，印度需要务实主义和迅速采取行动。当前，由于新冠肺炎疫情，世界卫生组织和联合国安理会等国际机制面临巨大压力，印度的多边战略应该尽快调整方向。他还认为中国从去年8月开始不断向联合国施压讨论克什米尔问题，印度应该以务实的新多边主义回应新冠肺炎疫情带来的外部环境变化。值得一提的是，金砖国家论坛的重要性正在下降，而"四国安全对话"的重要性在上升。印度应该以"Quad+"（美、日、印、澳四国加韩国、越南和新西兰）应对新冠肺炎疫情。第三，印度不断扩大军演，加强在海上威慑，目标是中国。2019年11月，美印在孟加拉湾举行了有史以来首次三军联合军事演习，该演习被命名为"老虎凯旋"，是美国总统特朗普10月份在得克萨斯州休斯敦举行的"莫迪，你好"的活动中宣布的，演习的重点是人道主义灾难和救济行动。如前所述，原计划于2020年3月在印度沿海城市维沙卡帕特南举行的"米兰"海军演习，由于新冠肺炎疫情而取消。印度考虑邀请澳大利亚参加计划于2020年7～8月在孟加拉湾举行的第24届"马拉巴尔"海军演习，使马拉巴尔成为包括澳大利亚在内的"四方机制"。尽管疫情之下尚未做出最后决定，取消的可能性很大。但是，如果明年举行的话，这将标志着"四国安全对话"在时隔14年之后，美、日、印、澳将首次齐聚海上进行"威慑性"战斗演习。由于印美在"印太战略"诉求上的契合，2020年6月，印度计划参加最大的国际海军演习，即两年一次的环太平洋军事演习（RIMPAC），该演习由美国印度洋－太平洋司令部组织。① 受新冠肺炎疫情影响，该演习很可能被迫取消。第四，莫里森政府上台以来，澳大利亚对"四国安全对话"的态度由谨慎趋向支持。印度之前一直拒绝与澳大利亚签署类似于美印所签署的《后勤交换协议备忘录》。2020年6月4日，莫里森政府与莫迪政府签署了《军事后勤互助支持协议》，以使两国能够相互使用对方的军事基地进行补给，深化澳印两国之间的军事合作。澳大利亚曾在2007年首次也是唯一一次参加了"马拉巴

① "First Indo-US Military Tri-Service Drill in Bay of Bengal", November 13, 2019, https：// odishatv. in/nation/first－indo－us－military－tri－service－drill－in－bay－of－bengal－ 415046.

尔"海军演习。之后多年，印度都拒绝澳大利亚参与，一个主要原因是考虑到中国的反应。近年来，澳大利亚曾多次表达重返"马拉巴尔"的意愿，都被印方拒绝。但是，情况在 2020 年 1 月发生了变化，印度意欲邀请澳大利亚参加计划于 2020 年 7 ~ 8 月举行的"马拉巴尔"海军演习。

（三）印美国防合作再上新台阶

进入 21 世纪以来，尽管美印之间在贸易和关税等方面存在分歧，但历届美国政府均在推进两国以军售和反恐合作为主线的国防关系。美国仅在过去的 13 年中，就与印度达成了价值为 200 亿美元的飞机、直升机和榴弹炮交易，以设法取代印度长期的军事供应国俄罗斯。还有几笔总价值超过 70 亿美元的交易正在筹备中。[①] 2020 年 2 月 24 ~ 25 日，特朗普偕夫人梅拉尼娅访问印度，这是 2020 年特朗普的首访，也是特朗普上任以来首次访问印度。此次访问，美印签署了购买"罗密欧"（MH - 60R）和"阿帕奇"（AH - 64E）直升机的采购协议，总价值超过 30 亿美元。"阿帕奇"直升机可以在高空作战，并将沿巴基斯坦边境部署。陆军很可能让这架直升机装备"毒刺"（Stinger）空对空导弹以及"地域火"（Hellfire）和"长弓"（Longbow）空对地导弹。[②]

显然，国防合作是印美两国合作的重中之重，也是一直以来两国战略关系的最大支撑，而国防与安全合作，也是政治关系的稳定剂。从华盛顿的角度来看，加强与印度的国防合作，可以获得经济利益，促进美国国防工业发展，创造就业机会。从新德里的角度来看，美印军事合作可以通过获得先进技术和武器装备促进印度的国防现代化建设，提升军事实力，增强对巴基斯坦的作战能力，并通过"可置信的威胁"缓解新德里对中国在南亚和印度

---

① Rajat Pandit, "How Defense Partnership Ringfences Ties between India, US", February 23, 2020, https：//timesofindia. indiatimes. com/india/how - defence - partnership - ringfences - ties - between - india - us/articleshow/74262419. cms.

② "What are the MH - 60R Naval Choppers and AH - 64E Apaches that India has Bought", February 24, 2020，https：//indianexpress. com/article/explained/explained - what - are - the - mh - 60r - naval - choppers - and - ah - 64e - apaches - that - india - has - bought - 6288005/.

洋地区不断上升的影响力的担忧。在一定程度上，这与印度追求印度洋成为和平区的努力背道而驰。同时，为提高互操作性，两国举行了一系列频繁的联合演习，从军事力量到基本军事协议以及情报共享，以扩大在印度洋地区的安全合作。美国与印度进行的军事演习，甚至超过了与其北约伙伴国的军事演习。尽管印度一直以来强调"战略自主"与"不结盟"，可一旦完成《地理空间基本交流与合作协议》的签署，则标志着印美"准同盟"甚至"同盟"合作关系的形成。当然，从目前来看，是否能达成协议，还存在较大的不确定性。

美印相互走近，离不开地缘战略上的相互诉求，尤其是应对中国的快速发展。当前印度的国防预算、武器进口、军力提升和海洋安全等相关的战略与政策，均以中国"威胁"为由。可以说，印度不仅以巴基斯坦为"假想敌"，也视中国为挑战甚至威胁，甚至有时候也将中国视为"假想敌"。印度希望通过国防现代化特别是海军现代化来抗衡中国在南亚和印度洋地区日益上升的影响力。但是，印度的国防能力有限，不得不从俄罗斯和美国购买武器装备，购买武器装备成为印俄与印美之间战略关系的"纽带"。美印国防合作的另一个原因是，印度希望通过购买美国的国防技术以及与美国共同研发，使印度未来能够成为"国防制造业中心"，并实现莫迪政府所声称的"未来五年内50亿美元的国防出口目标"。事实上，印度国防资金短缺，难以支撑不断扩大的军事"购买力"。2020年，印度海军年度预算获得37亿美元的海军现代化资金，仅比2019年的36亿美元略有增加。这也是印度与美国和俄罗斯通过国防合作巩固战略关系时的一大障碍。

总体上，基于大国地缘政治博弈和战略竞争，印度在世界舞台上正处于被大国拉拢的有利地位。面对美俄在印度武器进口市场的激烈竞争、中美竞争的持续存在以及特朗普政府对外政策的反复性与不确定性，印度虽与美国相互走近，但基于印美巨大的实力差距以及印美安全合作中的不对称性，印度也会在大国战略竞争中权衡利弊，做出有利于印度的选择。而且，印美两国战略关系推进依然存在不少分歧。第一，美印在克什米尔问题上存在战略分歧。2019年5月莫迪赢得连任之后，试图将查谟-克什米尔问题"国内化"，果断废除宪法 370 条和 35A 条，单方面改变了查漠－克什米尔现状，引发华盛顿担忧。特朗普政府曾多次表达出关切与提供帮助的意愿。这是因为克什米尔问题是印巴双边关系稳定的一个关键因素，与阿富汗安全局势正向关联，与美国利益密不可分。美国不能忽视巴基斯坦在重启阿富汗和平进程中的努力与作用。但如果美国试图在印度和巴基斯坦之间进行调节，则会引起印度的不满，美国面临两难选择。第二，美印在"四国安全对话"与"印太战略"上存在分歧。当前，印度依然拥有被大国拉拢的良好外部环境，加之在克什米尔等问题上取得的成功，一个更加自信的印度的外交战略不会完全跟随美国。对印度来说，合作中的四重奏可能很重要。但更重要的是，努力稳固与南亚周边国家关系，并与印度尼西亚、越南等东盟国家保持合作。正如印度人民党（BJP）总书记拉姆·马达夫（Ram Madhav）所言，印度要"建立自己的俱乐部"，并强调与东南亚国家一起建立"印太"安全网络架构。第三，印度与美俄之间的军事合作存在冲突。美国一直反对印度从俄罗斯购买 S－400 防空导弹。2018 年 10 月，在美国声称要对印度实施制裁的情况下，印俄如期签署了价值为 55 亿美元的交易协议。2020 年年初，俄罗斯宣布将在 2025 年前交付 5 套 S－400 导弹系统，首批 S－400 将于 2020 年年底或者 2021 年年初交付印度。印度在与美俄国防合作中面临选择困境。第四，印美贸易分歧难以弥合。2018 年，美国对印度出口美国的钢铝产品加征关税，并于 2019 年 5 月取消了给予印度的普惠制待遇。印度当前正面临经济增长的巨大压力，希望缓解印美贸易摩擦，恢复 2019 年被特朗普政府终止的发展中国家普惠制待遇并且推动签署新的双边贸易协议。从目前来看，印度对美国"不断变化的目标"感到沮丧，要达成令双方满意的协议，难度很大。而且，从中美贸易谈判过程以及特朗普的个性来看，即便美印能够达成有限的贸易协议，双边贸易合作依然存在一定变数。

（四）澳大利亚意欲在印度洋发挥中等强国作用

澳大利亚"肩挑两洋"的地理位置、中印共同发展的现实以及美国全球战略调整，是澳大利亚重视"印太"的重要原因，其基本战略趋向是

"随美联印抑华",以对冲中国快速发展所产生的地缘政治影响,防止地区权力格局"现状"因中国快速发展而被打破,增添澳大利亚在安全上的忧虑。从地理上看,在美、日、印、澳四国中只有澳大利亚地处印度洋与太平洋的交接地带,且独占整个大洋洲。这使澳大利亚对"印太"的讨论最为热烈,议题也更为丰富和全面。如果说美国是主导国,是"印太"从概念构想到战略实践的"舵手",澳大利亚则是积极响应美国的战略盟友,努力充当美国"印太战略"的"马前卒"。

当前,莫里森政府的"印太战略"新动向主要体现在以下几个方面。第一,澳大利亚试图以美、日、印、澳为基础,推动形成更多国家参与的伙伴关系网络。2018年11月,美、日、印、澳在新加坡举行的第三次会晤中,除了讨论海上安全、反恐和互联互通等议题之外,还特别增加了"强化地区安全网络"议题。澳大利亚意图在深化美澳联盟的基础上,推进"印太战略"在美、日、印、澳四国之间的战略联动,并能形成亚洲更多国家参与的伙伴关系网络,以对冲中国不断上升的影响力。第二,澳大利亚重视发展与印日之间的安全与经济关系。在"印太"概念架构中,印度是一个关键因素。莫里森在2020年新年伊始,计划先后对印度和日本进行国事访问,虽然被澳大利亚山火"阻挡"未能成行,但难以阻挡澳大利亚与印度和日本发展经济合作关系,以逐渐缓解澳大利亚对华长期以来经济上的不对称性依赖。第三,澳大利亚意欲推进"四国安全对话",发挥中等强国的作用。莫里森执政以来,澳大利亚对"四国安全对话"的态度由谨慎趋向支持。除了莫里森政府与莫迪政府计划签署《后勤支持协议》,以深化澳印两国之间的军事合作之外,澳大利亚还努力重返"马拉巴尔"海军演习。近年来,澳大利亚曾多次表达重返"马拉巴尔"的意愿,都被印方拒绝。当前,受印澳共同的战略意图驱使,澳大利亚很可能如愿重返"马拉巴尔"海军演习。第四,澳大利亚开始重视讨论区域性基础设施联通项目,从"高级政治"(安全议题)延伸到"低级政治"(经济议题)。特别是重视对南太平洋小国的安全与发展援助,以对冲中国在这一地区不断上升的影响力。

当然，莫里森政府通过"印太战略"发挥中等强国作用存在一定的局限性。第一，澳美战略分歧"若隐若现"。虽然澳大利亚对推动"印太"从概念走向实践最为积极，是"印太战略"的"推手"，但"印太战略"得以实质性推进，一定程度上还是取决于美国的战略调整与战略实践，澳大利亚能独立发挥的作用有限。而且，在"印太战略"下中澳关系能否稳定发展，一个关键因素还在于中美关系走向。在澳美同盟一直被视为澳大利亚国家安全的基石，澳美政治关系几乎牢不可破的情况之下，中澳关系与中美关系具有一定程度的同向性，这是澳对美安全依赖和战略追随的结果，短期内难以改变。中美关系出现下滑，中澳关系恶化的可能性增大。在澳美同盟、澳大利亚对中国经济的不对称依赖以及中美竞争持续存在的现实背景下，澳大利亚并不希望中美之间发生战略对抗。由此，澳大利亚推进"印太战略"与其自身维护地区权力格局"现状"的目标之间存在矛盾。同时，澳大利亚逐渐重视中等强国身份，这意味着在美澳联盟中不是"理所当然"地付出和"无条件"服从美国。由于经济和军事实力有限，尽管澳大利亚能对"印太战略"实践产生一定推力，但其"马前卒"的作用有限，最终还是取决于美国的战略实践以及印度的战略选择。但是，不容忽视的是，澳大利亚的"印太战略"趋向与美国的"印太战略"形成互动，一定程度上会对推进美国的"印太战略"产生积极影响。

第二，澳印之间存在明显的"战略分歧"。由于包括澳大利亚在内的主要国家对印度和印度洋日益重视，未来一个新的变量是印度对"印太战略"与"四国安全对话"的态度以及由此带来的印澳关系的发展。印澳走近，也将不可避免地对中澳关系产生一定的负面影响。印澳关系的张力（分歧与局限性）大于拉力（相互需求）。过去，澳大利亚更加重视太平洋，印度的战略重心在印度洋，双方在"印太"的战略利益交集有限且冲突明显。在有限的交集中，对中国快速发展的共同担忧，是双方相互走近的一个主要因素。但是，两国在"四国安全对话"上表现出同样的谨慎。两国的主要分歧表现在两方面。一方面，澳大利亚认为印澳在印度洋存在共同利益，但对印度在印度洋尤其是东北印度洋所表现出来的排他性举动感到不满。这也是澳大利亚有时对印度排斥中国进入印度洋持否定态度的一个原因，也是印澳相互走近的一个阻力。另一方面，印澳都存在对中国快速发展所带来的威胁的认知，但关注点不同。印度将中国在缅甸、巴基斯坦、斯里兰卡等的港口建设视为围堵印度的所谓"珍珠链"战略，澳大利亚则认为中国快速发展挑战了美国的霸权，影响了澳大利亚的国家安全。同时，印度在"印太"概念中虽然迎合美国强调"自由、开放的印太"，但也强调"包容性"。印度强调具体问题具体分析的"问题为导向"对华外交。相比而言，印度谋求在印度洋的主导地位，并不希望未来与澳大利亚分享印度洋的主导权。澳大利亚心甘情愿成为美国战略实施的"马前卒"，但印度并不愿意充当美国制衡中国的"棋子"。

第三，"印太战略"难以阻止"一带一路"倡议在印度洋－太平洋地区的推进。经过多年的探索与实践，"一带一路"倡议已经从概念变为现实，成为中国建设人类命运共同体、践行中国外交正确义利观、塑造中国负责任大国形象和推动中国经济转型升级的关键实施手段。[①] 印太地区是"一带一路"倡议的主要区域。美、日、印、澳四国均有意通过"印太战略"的实施阻止"一带一路"倡议在南亚和印度洋地区的推进，进而对冲中国日益上升的影响力。但是，印度洋和太平洋地缘战略上缺乏联动性，反而由于中国快速发展和"一带一路"倡议的实施，增强了印度洋和太平洋在地缘经济上的联动性，能有效阻碍美、日、印、澳"印太战略"的实施。而且，经济因素是澳大利亚对华战略考量的关键因素。中国不仅是澳大利亚第一大贸易伙伴，留学生和旅游也是澳大利亚从中国获得收入的一个主要来源。这无形之中提高了澳大利亚与中国对抗的成本，这也是为什么一直以来，澳大利亚虽不时表现出对华强硬话语，但政策取向又不得不"留有余地"的一个主要原因。中澳之间不仅不存在涉及国家核心利益的战略冲突与不可调和的矛盾，而且两国对印度洋只有通道安全诉求而没有战略企图，但两国都是印度"安

---

① 叶海林：《中国推进"一带一路"倡议的认知风险及其防范》，《世界经济与政治》2019 年第 10 期，第 123 页。

全担忧"的主要来源。印度和澳大利亚的"印太战略"均存在很大"不确定性"，且二者都对"四国安全对话"（Quad）持相对谨慎态度。正如中美在西太平洋的过度竞争，并不符合澳大利亚对"安全（稳定）"与"繁荣（增长）"两大目标的追求。中印在印度洋的过度竞争导致的安全形势不稳定，同样不符合澳大利亚的国家利益诉求，这也是澳大利亚政府不希望看到的。此外，澳大利亚支持美国主导印度洋，但并不希望印度洋成为印度的势力范围。

三 印度洋地区安全局势不容乐观

自 2019 年以来，印度洋地区安全形势总体呈现稳中向好趋势。根据海上安全公司德里亚德全球（Dryad Global）发布的全球海上安全事件年度分析报告，排除地缘政治事件，2019 年印度洋海上安全事件与 2018 年相比下降了 73%，与 2017 年相比下降了 83%。2019 年，印度洋发生了 16 起海上事件，其中 11 起是在高风险区域之外，而且有 7 起是地缘政治性质的。[①]但是，印度洋地区安全局势仍不容乐观。

（一）印巴冲突持续，南亚安全局势动荡不安

过去的一年多，印巴冲突不断升级。2019 年 2 月，印度和巴基斯坦战机在克什米尔领空发动空袭，是自 1971 年印巴战争以来，两国首次相互越过克什米尔实控线进行袭击，也是近 20 年来，印巴面临的最为严重的危机。南亚局势骤然紧张，引发国际社会的广泛关注。但是，影响更为广泛且形势更为严峻的是，莫迪政府于 2019 年 8 月 5 日宣布取消印控克什米尔地区的"特殊地位"，将其重新划分为"查谟－克什米尔"和"拉达克"两个中央直辖区，这一大胆决定导致了克什米尔的动荡，使印巴关系更加紧张。作为回应，巴基斯坦立刻采取了一系列反制措施，包括降低与

① "Indian Ocean High Risk Area Needs Rethinking", January 21, 2020, https：//www. maritime - executive. com/article/dryad - indian - ocean - high - risk - area - needs - rethinking.

023

印度的外交关系、暂停双边贸易、召回驻印高级专员（大使）、驱逐印度驻巴基斯坦大使以及暂停特快列车服务和"友谊巴士服务"、停止各种双边文化活动等。之后，印巴在两国边境线进行了大规模军事部署，在克什米尔实控线的交火明显增多，并不时造成人员伤亡。印方先是声称废除宪法370条是印度与巴基斯坦之间的问题，并反复对外宣称"克什米尔是双边问题，也必须在双边层面上解决"。但是，在没有引发大规模冲突之后，克什米尔问题很快演变为印度的"内政问题"，印度敦促巴方"接受现实"。由此，激化了印巴矛盾，冲突一触即发。其中，印度更多地表现出"攻势"，巴基斯坦则更多地处于"守势"。根据《印度时报》的报道，莫迪于2020年1月28日在公开场合表示，在过去印度和巴基斯坦发生的三次战争中，巴基斯坦均惨败于印度。现在如果两国爆发战争，"印度打败巴基斯坦只需要12天"。莫迪还表示，"克什米尔是印度的王冠"，"我们有责任让克什米尔人民摆脱数年来的苦难"。印度单方面改变克什米尔现状的举动，引起了国际社会的广泛关注。印度不仅不满中国在联合国针对克什米尔问题力挺巴基斯坦的举动，而且拒绝美国总统特朗普提出的为解决克什米尔问题"提供帮助"的建议。克什米尔是国际公认的争议区，印度担心"克什米尔问题"被国际化。为此，印度正努力寻求欧盟的支持。当前，印巴关系持续恶化，导致爆发局部战争的风险增加。印控克什米尔的"特殊地位"被取消后，将逐渐增加印度对巴基斯坦的战略优势，减少了巴基斯坦对印度的渗透和印控克什米尔骚乱的风险，使巴基斯坦在印巴对抗中处于劣势。

南亚地区除了印巴冲突以外，2020年2月29日，美国与塔利班叛乱分子签署了一项历史性协议，为未来14个月内美军全面撤出阿富汗铺平了道路，为政治解决阿富汗问题和结束18年的战争迈出了重要一步。但是，这并不意味着阿富汗问题能够得以和平解决，阿富汗安全局势依然堪忧。

（二）美伊冲突升级，美俄在中东继续"明争暗斗"

在中东，美伊冲突此起彼伏。2019年9月14日，沙特两处重要的石油生产设施遭遇无人机袭击后，也门的胡塞武装声称发动了袭击。美国认为胡塞武装受伊朗支持，将矛头指向德黑兰。美国总统特朗普下令对德黑兰实施新制裁几小时后，美国将军事力量派往海湾地区。

2020年，中东地区首先进入视线的重大事件是被视为伊朗二号人物的卡西姆·苏莱曼尼遇袭身亡。1月3日，伊朗伊斯兰革命卫队"圣城旅"司令苏莱曼尼刚乘车离开巴格达机场，即遭遇美军定点袭击身亡，袭击还造成包括伊拉克什叶派武装组织副指挥官在内至少7人死亡。1月5日，特朗普威胁，如果伊朗方面报复，美国将对伊朗的52个目标进行反击。作为报复性行动，伊朗于1月8日对驻伊拉克美军阿萨德基地和埃尔比勒基地发动了两轮袭击。

2020年4月，美国海军指责11艘伊朗伊斯兰革命卫队的舰艇"多次"对在北阿拉伯海参加联合行动的美国海军军舰进行"危险和骚扰性的接近"。美国称伊朗伊斯兰革命卫队的舰艇以"极近的距离并高速"超越美国军舰，包括多次近距离超越"拉普尔号"和"毛伊号"（Maui）。伊朗伊斯兰革命卫队否认了美国海军声称伊朗舰艇4月19日在阿拉伯海"骚扰"其军舰的说法。德黑兰表示，在美国海军4月份两次阻挡了其一艘舰艇的航路后，伊朗只是在海湾地区加强了巡逻。伊朗将对任何误判做出"果断"的回应。① 美国总统特朗普随后表示，他已指示海军"击毁"任何骚扰美国海军军舰的伊朗舰艇，这将是这两个对手在波斯湾和阿拉伯海进行的危险对峙的急剧升级。②

同时，美国和俄罗斯围绕伊朗展开较量。自2019年5月以来，霍尔木兹海峡发生了多起游轮遭遇袭击事件。白宫指责伊朗军队在具有战略性意义的海峡破坏船只，加剧了伊朗和西方国家之间围绕中东尤其是靠近伊朗海岸

---

① "Iran Rejects US Claims of 'Harassing' Warships in Arabian Gulf", April 21, 2020, https://www.defenseworld.net/news/26794/Iran_Rejects_US_Claims_of____Harassing____Warships_in_Arabian_Gulf#.XqP7sy90fRo.

② "Trump Says He Told Navy to Shoot down Iranian Boats and Destroy Iranian Boats that Harass US Ships", April 23, 2020, https://edition.cnn.com/2020/04/22/politics/trump-us-navy-iranian-ships-tweet/index.html.

线的世界重要石油运输走廊霍尔木兹海峡的紧张关系。在美伊紧张局势升级的背景下，为了威慑伊朗，美国增加了在海湾地区的军事部署。随着五角大楼对伊朗实施制裁，并将经过霍尔木兹海峡的游轮遭遇袭击归因于伊朗海军部队，伊朗寻求与另一个不断受到西方严厉制裁的国家俄罗斯的合作。随着伊朗和美国之间海上紧张局势的不断加剧，俄罗斯海上力量的存在，将对潜在的西方进攻性海军行动构成重大牵制，包括平衡在巴林的美国海军第五舰队。[1] 2019 年 6 月，阿曼湾发生爆炸和火灾后，波斯湾局势急剧恶化。在英国和沙特阿拉伯的支持下，华盛顿指责伊朗进行袭击，而德黑兰则否认了这些指控。当伊朗、美国和沙特阿拉伯之间的局势紧张时，中东发生的一系列与油轮有关的事件引起了人们警惕，该地区紧张局势可能会进一步升级。有两艘油轮在霍尔木兹海峡附近越过阿曼湾时遭到袭击，随后伊朗在阿曼湾击落了一架美国的无人机。[2]

此外，2020 年 3 月，沙特等海湾国家与俄罗斯围绕削减石油产量以稳定石油价格的谈判破裂了，导致双方都誓言要增加石油产量。加之受新冠肺炎疫情全球暴发导致石油需求下降的影响，国际原油期货价格暴跌，油价经历了断崖式下跌。在美国的压力下，沙特让步并最终与俄罗斯等国达成规模空前的减产协议，但并未能阻止油价进一步下跌，其原因是新冠肺炎疫情导致全球能源需求减少。[3] 可以预期，"石油价格战"终将结束，但沙特率领的欧佩克、俄罗斯和美国这三大石油输出方之间围绕石油展开的博弈还将继续。

（三）东南亚安全局势总体稳定，但安全隐患尚存

在印度洋沿岸的东南亚地区，安全问题主要表现在三个方面：一是国际

---

[1] "Russia's Naval Cooperation with Iran Complicates Western Calculus", August 17, 2019, https：//thearabweekly. com/russias – naval – cooperation – iran – complicates – western – calculus.

[2] Alexandra Brzozowski, "Eight Member States back European—Led Naval Mission in Strait of Hormuz", January 20, 2020, https：//www. euractiv. com/section/global – europe/news/eight – member – states – back – european – led – naval – mission – in – strait – of – hormuz/.

[3] 《历史性减产开启 石油"三国杀"迎来新变局?》，CCTV4《今日亚洲》，2020 年 5 月 2 日，https：//baijiahao. baidu. com/s？ id = 1665511292079901406&wfr = spider&for = pc。

化、组织化的非法活动，如走私、贩毒和非法移民等，导致的安全问题较为突出；二是潜在的恐怖主义威胁逐渐浮出水面；三是历史问题导致的宗教和民族冲突，使部分国家国内政局不稳。

第一，罗兴亚人问题引发的难民危机依然没有朝积极的方向发展。罗兴亚人问题困扰缅甸近百年，是影响缅甸和孟加拉国双边关系的一个重要因素，也是国际社会特别关注的问题。根据联合国难民署公布的全球趋势报告，逃往孟加拉国的缅甸穆斯林少数族裔罗兴亚难民已有超过 50 万人在孟加拉国首获身份证件。目前大约有 90 万罗兴亚人生活在孟加拉国的考科斯巴扎尔难民营。① 面对西非国家冈比亚控诉缅甸在罗兴亚事件中的"种族屠杀"罪行以及所提出的对缅甸进行"临时措施"的要求，2019 年 10 月 12 日，缅甸国务资政昂山素季还亲赴联合国国际法院应诉。早在 2017 年 11 月，孟加拉国批准了一项开放孟加拉湾内一座孤岛用以安置从缅甸逃离进入孟加拉国的 10 万罗兴亚难民的计划。罗兴亚人往往从孟加拉国出发，许多少数民族在逃过军事镇压后，住在拥挤的难民营里。2020 年 4 月，孟加拉国政府称，可能取消在孟加拉湾的一个荒岛安置 10 万罗兴亚难民的计划，因为政府的目标是把难民送回他们的国家，而且荒岛的生活条件并不是很好。② 近年来，越来越多的罗兴亚穆斯林以各种方式通过孟加拉湾进入泰国和马来西亚等国避难。2020 年 2 月，一艘载着 138 名罗兴亚难民前往马来西亚的超载船只在孟加拉湾倾覆，16 名来自孟加拉国难民营的罗兴亚难民溺水身亡。③ 尽管危险，不时有难民船只被发现和被扣押，但很多罗兴亚人还是选择从孟加拉湾漂流到马来西亚，马来西亚成为罗兴亚人避难的首选地。马来西亚是一个穆斯林占多数的国家，已经有相当规模的罗兴亚人散居地。在新

---

① 《缅甸超过 50 万罗兴亚难民在孟加拉国首获身份证件》，联合国新闻，2019 年 8 月 9 日，https：//news. un. org/zh/story/2019/08/1039741。
② "Bangladesh May Cancel Rohingya Resettlement Plan, Preparations to Send to Bay of Bengal", April 20, 2020, https：//sunriseread. com/bangladesh – may – cancel – rohingya – resettlement – plan – preparations – to – send – to – bay – of – bengal/83525/.
③ "Malaysia Detains Boatload of 202 Presumed Rohingya Refugees", April 7, 2020, https：//borneobulletin. com. bn/malaysia – detains – boatload – of – 202 – presumed – rohingya – refugees –2/.

冠肺炎疫情期间，这些人更被指控为非法入境。马来西亚在寻求阻止一船又一船的罗兴亚人入境方面的压力不断上升，其强硬立场已经惊动了人权组织。

第二，东南亚依然是恐怖分子的藏身之处，恐怖主义渗透态势没有停止。根据 2019 年全球恐怖主义指数报告，2018 年全球恐怖活动致死人数降至 15952 人，降幅为 15.2%。在 10 个受恐怖主义影响最严重的国家①中，东南亚的菲律宾"榜上有名"。自 2017 年开始，全球恐怖主义就呈现从中东向东南亚转移的趋势。根据苏凡集团（The Soufan Group）的报告，在中东参战的外籍极端分子中，有约 900 人来自东南亚国家，其中大多数是印度尼西亚和马来西亚人。这些极端分子还在"伊斯兰国"的叙利亚"领地"内组建了名为"马来群岛"的战斗小组。中东战场失利后，这些东南亚"圣战"分子的残余势力作为"伊斯兰国"的存续力量将回流到东南亚。②而且，网络恐怖主义问题也使东南亚面临较为严峻的挑战。

第三，部分东南亚国家政局不稳，民族、宗教矛盾突出。在东南亚地区，泰国、马来西亚、印度尼西亚等国政局历来跌宕起伏，风云变幻。即便政局没有出现"政变"、"地震"和"重新洗牌"等重大事件，也时常处于暗流涌动之中。其中，泰国军事政变频繁，政治人物的崛起和跌落，折射出泰国政治的现实。2020 年 2 月 21 日，泰国宪法法院裁定新未来党党魁塔纳通向该党捐款违法，判决解散新未来党，禁止塔纳通等政党主要成员参政 10 年，并不准许其立即组建新政党。随后这个泰国政治新势力，被迫转为以民间组织（前进团）的形式继续活动。③同时，马来西亚也不平静。2020 年 3 月 1 日，马来西亚前副总理毛希丁宣誓就任马来西亚新总理，这意味着 2018 年大选之后以马哈蒂尔为总理的"希望联盟"政府的

---

① 10 个受恐怖主义影响最严重的国家依次为阿富汗、伊拉克、尼日利亚、叙利亚、巴基斯坦、索马里、印度、也门、菲律宾和刚果共和国。

② 海南公共安全研究院：《2018 年东南亚地区恐怖主义新态势》，搜狐网，2019 年 1 月 26 日，https：//www.sohu.com/a/291574399_ 100255489。

③ 许俊豪：《疫情下的政治"地震"，会如何影响泰国政局？》，中国东盟博览杂志，2019 年 4 月 17 日，https：//baijiahao.baidu.com/s？id =1664158953512302563&wfr = spider&for = pc。

旧格局瓦解，政局开始重新洗牌。马来西亚是一个多民族国家，该国向来政党林立，派系众多，是政局持续动荡的一大诱因。此外，印度尼西亚2019年4月17日开启总统选举，现任总统佐科·维多多成功连任，并于10月20日在雅加达宣誓就职，国内政局趋于稳定。但是，民族宗教矛盾以及极端宗教冲突时有发生。2018年，印度尼西亚发生了一系列恐怖袭击事件，其中大多数均属未经周密计划的"独狼行动"，且袭击者大多受极端组织"伊斯兰国"宣传的影响而自我"激进化"。据统计，有超过600名印度尼西亚人曾前往叙利亚和伊拉克的"伊斯兰国"战区。[1] 2019年9月，印度尼西亚东部省份巴布亚再次发生骚乱，导致至少32人死亡，数以千计的民众逃到避难所避难。

四　印度在环孟加拉湾的战略新动向

地缘政治学将地理定义为"绝对的政治要素"。在地理上，印度次大陆深入印度洋1600公里，将北印度洋海域分割为阿拉伯海和孟加拉湾，东面的孟加拉湾位于沟通印度洋和太平洋的重要海上航线——马六甲海峡与霍尔木兹海峡之间的印度洋东北部，属于半封闭的海湾，三面被陆地环抱。孟加拉湾是世界第一大海湾，面积约为217万平方千米，沿岸共有7个国家，包括孟加拉国、印度、斯里兰卡、泰国、缅甸、马来西亚和印度尼西亚。人口总和约为20亿人，约占世界总人口的28%。2019年，孟加拉湾沿岸国家GDP总和达到5.46万亿美元，约占世界GDP总和的6.3%。历史上，环孟加拉湾在大国地缘战略格局中并不起眼。事实上，孟加拉湾连接着两个重要地区——南亚和东南亚，印度、孟加拉国和斯里兰卡形成西部沿海地区，缅甸、泰国、马来西亚和印度尼西亚则形成东部沿海地区。鉴于其在印度洋－太平洋地区的地缘政治地位，孟加拉湾对大国来说具有重要的战略地位。[2] 随着

---

[1] 《印度尼西亚反恐安全形势回顾和展望》，搜狐网，2019年9月6日，https://www.sohu.com/a/339125696_284463。

[2] K. 尤姆：《缅甸对孟加拉湾地缘政治的影响》，《印度洋地区研究》2014年第2期，第42页。

"21 世纪海上丝绸之路"在印度洋地区的推进,中国与印度洋沿岸国家经济合作不断扩大,不仅增加了中国在印度洋的经济利益诉求,也使中国在印度洋军事存在的必要性大大提升。尤其是,中缅经济走廊的推进,将不可避免地加剧印度对中国在环孟加拉湾存在的担忧,这一地区尤其被印度视为自己的势力范围。具体原因如下。第一,环孟加拉湾是印度实施"东向行动"政策的战略前沿。20 世纪 90 年代初,印度提出了"向东看"政策,以加强印度与东南亚国家的联系。2014 年,莫迪上台执政以来,将"向东看"政策升级为"东向行动"政策,其主要意图是提升印度在东南亚地区的战略、经济和安全利益,以拓展印度的区域影响力。第二,在南盟的作用难以发挥的情况下,印度通过推进环孟加拉湾多领域经济合作倡议和孟加拉国 - 不丹 - 印度 - 尼泊尔计划,以深化印度与邻国之间的关系,巩固印度在南亚的地位并拓展在东南亚的影响力。南盟目前被视为不太成功的区域政府间合作组织,组建多年来对南亚区域经济一体化的推动作用不明显。① 南盟成立于 1985 年,成立时有 7 个成员国,2005 年阿富汗成为南盟第 8 个成员国。但是,一方面由于印度在经济体量上远远超过其他国家,另一方面也由于巴基斯坦因素存在,南盟在促进南亚经济一体化等方面的作用始终难以发挥。对印度来说,虽然巴基斯坦属于南盟成员国,但被排除于环孟加拉湾经济合作组织之外,有利于其在反对恐怖主义和跨国犯罪等问题上剑指巴基斯坦。第三,印度重视环孟加拉湾的一个深层次原因还在于印度谋求控制孟加拉湾局势与维护在东印度洋的海上控制权。综观环孟加拉湾合作组织所涉及的地理范围以及莫迪政府"邻国优先"的外交政策可知,印度期望通过提升硬实力和软实力,将南亚次大陆恢复为一个由印度掌控的地理概念。

鉴于这一地区在地缘战略中的重要性且蕴藏着丰富的油气资源,未来大国在这一地区的竞争将更加激烈。因此,印度从来没有放松对环孟加拉湾的重视与经营。

---

① Udisha Saklani, Cecilia Tortajada, "India's Development Cooperation in Bhutan's Hydropower Sector: Concerns and Public Perceptions", *Water Alternative*, Vol. 12, Issue No. 2, 2019.

（一）印度加强安达曼－尼科巴群岛建设

安达曼－尼科巴群岛坐落于印度洋的东北部，地处孟加拉湾与安达曼海交界处，是印度联邦的海外联合属地。安达曼群岛南端靠近缅甸的科科群岛，西北端靠近苏门答腊岛。从地理位置来看，安达曼群岛由 572 个大小岛屿组成，总面积达 8249 平方千米，其中只有 38 个岛屿有人居住。群岛最南端的英迪拉角（Indira Point）距离印度尼西亚的苏门答腊岛最北端仅 160 千米。安达曼群岛首府布莱尔港（Port Blair）距离金奈、曼谷、仰光和马六甲海峡的距离分别为 1190 千米、899 千米、695 千米 和 1843 千米。在过去很长一段时间，印度的运输机在从印度大陆去往安达曼群岛首府布莱尔港的途中都需要在仰光补充燃料。

孟加拉湾和安达曼海拥有世界上最繁忙的几条海上交通线，这些交通线位于马六甲海峡的入口处，而马六甲海峡是连接东印度洋和西太平洋的咽喉要道。安达曼－尼科巴群岛形成一个南北向的狭长延伸带，为控制东印度洋提供了一个战略栖息地。[①] 印度将环孟加拉湾认定为其天然的势力范围，也认为其理所当然是这一地区的"净安全提供者"。为此，印度近年来不断加强该地区的海军力量建设，特别是进一步加强安达曼－尼科巴群岛的建设。

早在 2001 年，印度就耗资 20 亿美元在安达曼群岛首府布莱尔港成立了安达曼－尼科巴群岛三军联合司令部（The Andaman and Nicobar Command，ANC），也是安达曼－尼科巴群岛迄今唯一的三军联合司令部，主要承担海上侦察、灾难援助、人道主义救援、打击海盗等任务。但是岛上无论军用还是民用设施都十分滞后，与其三军司令部的"战略前哨"地位不符。2012 年 7 月，印度海军启动了位于安达曼－尼科巴群岛最南端名为"鹰眼"的新基地。该基地被认为是印度强化对印度洋和中国南海方向投射军力的重要基地。2015 年，印度总理莫迪宣布了一个为期 10 年，价值 15 亿美元的改善

---

① 〔印〕雷嘉·莫汉：《中印海洋大战略》，朱宪超、张玉梅译，中国民主法制出版社，2014，第 144 页。

安达曼群岛基础设施计划，其中包括增加巡逻船只及军事人员；2016 年 1 月，印度批准了在岛上部署先进的美制 P8 - I 波塞冬海上监测巡逻机以及以色列产的无人机；2016 年 4 月，印度与日本就在印度洋区域安装水中监听器进行了讨论；6 月，印度又宣布将在安达曼群岛的拉特兰（Rutland）岛上建立一个新的导弹测试设施。同年，印度还部署了最先进的海洋巡逻/反潜作战机。印度还计划扩建在北安达曼什普尔（Shibpur）和坎贝尔湾（Campbell Bay）的海军航空站的跑道，将其从现在的 3000 英尺扩建到 10000 英尺以适用于更大的飞机。除此之外，印度还投资 300 亿卢比改善安达曼群岛上的互联互通设施。在岛上建造桥梁及公路的任务已经由印度国家公路和基础设施发展公司承建。实际上，印度政府已经意识到安达曼群岛与印度本土缺乏联通的问题。2017 年 4 月，印度内政部长拉吉纳特·辛格访问了安达曼群岛，宣布将在金奈和布莱尔港以及其他 5 个岛屿之间建造海底光缆。此举将改善岛上通信及网络连通。[①] 改善安达曼群岛上的基础设施建设除了能够加强印度对岛屿及周边水域的战略控制，帮助印度更好地保护领土以及海上贸易通道，还能够提高岛上居民的生活水平。此外，安达曼 - 尼科巴群岛在 2018 年和 2019 年迎来了积极的消息。2018 年 12 月，莫迪政府重新命名群岛中的罗斯（Ross）、尼尔（Neil）和哈夫洛克（Havelock）岛屿，以解除这三个岛屿殖民主义的精神印记。2019 年 1 月，现任政府采取了另一项积极措施，即在安达曼 - 尼科巴群岛建造新的空军基地。这个拥有 572 个岛屿的群岛处于印度洋的重要战略位置，有可能在塑造印度的印度洋 - 太平洋政策中发挥决定性作用。通过这些岛屿可以监测中国船只进出印度洋，制衡中国在印度洋不断上升的影响力，并为印度在印度洋地区成为"净安全提供者"提供更重要的机会。

自 2008 年以来，中国派遣护航编队赴亚丁湾执行反海盗护航任务，印度对此感到不安，充满猜测。随后，中国潜艇分别在 2014 年及 2015 年停靠

---

① Jyotika Sood, "Eye on China, India Plans Infrastructure Boost in Andaman and Nicobar Islands", *Swarajya*, June 26, 2017, https：//swarajyamag. com/infrastructure/eye - on - china - india - plans - infrastructure - boost - in - andaman - and - nicobar - islands.

科伦坡港与卡拉奇港口进行正常补给，印度更加紧张。2015 年，中国在非洲吉布提建立了用于中国军队执行亚丁湾和索马里海域护航、维和、人道主义救援等任务的休整补给保障基地，印度对这些举措都比较担忧和焦虑。由此，在安达曼群岛建立安达曼－尼科巴群岛三军司令部以来，越来越多的印度战略家呼吁要对群岛给予更多的关注。他们认为，安达曼群岛除了可以作为印度向东投送影响力的"跳板"之外，也可以作为印度军界对抗中国的"王牌"。因为安达曼群岛正好地处马六甲海峡西部出口，是出入马六甲海峡的必经之路。根据印度国防部一份杂志《武装部队新闻》（*Sainik Samacha*）的描述，安达曼－尼科巴群岛三军司令部的责任范围包括：确保向东通往印度洋的通道安全，包括马六甲海峡、龙目海峡以及巽他海峡不受"航运威胁"，同时监控通过六度与十度海峡的船舶。这意味着印度扼守住了马六甲这个世界上最为重要的航线西口的两个海峡，也意味着绝大多数通过马六甲海峡的国际贸易运输都要通过印度尼西亚亚齐岛与大尼科巴岛之间的 200 公里宽的六度海峡。①

　　近年来，印度频频改善并增加岛上民用及军用设施。由于环孟加拉湾被印度认为是其天然的势力范围，认识到其战略重要性后，新德里在 2007 年建立了第一个被称为安达曼－尼科巴的指挥部。② 它可以成为在沿海亚洲开展综合作业以及在孟加拉湾和印度洋进行海上监视和侦察行动的潜在基地。目前印度还在进一步装备和发展安达曼－尼科巴群岛三军司令部。2019 年 1 月，印度政府采取了另一项积极举措，即在安达曼－尼科巴群岛建造新的空军基地。新德里还计划在未来十年内在安达曼－尼科巴群岛实施军事基础设施滚动计划，以提高印度部署监测和侦察资产的能力，并有助于提高印度的海洋领域意识。2019 年 10 月 21～22 日，印度空军从安达曼－尼科巴群岛的特拉克岛试射了两枚布拉莫斯（BrahMos）地对地超音速巡航导弹。一位

① Jeff M. Smith, "Andaman and Nicobar Islands: India's Strategic Outpost", *Making Waves*, The Fortnightly e－News Brief of the National Maritime Foundation, Volume 9, Number 3. 2 http：// www. maritimeindia. org/View% 20Profile/635636100363626104. pdf.

② K. 尤姆：《缅甸对孟加拉湾地缘政治的影响》，《印度洋地区研究》2014 年第 2 期，第 46 页。

官员说，试射的目的是验证印度空军具备能够"精确地"击中最远 300 公里目标的能力。无论如何，安达曼－尼科巴群岛将成为印度将海军力量投射到东印度洋的关键，是印度海军与东南亚其他国家海军接触与合作的中心地区，包括印度与东南亚国家的协调巡逻，成为马六甲海峡入口处海上交通线的保卫者和印度"东向行动"政策的海上补充。观察者基金会（ORF）阿比吉特·辛格（Abhijit Singh）认为，安达曼－尼科巴群岛是"印度在东印度洋战略存在的重要标志"[1]。因此，印度应优先将安达曼群岛建设为孟加拉湾现代海上运输的中心。随后才轮到恰巴哈尔港、亭可马里深水港、卡拉丹多式联运项目以及实兑的深水港建设。[2] 根据国际法划分的界限，安达曼－尼科巴群岛占印度专属经济区（EEZ）的 1/4 以上。

随着中国在印度洋影响力的上升，印度进一步意识到安达曼群岛的战略重要性并逐渐加大了对安达曼群岛的基础设施建设投入。但印度自身的能力有限，所以选择与日本合作以加强安达曼群岛的基础设施建设。根据《纽约时报》报道，印度与日本正在讨论就升级岛上民用设施进行合作，例如在安达曼群岛南部建设一个 15 兆瓦特柴油发电厂。[3] 虽然印度向来注重发展与日本的合作关系，但是此前印度从来没有在安达曼群岛接受过外国投资。另外，日本对安达曼群岛的投资建设计划不会止步于仅仅建设发电厂，在讨论建设发电厂的一年之前，日本驻印度大使就造访了安达曼群岛首府布莱尔港，向当地最高官员表示愿意出资建立桥梁与港口设施。

关于安达曼群岛在印度的外交政策中应该扮演的角色，印度前外交秘书希亚姆·萨兰（Shyam Saran）在 2009 年访问安达曼群岛时，讨论了印度外

---

① Abhijit Singh, "India's Undersea Wall in the Eastern Indian Ocean", June 15, 2016, https：//amti. csis. org/indias－undersea－wall－eastern－indian－ocean/? lang＝zh－hans.

② Shyam Saran, "What China's One Belt and One Road Strategy Means for India, Asia and the World", *The WIRE*, October 9, 2015, https：//thewire. in/12532/what－chinas－one－belt－and－one－road－strategy－means－for－india－asia－and－the－world/.

③ Ellen Barry, "An India Collaborates with Japan on Islands, It Looks to Check China", *The New York Times*, March 12, 2016, https：//www. nytimes. com/2016/03/12/world/asia/india－japan－china－andaman－nicobar－islands. html.

交政策与安达曼群岛的关系。萨兰认为，印度学界在针对安达曼群岛所能发挥作用的探讨中，焦点都集中在对中国的牵制作用。然而，对安达曼群岛战略重要性的考虑不应该仅仅局限在其对中国的牵制作用，而是应该更多地讨论安达曼群岛的战略地位如何能够提高印度战略自主性，扩展国家战略空间，让国家领导层在解决问题时拥有更多的选择。萨兰还强调，如果我们的国家在解决问题时只有两种对立极端的选择，即要么投降，要么诉诸武力，只能说明我们的外交政策是有缺陷的，我们的外交已经失败了。①

（二）印度积极推进"环孟加拉湾多领域经济合作倡议"

随着国际局势的变化以及中国在印度洋地区影响力的提升，特别是"21世纪海上丝绸之路"倡议，增添了印度的安全忧虑。虽然印度相继提出"季风计划"、"萨迦"倡议、"亚非增长走廊"计划以应对，但这些计划和倡议难以落到实处。如前所述，在海洋领域，印度正积极推进BIMSTEC，以对冲中国在印度洋地区的影响力。尤其是在印度主导南盟事务遭遇挫折和阻力的情况下，印度更加注重 BIMSTEC 的作用，并致力于推进孟加拉国 - 不丹 - 印度 - 尼泊尔区域合作计划。但总体上，后者进展不大，而前者则正在对大国战略竞争以及周边国家产生影响。

1997 年 BIMSTEC 成立之后，紧接着于 1998 年达成举办孟中印缅地区经济合作（BCIM）论坛的意向，并于 1999 年在昆明举行了首次会议。BIMSTEC 和孟中印缅地区经济合作倡议的提出在目标上具有"异曲同工"之意，二者在实施过程中"不期而遇"，既存在着巨大的"交集"，也产生了诸多"碰撞"。对印度而言，其主导并推进 BIMSTEC 的意愿更强，这也是印度对孟中印缅经济走廊建设更多停留在"表态"层面而缺乏实质性行动的一个主要原因。但是从 BIMSTEC 23 年来发展的情况来看，其面临的主要挑战也是显而易见的。一是 BIMSTEC 缺乏"造血"能力，经济合作水平

---

① Shyam Saran, "Shyam Saran's Address on India's Foreign Policy in Andaman & Nicobar Islands", wordpress, September 15, 2019, https：//abhishek4420. wordpress. com/2009/09/15/shyam - sarans - address - on - indias - foreign - policy - in - andaman - nicobar - islands/.

难以得到较大幅度提升。在参与 BIMSTEC 的 7 个国家中，除了印度和泰国之外，其余 5 个国家都属于低等收入国家，且彼此之间的实力差距还在进一步拉大。泰国虽为经济较发达的中高收入国家，但由于经济体量、规模以及综合实力都远逊于印度，依然在 BIMSTEC 内部处于相对弱势的地位。同时，BIMSTEC 组织内部成员国的对外出口也都以原材料、资源产品和轻工业品（如纺织品）为主，贸易结构高度雷同，缺乏持续合作的深度与广度。印度作为 BIMSTEC 域内的主要大国，虽然有足够的市场能够满足其他成员国的原材料出口，但是由于周边邻国购买力有限，印度无法将具有比较优势的工业制成品出口到其他国家，这种贸易无疑是难以持续的。二是短期内 BIMSTEC 域内的结构性矛盾难以改善。由于成员国内部存在着政治分歧和主权纷争，BIMSTEC 长期合作的政治纽带具有脆弱性，短期内状况难以实质性改变。如印度与斯里兰卡间的泰米尔人遗留问题依然存在；印度与尼泊尔之间更是存在着移民问题、水资源纷争、边界争端以及贸易不平衡等诸多问题，尤其是印度时而中断对尼泊尔的燃料供应甚至实施石油禁运，更是暴露了两国关系的脆弱性；孟加拉国与缅甸之间同样存在着棘手的罗兴亚人问题。这些层出不穷的地缘政治问题，成为 BIMSTEC 合作加深的一大阻力。三是印度的主导地位难以有效发挥。BIMSTEC 看似一个能够激活地缘经济的组织，但实际效果有限。BIMSTEC 成立之初，印度的经济规模已经是占整个成员国 GDP 总和的近 80%。经过 23 年的发展，各国之间的差距非但没有缩小，反而还在进一步的拉大。同时，基础设施建设是域内国家促进互联互通的短板，也恰好是印度的短板。虽然印度在 BIMSTEC 域内的经济地位显著提升，但印度与其他各国之间的经济联系并没有随之增强，而且各国对印度存在不同程度的离心倾向。这是因为印度虽然与其他 6 国在地理和文化上接近，但在经济和军事方面的不对等使域内小国产生焦虑感和不安全感，使这些国家难以放开手脚全面融入合作，更多地持观望和摇摆态度。

正是由于 BINSTEC 经济合作方面成效甚微，BIMSTEC 的重心从一开始强调和聚焦基于贸易自由化的"经济繁荣"逐渐向"安全领域"倾斜，联合反恐、联合军演和加强海军防务合作成为 BIMSTEC 中越来越重要的内容。

另外，孟加拉湾的地缘政治意义更加突出，且针对中国的意图更加明显。2018 年 8 月，美国表示将拨款 3 亿美元用于加强印太地区安全，其中就特别提到了 BIMSTEC。① 孟加拉湾也是日本所强调的"高质量基础设施"建设以及"自由、开放的印太战略"的重要区域。

孟加拉湾是印度"东向行动"政策的关键区域，也成为美印、日、澳四国海上安全合作的核心区域，更是美印对冲中国在东南亚地区影响力以及挤压中国在西太平洋战略空间的重要区域。中国虽然不是孟加拉湾沿岸国家，但孟加拉湾沿岸国家均是中国的近邻，中国与沿岸国家包括缅甸、印度、泰国接壤，特别是与处于孟加拉湾中心的缅甸接壤，不能忽视该区域对中国周边安全的威胁与挑战。随着环孟加拉湾地区重要性的不断上升，大国在该地区的竞争也日益明显，尤其是在地缘战略和地缘经济方面的竞争。

（三）印度不断增加在环孟加拉湾的军事演习

近年来，印度联合环孟加拉湾沿岸国家以及域外国家，不断增加在孟加拉湾的海军演习。自 1992 年起，美印两国海军就在孟加拉湾定期举行"马拉巴尔"联合军演。2015 年，日本加入该演习，演习在印度洋和太平洋交替举行。2017 年 7 月，印、美、日三国在孟加拉湾举行了第 21 届"马拉巴尔"联合海军演习。美国"尼米兹号"核动力航母、日本"出云号"直升机驱逐舰和印度"维克拉马蒂亚"号航母一同亮相。"马拉巴尔"联合军演从小到大、从双边到多边，折射出"印太"地缘战略格局的演变和大国战略竞争互动的新态势，成为印、美、日三国协调印太地区海上安全合作的重要平台。② 2018 年 3 月，印度联合 16 个国家（包括新加坡、泰国、马来西亚、印度尼西亚和缅甸等多个东南亚国家）在安达曼 - 尼科巴群岛进行大规

---

① U. S. Department of State, "U. S. Security Cooperation in the Indo – Pacific Region", U. S. Department of State, August 4, 2018, https: //www. state. gov/u – s – security – cooperation – in – the – indo – pacific – region/.

② 荣鹰:《从"马拉巴尔"军演看大国"印太"战略互动新态势》,《和平与发展》2017 年第 5 期, 第 48 ~50 页。

模"米兰2018"（Milan）海上军事演习，此次军演地点安排在扼守着中国海上贸易的重要出入口——马六甲海峡西部，而且这次军演中最为重要的训练是海上封锁科目，针对中国的意味也十分明显。2018年6月，印、美、日三国海军在美国关岛附近的太平洋海域举行演习。印度国防部在一份声明中表示："在过去的26年间，这一海上联合军演无论是范围还是复杂性都有所增加，并且旨在应对印度洋－太平洋地区面临的各种共同威胁和挑战。"① 2018年9月10~16日，由印度牵头组织的首届"BIMSTEC"军演在印西部城市浦那举行，BIMSTEC的7个成员国均参加了演习。

2019年9月，美、日、印"马拉巴尔"演习在九州佐世保至关东南部海域举行。2019年9月7日，印度与斯里兰卡还在孟加拉湾进行了为期6天的"SLINEX 2019"联合海军军事演习，来自两国参加演习的4艘海军舰艇在演习的"海上阶段"开展协同海上作战，包括飞机跟踪、跨甲板飞行、枪支射击、大范围搜查和缉获等训练。"海上阶段"之前，在维萨格港口的"港口阶段"中，海军进行了为期3天的专业互动、培训活动、文化活动和体育交流。2019年9月16日，印度与泰国举行了第三次"马特里－2019"军事演习。作为印度海军对东南亚和西太平洋海外部署的一部分，印度海军"萨亚德里号"（Sahyadri）护卫舰和"契尔丹号"（Kiltan）轻型护卫舰，还在演习之前的8月31日至9月3日在曼谷林查班港（Laem Chabang）进行了港口交流。安达曼－尼科巴群岛三军司令部的印度海军舰艇和飞机自2003年起与泰国皇家海军（RTN）一起进行两年一度的协同巡逻。此外，印度也努力深化与孟加拉国之间的海上合作。印度海军一直在为孟加拉国海军提供广泛的培训，包括海上和沿海安全方面的专业技能。2019年9月，印度海军司令卡拉姆比尔·辛格上将访问了孟加拉国，讨论了在沿海建立雷达网络问题。2019年10月12~16日，印度和孟加拉国的海军还首次在维沙卡帕特南举行双边演习。该演习包括印度海军陆战队突击队和孟加拉国海

---

① 《"马拉巴尔"年度军演明日启幕，印美日海军首次在关岛联合演习》，环球网，2018年6月6日，https：//baijiahao. baidu. com/s？ id = 1602490678134663376&wfr = spider&for = pc。

军特种作战潜水与援救部队之间的为期 10 天的训练演习。演习之前，印度与孟加拉国海军还进行了协调巡逻。

（四）中印在环孟加拉湾的竞争将持续存在

由于中国进口石油量的 80% 需要经过马六甲海峡，印度希望通过加强自身海军实力建设以达到限制甚至阻断中国石油进口通道的目的，不管这是否存在现实性。另外，由于中印两国之间存在边界争议的传统安全问题，印度认为其在安达曼群岛的战略优势能够在解决两国间争议时作为挟制中国的砝码。[①] 但这只是印度的理想状态，因为没有任何一个国家仅凭一己之力就能阻断马六甲海峡进口石油的通道。况且，马六甲海峡也不是通往印度洋的唯一通道，超过 20 万吨的船只还可以绕行印度尼西亚的望加锡以及龙目海峡。

2019 年 9 月，印度海军以中国船只"侵入"印度安达曼 - 尼科巴群岛沿岸的专属经济区为由，驱逐中国"试验 1 号"研究船。在新德里看来，在过去的 10 年中，随着中国经济和军事力量的发展，中国在印度洋的影响力急剧上升，每年平均有 8 ~ 10 艘海军舰艇、潜艇和研究船在该海域航行。新德里对中国在印度洋这片被他们视为"后院"的海域不断增加的行动深表担忧，而中国进入安达曼海的周边成了印度海军最大的担忧。[②] 无论如何，孟加拉湾和安达曼海海域在印度洋东部和中国南海之间形成了一个枢纽，对印太地区海上交通线的安全至关重要。[③] 在雷嘉·莫汉看来，印度对孟加拉湾的担忧在日益增长，因为北京正在孟加拉湾与达卡接触，并在缅甸海岸立足，以克服其臆想中的有可能被挡在马六甲海

---

① Sanat Kaul, "Andaman and Nicobar Islands: India's Untapped Strategic Assets", Institute for Defense Studies & Analyses, Delhi: Pentagon Press/Institute of Defense Studies and Analyses, 2014.

② Yogesh Joshi, "China and India's Maritime Rivalry Has a New Flashpoint: The Andaman Sea", December 14, 2019, https://www.scmp.com/week – asia/opinion/article/3042032/china – and – indias – maritime – rivalry – has – new – flashpoint – andaman – sea.

③ 〔印〕雷嘉·莫汉:《中印海洋大战略》，朱宪超、张玉梅译，中国民主法制出版社，2014，第 156 页。

峡这一弱势。[1] 2019 年 8 月，印度海军决定将其一艘基洛级潜艇（INS Sindhuvir）移交给缅甸，希望巩固与缅甸之间日益趋同的安全利益，并限制中国的军事影响力，同时帮助缅甸应对与孟加拉国之间出现的海军竞争。缅甸则帮助印度确保其在孟加拉湾地区的海洋利益。[2]

从地理属性来看，中国是西太平洋的地区大国，西太平洋是中国的首要战略区，属于中国的核心利益区，与中国的国家安全息息相关。印度洋虽然是中国的次要战略区但属于中国的战略周边，尤其是环孟加拉湾，属于中国战略周边中的近邻。在未来几年内，孟加拉湾和安达曼海在印度的海上战略考量中很可能显得愈加突出，随着"21 世纪海上丝绸之路"的推进，中印在环孟加拉湾的竞争也将持续存在。

结　语

印度洋地区各类冲突此起彼伏，而安全局势总体可控。但是，中国在印度洋地区面临的战略压力呈现上升趋势，这主要源于三个因素。一是中美实力差距缩小，引发美国的战略焦虑。2000 年，美国 GDP 占全球 GDP 的比重为 30.5%。2010 年，这一比重下降到 25%。2019 年，美国 GDP 占全球 GDP 的比重依然为 25%。也就是说，近十年来美国 GDP 占全球 GDP 的份额一直保持在 25% 左右。相比而言，2010 年中国 GDP 超过日本成为世界第二大经济体，中国 GDP 占全球 GDP 的比重为 9%；2019 年，中国 GDP 占全球 GDP 的份额为 16%。很显然，中国和美国的实力差距在缩小，这成为美国推动"印太战略"以应对中国快速发展的一个主要因素。二是中印在印度洋的竞争。由于一直以来中国对中东和非洲的石油进口依赖度较高，确保印

---

[1] 〔印〕雷嘉·莫汉：《中印海洋大战略》，朱宪超、张玉梅译，中国民主法制出版社，2014，第 161 页。

[2] Saurav Jha, "India and Myanmar are Sending a Strong Message to China – with a Submarine", August 5, 2019, http：//theprint. in/opinion/india – is – giving – a – submarine – to – myanmar – and – both – are – sending – a – strong – message – to – china/272240/.

度洋通道安全成为中国在印度洋的最大利益诉求。"一带一路"倡议特别是"21 世纪海上丝绸之路"让印度倍感压力,尤其是中巴经济走廊建设加剧了印度对不断深化的中巴关系的担忧。2019 年 8 月,印度单方面改变克什米尔现状使得印巴冲突一触即发。多年来,印度不仅"怨恨"中国对巴基斯坦的支持,也担心此次改变克什米尔现状引发巴基斯坦在中国支持下的报复性行动,同时担心中国在联合国支持巴基斯坦推进克什米尔问题"国际化",这成为推动印度对"印太战略"和"四国安全对话"(Quad)态度做出改变的一个重要因素。三是美印战略诉求进一步契合。美国对南亚和印度洋地区的重视从反恐、能源政治等转向为应对中国快速发展,这正好与印度试图对冲中国在南亚和印度洋地区不断上升的影响力的战略需求相契合。中国无法置身印度洋地区战略竞争之外。

在印度看来,印度的安全取决于印度洋的安全,印度在印度洋面临来自中国日益加剧的海上威胁。印度虽然并不拥有对印度洋的控制权,也不具备支配印度洋的能力,但印度一直以来都追求对印度洋独一无二的影响力且有时候自认为其拥有对所谓"印度之洋"的控制权,对除美国以外的其他域外大国进入印度洋以及发展与印度洋国家的关系都保持警惕,这成为中印双边关系发展中的一个难题。更为重要的是,印度在印度洋地区合作机制建设上具有虽非绝对但较大的话语权,包括"印度洋海军论坛""环印联盟""环孟加拉湾多领域经济技术合作倡议"等。自 2019 年以来,美印不仅继续增强国防与安全合作力度,美、日、印、澳"印太战略"从构想走向实践并取得实质性进展,美、日、印、澳"四国安全对话"也出现重新启动的迹象,助推印度洋战略竞争呈加剧态势,处于印度洋 – 太平洋枢纽地带的环孟加拉湾地缘安全格局亦出现了一些新的变化。

中国的核心利益区紧邻东印度洋的环孟加拉湾,这一区域在历史上的重要性、在当今时代的重要战略意义及安全局势的复杂性,决定了中国必须从战略上予以高度重视。作为环孟加拉湾国家的近邻,中国不仅具有地缘优势,而且与这些国家拥有良好的经济合作基础。环孟加拉湾沿岸中小国家基于大国博弈和自身利益的战略选择存在很大的不确定性。这主要基于两个方面的考量：一是中小国家通过与大国开展合作以提升经济建设能力与安全治理能力；二是中小国家通过在大国之间选择"骑墙战术"而收获更多的经济利益。同时，受西方国家"中国威胁论"与"国强必霸"论调的影响，一些周边国家对中国存在一定程度的不信任和战略疑虑，导致中小国家对华政策存在不确定性。在当前中国与关键大国美国之间的竞争日趋激烈的情况下，处于首要地位的周边需要纳入印度洋战略视野进行考量。中国需要防止印度更多倒向美国，使印度在"印太战略"和"四国安全对话"的双重影响下与其他三国形成美、日、印、澳四国同盟。同时，要谨防印度在过度自信的情况下，在利用"有利外部环境"和"转移内部矛盾"的双重目标之下，对华趋向强硬。

2020年是中印建交70周年，中印需要挖掘各自面临的发展难题与安全挑战所蕴藏的合作机遇，探索并推进双边经济合作以及在印度洋地区安全领域的合作。在印度洋地区，无论是国际恐怖主义的扩张态势、各种疾病、自然灾害（旱灾、洪灾、蝗虫灾害）、难民潮危机、网络威胁，还是气候变化引起的各类挑战，都需要国际合作。当前，新冠肺炎疫情对世界经济、国际合作与国际关系带来了前所未有的冲击，凸显出全球治理的紧迫性以及国际合作的必要性与重要性。新冠肺炎疫情重创全球经济，各国贸易和投资都受到不同程度的影响，短期内贸易保护主义和逆全球化趋势会更加明显，但从中长期来看，区域一体化和全球化进程依然是未来的发展趋势。中国面向印度洋地区的西向开放，有利于重塑古代海上丝绸之路的贸易繁荣，有利于稳定世界经济。既然贸易合作是交易，只要是共同利益，只要有利可图，就会有合作空间。无论如何，经济合作依然是影响政治关系的一个不可忽视的重要因素。虽然以经贸和投资为主体的经济活动不一定成为政治关系的压舱石，但不合作的成本一定会增加，况且经济合作能够给合作方带来实实在在的利益。

B.2
印度洋地缘格局演变中的中印身份
认知偏差问题及其影响

叶海林*

摘　要：　本文在简要回顾中印关系70年历程的基础上，重点讨论身份
认知偏差对双边互动过程产生的影响，本报告认为中印的身
份认知偏差主要体现在双方的国际地位和战略角色想象以及
互动的成果预期方面，本报告进而讨论了身份认知偏差对中
印两国的不同影响，并就中印关系的最优前景和次优前景做
出了展望。

关键词：　中印关系　身份想象　认知偏差

　　2020年是中印建交70周年。70年来，中印双边关系几经波折，跌宕起
伏。当前，国际社会正面临百年未有之大变局，站在国际格局深刻演变、国
际秩序剧烈调整的时代窗口，回顾世界上两个最大的发展中国家的互动过
程、总结双边关系的经验和教训，对于探讨南亚地缘格局演变背景下中印互
动的发展演变态势，具有重要的意义。

一　中印关系70年简要回顾

　　1950年4月1日，中华人民共和国与印度共和国正式建立外交关系，

---

* 叶海林，中国社会科学院亚太与全球战略研究院副院长、研究员。

比中国与巴基斯坦自治领（1956 年 3 月更改国名为巴基斯坦伊斯兰共和国）建交早了 1 年 1 个月零 21 天。印度是南亚国家当中最早与新中国建立外交关系的，也是较早一批与新中国建交的发展中国家的一员。

中印建交是当时亚非拉民族解放运动的一件大事。20 世纪 50 年代，中印两国作为亚非拉民族解放运动的主要领导力量相互配合、相互支持。中印合作的全球意义由此得到承认。然而遗憾的是，两国友好关系在 50 年代末急转直下，中国、印度等共同倡导的万隆会议精神指引了亚非拉新兴国家建立新型国际关系的努力方向，却没有能为解决中印双边矛盾做出贡献。

1959 年中国西藏发生叛乱，中印彼时已经无法掩盖双方存在的巨大分歧。印度以西藏反动集团的庇护者自居，引起中国强烈不满。1962 年两国因领土争端而兵戎相见，一场并不激烈的边境战争，把印度从亚非拉民族解放运动领导者的地位上拉下来，印度的国际声望受到极大打击。虽然在西方话语的支持下，印度在很大程度上将自己由挑衅者洗白成了所谓的"受害者"，但印度在喜马拉雅山麓遭遇的巨大失败是无论如何都掩盖不了的。这场战争的最长远后果是在印度战略决策层当中形成了根深蒂固的对华疑虑和恐惧传统，影响到了日后印度在涉及中印关系和南亚地区格局的所有重大问题上的心态。

20 世纪 80 年代末，中印关系在结束克节朗河事件后摆脱二十多年的冷冻状态艰难重启，慢节奏的回暖进程又在 1998 年因为南亚核竞赛的爆发陷入低谷，中印关系恢复之路缓慢而且艰难。直至 21 世纪初，双边关系才形成一条相对稳定的上升曲线。在很大程度上，中印关系最近 20 年的相对稳定状态源自双方都认为自己面临难得的历史机遇，当前所处的国际环境有利于自身经济发展，对在国际体系中绝对地位提升的追求超过了对相对地位竞争的考量。

21 世纪的最初 20 年，是中印两国在国内经济建设方面取得快速发展的 20 年，世界上人口最多的两个国家聚焦于自身经济发展，很快产生了令人瞩目的成果，使全球经济格局发生了明显改变。与此同时，中印双边经济合作水平也不断提升。虽然贸易不平衡、关税及非关税壁垒等问题依然存在，印度还一度成为对华双反调查最多的国家，但即便如此，双边贸易还是从 2002 年的不到 50 亿美元上升到 2019 年的将近 1000 亿美元。经贸关系在中印互动中越来越成为一个正向激励因素。经济领域中的务实合作虽然没有如同 50 年代推动民族解放运动的共同理念那样给中印合作注入强大的精神动力，但至少足以防止双方关系因为具体的政治和安全分歧而再度掉头向下跌入低谷。

优先解决发展问题给了中印两国管控分歧更强烈的动机。虽然双方依然龃龉不断，但至少在边界问题上，中印开始尝试解决横亘在两国关系当中的这一最大障碍。2003 年印度总理瓦杰帕伊访华，双方建立中印边界问题特别代表会晤机制，2005 年中国总理温家宝回访，两国就解决边界问题达成政治指导原则。即使是对中印关系最为挑剔的那部分印度政要和学者，也都承认中印在管控边界争议、防止边界争端激化方面取得的成就。印度前外交秘书萨仁山（Shyam Saran）就曾说："尽管边界有争议，但双方通过共同的努力来保持边界的和平。这对印中尝试解决边境问题是一个利好的、积极的状况。"①

2017 年印度军队非法越过中国和不丹边境进入中国领土洞朗地区，与中国边防部队形成对峙。70 多天的洞朗事件给处在上升期的中印关系造成了严重冲击。所幸两国领导人及时对双边矛盾进行了管控与止损。2018 年习近平主席与印度总理莫迪在武汉举行会晤，双方重申了对中印关系的重视，启动了两国领导人非正式会晤机制。2019 年这一机制在印度金奈得以延续。洞朗事件之后，中印关系以较快的速度实现复苏。考虑到 2017 年年底美国推出"印太战略"概念导致印度洋 - 太平洋地缘态势发生重大变化这一外部因素，人们更加能够体会到中印双边关系保持向好趋势的来之不易。

进入 2020 年，原本中印双方为纪念建交 70 周年策划了多场重大活动，

---

① 《印中关系要以自身的价值来衡量——专访印度前外交秘书萨仁山》，搜狐网，2019 年 6 月 8 日，https：//www.sohu.com/a/319208284_ 220095。

但由于新冠肺炎疫情的突发，所有庆典不得不推迟或取消。但两国元首在互致贺电的电文中均表达了对双边关系前景的美好期待。然而，耐人寻味的是，即使在两国领导人纪念性的外交电文中，中印双方对两国关系的定性依然存在着细微的差异。习近平主席强调了中方对中印面向和平与繁荣的战略合作伙伴关系的重视，印度总统科温德期待与中方共同拓展和深化更加紧密的发展伙伴关系。① 这种差异很难被理解为纯粹表述习惯上的不同。

中印是世界上最大的两个发展中国家，也是新兴经济体的核心代表，两国关系状态和互动性质不仅仅影响到亚洲区域合作与地区安全的水平及趋势，也会给正在变动中的全球秩序带来至关重要的影响。中印关系对于两国、对于亚洲乃至于对整个世界的重要性都在不断上升，但恰恰如此，人们才更需要在解构和研究中印关系时秉持求真务实的精神，用理想主义的乐观精神和现实主义的冷静态度去处理中印关系存在的各种问题，既要相信两个亚洲古老民族和平相处的智慧，也要承认国际关系中超越文化差异性的博弈规律，特别是国家利益至上的主权国家自助的逻辑。

二 中印两国的认知差异及其表现

国际关系学界对行为体认知的研究由来已久，战略研究界也始终把战略信号的释放和解读作为战略博弈过程的重要内容进行研究。罗伯特·杰维斯（Robert Jervis）的分析框架强调决策者对客观世界以及其他行为体的主观认识在国际关系语境中的重要性，斯蒂芬·沃尔特（Stephen M. Walt）也强调了意图判断的意义，特别是在行为体存在对等博弈的物质条件时，"由于能力的分布较为接近，地缘因素也难以说明问题，所以，对意图的判断将日益重要"②。中国学者在分析中印关系时有不少文章借鉴了杰维斯或沃尔特

---

① 《习近平同印度总统科温德就中印建交 70 周年互致贺电李克强同印度总理莫迪互致贺电》，人民网，2020 年 4 月 1 日，http://cpc.people.com.cn/n1/2020/0401/c64094 - 31657990. html。

② 〔美〕斯蒂芬·沃尔特：《联盟的起源》，周丕启译，北京大学出版社，2007。

的分析视角，如朱翠萍将印度对华政策的"谨慎"和"防范"归因为印度的"地缘政治想象对中印合作带来的负面影响"[①]，曾向红、罗金则考察了中国对中印边界争端的应对策略与对印度威胁认知水平之间的关系[②]。这些研究对人们理解中印互动过程中的认知落差提供了诸多裨益。但是，仍需要看到，以往的研究范式主要侧重的是中印两个行为体通过解读对方行为试图厘清对方意图的过程。在学术上，研究更加关注的是信号释放和接受中的判断是否准确；在政策上，研究的主要目的是防止两国出现误读和误判，以影响双方实现共同利益或者降低冲突风险。

这种研究当然是有意义的，使人们能更精确地解构双边互动的过程。但与此同时，人们也几乎无法忽视另外一个现象，即在中印关系的每一方面，两国的立场分歧都可以回溯到同一个问题，那就是中印两国之间始终存在着不便宣之于口的身份界定偏差。在某种程度上，中印之间的误判不是行为解读和意图判断上的，而是身份认知和身份想象上的。这种偏差既体现在中印两国对各自国际地位（主体认知）的理解上，也体现在对对方战略定位（客体认知）的判断上，还体现在对两国互动方式效用的评估标准上。

首先，中印两国对各自国际地位的判断存在差异。在主权国际体系内，大国的绝对国际地位既是现实当中的，也是心理上的。尽管以《联合国宪章》为基准的当代国际秩序认为国家无论大小一律平等，然而国际法层面的平等显然不意味着在事实层面国家没有大小强弱之分。一个国家的国际地位究竟如何，既受其拥有的实力制约，也表现为其影响力的发挥水平。这两方面因素，特别是后者，受到国际社会特别是国际体系的主导性力量对行为体行动的接受度的强烈影响。不同国家的近似意图和近似手段，所产生的效果可能完全不同，所要付出的代价也会天差地别。国际接受度对于主权国家行为体的绝对国际地位具有非常明显的影响，而恰恰是这一因素导致了中印

---

① 朱翠萍：《印度的地缘政治想象对中印关系的影响》，《印度洋经济体研究》2016 年第 4 期，第 1 页。
② 曾向红、罗金：《边界功能、威胁认知与中国对陆上边界问题的应对》，《当代亚太》2020 年第 1 期，第 113 页。

两国对对方绝对国际地位的判断出现了不可忽视的差异。

在中国看来，以综合实力被普遍接受的任何一个参数衡量，中国几乎都领先印度。在当前国际体系下，中国比印度更加强大，应该是一个没有争议的事实。然而，在印度看来，中国巨大的身影总是被另一个更加庞大的身影所笼罩，因而并不能对印度形成基于实力差距的心理优势。那个庞大身影就是美国。美国对中国的"排斥"足以抵消中国相对于其他行为体的力量优势，导致中国的国际地位被削弱。虽然很难证明被霸主国扶持的次强国和被霸主国打压的强国之间，谁的绝对国际地位更高，但无论如何，印度在面对中国时，特别是在处理对抗性的矛盾时，并不会因为自身在绝对实力上的落差而感到需要有所节制。

其次，中印两国在各自大战略中对对方的定性存在差异。中印建交 70 年以来，中国之于印度意味着什么？印度对这个问题的回答整体上成负面强化趋势，特别是中印两国相继推动经济改革聚焦综合实力的提升而中国的表现明显好于印度的最近 40 年，印度对中国战略疑虑和敌视不断上升。印度莫迪政府上台之前，中国人均 GDP 和 GDP 都已经相当于印度的 5 倍，中国的工业化进程已经进入高质量发展阶段，成为全世界的工业制造中心，而印度的工业化进程依然步履蹒跚，莫迪上台以来推动改革所意图去除的工业化障碍多数是中国改革开放之初就已经解决的。双方的经济规模和经济结构已经存在着本质上的差距，这种落差进一步加深了印度决策者对中国的疑惧，导致印度在思考国际格局相关问题时不断强化对中国的负面定性。

反观中国，无论是中印实力相当的 20 世纪 80 年代以前，还是中国遥遥领先的 90 年代以后，中国的对印战略思维始终保持了相当强的稳定性和延续性。这种稳定性和延续性主要体现在中国的战略全局观方面，印度在中国的全球战略中从来都不是核心关切。中国从未将印度看作自己的主要威胁——即使在 1962 年边境战争期间，中国也是如此。中国一直将印度当作大国崛起道路上的主要伙伴——虽然中国政府不断强调对中印关系的重视，但显然中国经济和安全的主要焦虑来自美国，而最重要的全球合作伙伴是俄罗斯。印度在中国的战略全局中，一直被作为次要战略方向上的对象处理，哪怕是这一方向上的主要战略目标，那也仍然是全局中的次要对象。通俗地说，中国从来没有把印度作为自己的主要关切，不管是伙伴还是对手，都是次要层级的。而印度则越来越把中国作为影响自己战略安全、实现大国梦想的首要因素。双方对对方的战略想象很难契合，自然也就很难保证自己释放出的信号被对方正确解读。

再次，中印双方在选择互动策略时存在收益预期落差。人们很难不注意到，中印两国互动过程中国家实力和行为主动性之间存在的反差。实力处于明显下风的印度在中印互动过程中表现出了极强的进取心，而且双方综合实力差距越大，印度压迫式的"问题外交"策略就越明显，印度在很大程度上扮演了双边关系状态塑造者的角色。在贸易不平衡、领土争端、巴基斯坦及克什米尔问题等领域，印度都以"问题外交"的方式对华采取咄咄逼人的姿态。不仅如此，印度还在南亚赤裸裸地追求区域霸权，完全不顾及自身行为可能招致的中国反弹。

印度对华外交强硬路线的一种解读方式是："印度的政治和战略精英惯于以理想主义的方式看待自身的实力与国际影响力，倾向于以传统的现实主义理论作为对外战略的逻辑起点，其思维逻辑具有基于历史因素和传统文化的建构性特征。"[①] 学理上的分析为人们认识印度对华外交路线的思想渊源提供了帮助，但仍然有问题需要回答。近年来，在中印关系涉及的各个具体事项上，中国几乎都主动释放了善意，却并没有获得印度的对等回报。印度自莫迪上台以来对华"问题外交"的博弈模式从未改变，而中国也始终不曾对自己的善意争取策略做出方向性的调整。显然中国对印度的行为方式并不满意。那么，作为实力更强的一方，中国为什么不去试图扭转印度的"问题外交"策略？

一种可能的解释是，中国认为以同样甚至更加强硬的态度回击印度没有必要，可能导致得不偿失的结果。这种主张在美国推出"印太战略"概念

---

① 朱翠萍、科林·弗林特：《"安全困境"与印度对华战略逻辑》，《当代亚太》2019 年第 6 期，第 39 页。

的背景下，尤其显得有说服力。毕竟，在印太格局下，"中国应对印度在次要方向上发起挑战的战略风险也会增加，会更加顾虑对印策略的地区乃至国际效应，有可能导致投鼠忌器局面的出现"①。也就是说，中国的克制是着眼于相对收益的，甚至有可能基于"两害相权取其轻"的思维模式。而印度对中国自我克制的解读却和中国所希望印度做出的解读并不一致。更重要的是，两国的收益预期计量模式并不相同。中国希望印度认识到两国合作带来的共赢局面，而印度的理解却是当前国际形势对印度有利而对中国不利，印度可以凭借有利的态势寻求印方的单边收益。

综上所述，可以将中印两国之间的身份认知偏差所导致的战略误判概括为，中国认为中印关系是一个强国和一个次强国（个别人甚至认为对手是一个弱国）之间的非零和博弈，印度则认为是两个平等的强国之间进行的零和博弈。这种心理偏差和具体的分歧不同，是前提性和全局性的，关乎双方确定互动策略时的心理状态，而且几乎无法通过对具体事务的管控进行弥合，因而对中印关系的影响更长远且更具决定性意义。

三 身份认知偏差对中印关系的影响

如前所述，中印两国互动过程中，始终存在着巨大的身份认知偏差。这种偏差的存在，显然不利于中印两国建立互信、避免误判，将会增大双方的博弈成本，降低通过双方良性互动创造共赢局面的可能性。

在双边过程中，身份认知和界定偏差可能导致非常严重的意图误判。一个简单的例子，印度有学者认为印度应该对华采取对冲战略，理由是印度需要应对来自中国的威胁，其中主要包括中印边界问题、中国对印度在南亚主导地位的挑战、中国发展可能造成的对印度亚洲地位和作用的影响。② 印方列举的威胁当中，除了边界问题，其他两项在中国看来多多少少有些莫名其

---

① 叶海林：《"印太"概念的前景与中国的应对策略》，《印度洋经济体研究》2018 年第 2 期，第 11 页。

② 〔印〕思瑞坎：《印度对华对冲战略分析》，《当代亚太》2013 年第 4 期，第 25 页。

妙，中国对亚太地区的地缘结构解读当中，尤其是在安全领域，很少会把印度作为核心性的考量要素。即使是在南亚地缘格局上，中国一般也不会把印度的主导地位作为默认的事实加以接受。需要指出，中国不承认印度在南亚的主导地位，不一定是出于对印度的敌意，而很可能只是对印度次大陆和印度洋地缘结构的解读和判断，毕竟印度作为南亚次大陆的头号强国并不必然使其获得地区主导权，否则中国在东南亚地区的主导权就没有任何疑问了。然而，问题在于，中国的结论恰是印度所不接受的。不但如此，在印度看来，中国的态度不是基于既有事实的中性反应，而是中国想要达成的目标，也就是所谓的"中国要挑战印度在南亚的主导权"①。

不过，应该看到，中印的身份认知偏差以及基于此产生可能的战略误读对两国的影响程度是不同的。对于中国来说，印度是次要战略方向上的主要国家，但依然不处在主要战略方向上。即使在美国高调推动"印太战略"，试图统合印度洋和太平洋方向，借助印度的力量制衡中国的情况下，印度仍不属于中国对外战略的优先级对象。中国在思考印度问题时，首先需要做出的判断是涉及的事务到底有多重要，其次才是如何处理最符合成本收益的均衡原则。而对于印度来说，情况却大为不同。涉及中印关系的几乎所有事务，印度都会默认该事务非常重要，甚至是决定性的。这一点并不难理解，因为在印度的战略想象中，中国本来就是印度外部环境的核心变量。而且，不论印度如何展示自己的自信心，有一点是无法改变的，那就是中国对南亚的地缘战略、经济参与是印度周边环境的最重要影响因素。如果印度的应对出现问题，其所要受到的冲击必然是本质和结构性的。也就是说，对于中国而言，印度是影响周边环境的一个因素；对于印度而言，中国则是印度周边环境决定性的塑造者。在这种情况下，中国对战术应对是否得当的宽容度要

---

① 这种认识上的差异并不仅仅存在于印度和中国之间。在新冠肺炎疫情期间，印度试图主导南亚的区域卫生合作，至少表现出自己的地区主导权，并为此召开了南盟视频会议，巴基斯坦仅仅派出具体负责的卫生官员参加，没有像其他南亚国家一样以国家元首或者政府首脑的层级呼应印度。这到底是巴基斯坦试图挑战印度的地区主导权还是印度的地区主导权根本就不存在呢？

大得多，而印度则更容易倾向于锱铢必较，小心翼翼地避免在任何一个问题上蒙受损失或者释放示弱的信号。

一旦将观察视角调整到中印关系的外部环境因素上，人们会感受到另外一番景象。中印在国际体系中的地位快速提升，是不争的事实，但这并不意味着两国都已经成为能够左右国际格局的核心角色。当前国际格局下，中印的地位是不对等的。中国正在成为全球事务的焦点国家，未来国际格局的走向在很大程度上取决于中国和当前国际秩序及其规则制定者之间的互动。换言之，未来世界的和平与发展，中国已经成为无可争议的决定性力量之一，印度则仍旧只是时而被聚光灯扫到，尚未走近世界舞台的中央。不过，对于中国来说，更加凸显的国际权重却并不一定意味着更高的成本收益比。中国走近世界舞台的中央，伴随的不是更大的荣誉和尊重，而是遭遇国际体系主导国家更深的敌意和围堵。对外政策收益递减和风险递增趋势日渐明显，给中国和其他行为体博弈过程的策略选择附加了更多限制条件。具体在中印关系框架下，中国需要顾及的第三方因素要明显多于印度，这在一定程度上削弱了中国在双边关系框架下拥有的力量优势，使中国对印政策受到更多掣肘。

在力量对比因素和环境制约因素的作用下，中国的对印策略呈现更加明显的风险厌恶特征。这是可以理解的，毕竟中国既对中印互动具有更强的包容心理——中国不在乎相对收益、对印度的威胁认知呈现变动态势；也更关注中印关系的成本收益问题，特别是关心中印互动的周边和国际溢出效应。中国的风险厌恶心理给了印度施展积极主动甚至具有压迫性的进攻战术的空间。在大多数情况下，中国需要在稳健处理中印双边关系存在的问题和展开对等博弈遏制印度进攻性意图二者之间做出选择时，会对印度的要求做出一定让步，以避免争端升级。类似情景在中印过去几十年的互动过程中并不鲜见。成功经验的累积导致印度进一步强化了对中国和自身的心理认知偏差，更加看重国际环境给印度带来的加权和对中国施加的制约，从而使印度在对华关系上呈现越来越自信、越来越强硬的特征。不过，也有学者不赞成这种判断，认为印度对华政策调整并非一味趋向强硬，"印度在安全领域的对华竞争与防范难以根本改变，但两国关系的积极面的发展也不容忽视"①。然而，这种强调印度对华政策平衡性的观点，往往存在一种看上去不那么平衡的关联性判断，那就是更多强调中国维护中印关系稳定性或曰大局的责任，同时更多地主张中国应该包容印度的机会主义政策。正如有学者指出，"未来一段时期，在美国推进'印太战略'的背景下，印度将根据自身利益，继续在中美之间维持平衡，并扩展其经济与战略利益。对中国而言，妥善处理中印关系将成为缓和'印太战略'压力的关键"②。作者似乎认为美国的"印太战略"概念给了印度"扩展"利益的机会，而对中国却意味着要负"缓和压力"的责任。

类似的观点和逻辑在中国学术界并不罕见。这种观点往往将维护中印关系的稳定或者建设性状态作为中国对印政策默认的出发点，如主张"中印对和平与发展的需求目标是相同的，且双方在地区和全球层面有巨大的共同利益。中印关系不仅对双边，也对地区和国际关系产生重大影响。因此，中印两国必须求同存异，妥善处理分歧和摩擦，携手前行"③。具有理想主义色彩的主张很适合在对外传播中使用，但在学术上，人们仍然需要回答一个问题。那就是，假如印度不按照中国的意愿和中国相向而行，中国是更愿意调整政策，释放清晰的战略信号、展示以及在必要的时候实际使用力量优势，让印度认识到"此路不通"，还是愿意付出更大的成本以争取印度和中国保持近似的建设性心态呢？这就涉及了中国对中印关系发展前景的判断。

四　中国对中印关系的最优及次优前景期待

国际关系从本质上说遵循的是现实主义逻辑，大国竞争尤其如此，实力

---

① 楼春豪：《莫迪第二任期的外交政策转向及前景》，《现代国际关系》2019 年第 7 期，第 25 页。

② 王立鹏、李家胜：《美国"印太战略"背景下中印关系的新一轮调适》，《当代世界》2019 年第 10 期，第 62 页。

③ 关培凤、胡翙：《当前莫迪政府对华政策及中印关系发展前景》，《现代国际关系》2019 年第 2 期，第 61 页。

和实力的运用方式决定了国与国的互动过程和结果。当然，国家运用实力不可避免地会受到具体的地缘环境和国际格局所处阶段的影响。以现实主义逻辑考察中印关系，不难做出判断，印度能够凭借有利的国际与地区环境在一定时间段内掌握战术主动权，但就互动的长期结果而言，中国才是能决定最终状态的一方。

虽然学术界对中印互动过程中战略主导地位和战术主动地位之间的倒置现象研究有限，但很多学者都意识到这一现象的存在。这在一定程度上解释了为什么会有相当数量的学者讨论中国应该如何引领和塑造中印关系，只不过学者们往往将精力放在中国应该如何吸引印度更加合作、争取印度更加采取建设性态度而已。这种表面上更强调中国"责任"的主张实际上也体现了观点提出者对中印关系谁才是真正掌控基本和长期局面一方的看法。假如印度是中印关系状态的塑造者，那么研究中国应该在什么方向做出怎样的努力又有什么意义呢？

当然，也有学者越来越强调中印关系的交互作用，并对印度对华行为习惯的潜在危险提出了警告。有学者提醒："印度外交极具现实主义传统，常常为追求眼前利益而罔顾中印关系大局。中国既要对印度积极调整对华政策做出恰当回应，又要对其反复无常、'小动作'频频的另一手做好防备。"① 这种观点触及了中国处理中印关系的一个关键问题，即中国在面对印度两面下注、机会主义、讲究现实利益而不在乎长期回报的对华外交策略时，中国应该期待的中印关系最优状态和次优状态到底应该是什么。

对中国而言，中印关系最优状态是中印双边结构性问题得到令中方满意的解决，印度接纳中国在南亚以及其他印度利益攸关地区推动"一带一路"建设，提高中国影响力，印度和中国携手反对美国的霸凌，共建人类命运共同体。以上情景，无论是从现实主义出发扩展中国的战略空间和国家利益，还是从理想主义入手推动中国所倡导的意识形态和文明价值，都是中国所乐

---

① 关培凤、胡翊：《当前莫迪政府对华政策及中印关系发展前景》，《现代国际关系》2019 年第 2 期，第 62 页。

于见到的。

不过，展望未来的中印关系发展趋势，仅仅期待双边关系的最优状态显然是不够理性的。对中印关系的前景期待，必须建立在对双方互动当前结构的客观认知基础上，接受现行国际格局下中印并不处在同等状态和位置，以及差异性的状态和位置会决定国家对外基本战略选择的现实。印度在未来相当长一段时间内，将继续是国际格局主导力量的扶持对象，能够从既有格局中获得较大利益，至少可以抱有较高期待。中国则已经成为被遏制对象，遭到世界霸主利用实力和影响力裹挟联盟体系的持续打压。这是不以中印两国意愿为转移的客观事实。

必须承认，在这种情况下，印度当前对华两面下注的策略已经是印度权衡利弊冷静思考的结果。换句话说，印度的对华策略从印度的国家利益出发并无逻辑上不能自洽之处。即使抛开双边关系存在的结构性矛盾，仅从大国竞争和全球战略格局转换的角度来看，印度选择和美国适度接近并利用美国进行哪怕是轻量级的战略讹诈行为，只要不引发中印的激烈对抗，便是符合印度利益的。中国对印政策不应试图超越国际关系格局及其演化趋势的限制，换言之，中国不应试图将印度转化为携手应对世界霸主的合作伙伴，这是做不到的。即便印度同样受到美国的战略挤压，中国也做不到争取印度和中国一道保持对美战略协调，毕竟美国对印度的挤压只是霸主的寻租行为，而对中国的遏制，是维护霸主地位必需的战略性行动。两者在性质和后果上不可同日而语。

从国际格局转换的角度出发，不难得出结论，中印关系符合中国期待的最优状态根本无法实现。中国所能期待的，应该是符合成本—收益均衡的次优状态。这一状态意味着中国能够有效管控中印关系的矛盾，避免双方在中国所不希望的时候爆发激烈冲突。同时，印度对中国的南亚周边战略和"一带一路"建设采取默认接受的态度，至少不公开阻挠；此外，印度在某些特定场合下能够对美国不利于中国的行动表示反对，至少保持中立。和前面提到的最优前景比起来，显然，次优前景着眼于风险和成本的管控，以及对绝对收益而不是相对收益的追求。这自然意味着中国不应该凭借实力优势集中精力处理和印度的短期、局部矛盾，从而将印度推向中国的对立面，无论如何，中国并不希望调高对印度的威胁认知水平。这是因为中国的全球战略要求中国尽可能集中精力于太平洋方向应对美国及其联盟体系的全面压力。同时也意味着中国应该正确看待印度对华政策有限性的现实，既要看到印度对华助力的有限性，也要看到对华阻力的有限性。中国应该强化对印关系的精确解构能力，推动可能的合作，管控潜在的分歧，在集中精力应对百年未有之大变局下周边环境的长期变化的过程中，实现对印战略的成本收益均衡。

不以印度为主要威胁，在条件许可的情况下，将印度作为特定具体议题的合作伙伴，这应该构成中国对印政策的客体认知基础。中印过去的交往历史也验证了这一点，到目前为止中印关系的稳定状态主要来自中国相对稳健和克制的政策风格。这主要是因为中国对印度的威胁认知水平一直相对较低[①]，即使在洞朗事件期间，中国也没有把侵犯中国领土的印度作为必须优先处理的安全威胁来源。不过，需要看到，这种容忍主要是中国顾及第三方因素被迫采取的，并不为中国乐于接受，更谈不上是最优策略。一旦中国对印度威胁认知水平发生变化，印度在中国对外战略想象中的身份和地位也会随之发生改变，那么中印关系互动的过程和性质就会不可避免地出现颠覆性的转换。

结　语

70 年的中印互动，过程是多维的，关联参数是多元的，相互作用力是多向的。中印关系既不是单向度的好，也不是全方位的坏，而是各种关联因素相互作用的复杂统一体。中印不是天生的朋友，也不是天然的敌人。双边关系的状态既受到内生性固有问题的影响，也受到地区和国际环境的外部制

---

① 曾向红、罗金：《边界功能、威胁认知与中国对陆上边界问题的应对》，《当代亚太》2020年第 1 期，第 130 页。

约。忽视任何一方面因素，对中印关系的解读都将出现偏差，导致双方互动出现误判，或者期望值过高无法实现而引发对抗性情绪，或者因为战略狐疑而错过实现共赢的机会。

在展望占世界1/3人口的两个国家关系的未来前景时要做到以下两方面：一方面，要站在国际关系整体格局的高度上，以全球视角审视双边关系的方方面面，不能被一时一事的纷纷扰扰遮蔽双眼，只见树木不见森林；另一方面，也必须正视双边关系存在的诸多现实问题，不可粗枝大叶地鼓吹超越现实条件的理想主义，更不可一厢情愿地回避双边结构性矛盾，幻想中印关系只有共同进步友好合作这一种前景。

分 报 告

Sub – reports

B.3
印度洋安全环境：竞争中的稳定与缓和

张家栋*

摘　要：　在传统安全方面，美国仍然是印度洋地区的主要战略行为体，
在积极发展与传统盟友和新战略伙伴之间的关系；印度在积
极发展自己的军事力量，尤其是海军力量，在印度洋地区谋
求一定程度的主导地位；中国、日本、澳大利亚、英国和法
国等对印度洋地区的战略重视程度也在上升。在非传统安全
方面，印度洋地区仍然面临严峻的恐怖主义威胁，东非海域
的海盗活动基本绝迹，但在东南亚有上升的势头。印度洋地
区安全形势总体稳定，有向好发展的趋势。

关键词：　印度洋　传统安全　非传统安全

---

* 张家栋，复旦大学南亚研究中心主任，教授。

印度洋地区是世界政治的枢纽，但不是中心；是重要的战略通道和资源来源地，但不是主要的战略力量来源。2018年，印度洋联结起世界16个万亿美元GDP国家中的12个。到2033年，这一数字将达到25个万亿美元GDP国家中的21个。与此相比，大西洋只联结12个，太平洋只联结13个。2017年，世界贸易总额17.43万亿美元中的60%涉及海运，其中的2/3经过印度洋地区。[1] 另外，世界上2/3的石油贸易经过这一地区，事实上也是来自这一地区。[2] 印度洋地区的战略重要性会继续上升。印度洋沿岸国家拥有25亿人口，平均年龄低于30岁。与此相比，美国人口的平均年龄为38岁，日本为46岁。地区外国家如美国、中国等都在加强对该地区的关注，日本和欧洲国家希望投入更多的资源。印度和澳大利亚作为两个主要的地区内国家，对这一地区安全形势的理解却有显著的差异。在这种情况下，印度洋地区仍然没有发展出一个真正有效的地区性安全结构，甚至没有发展出一个地区性的安全概念。印度洋地区在地理上的封闭性，以及在安全上的外向性同时存在。在地理上，进出印度洋地区的通道非常有限，主要是几个海峡，可以被称为一个封闭的大洋；但是在安全上，印度洋地区没有主导性的地区安全力量，主要依赖外部国家或地区内国家与外部国家之间的合作来提供国际安全公共产品。这种地理形态与安全形态之间的分离，是理解印度洋地区安全形势的关键性要素。

在印度洋地区，美国与印度、日本和澳大利亚等国加强安全合作的意愿非常明显，但迄今为止成果仍然有限。美国不愿意放弃在印度洋地区的主导地位，印度想追求区域主导权但又同时面临美国和中国的战略压制，其他国家则是心有余而力不足。总体来看，印度洋地区的传统安全形势基本稳定，在可预见的将来不会出现结构性变化。

---

[1] Lalit Kapur, "An Indian Ocean Agenda For Modi 2.0", June 3, 2019, https：//amti. csis. org/an - indian - ocean - agenda - for - modi - 2 - 0/.

[2] Craig Jeffrey, "The Indian Ocean Is Now at the Heart of Global Geopolitics", January 15, 2019, https：//qz. com/india/1523784/the - indian - ocean - is - now - at - the - heart - of - global - geopolitics/.

一 美国仍然是印度洋地区的主导国家

美国在印度洋地区的主要安全力量和组织形态，主要体现为一个"印太战略"、一个同盟关系（澳大利亚）、三大司令部以及一些军事基地。

（一）"印太战略"

2019 年 6 月 1 日，美国国防部在网络上发布了《印太战略报告》①。"印太战略"于 2017 年年底由当时的美国国务卿蒂勒森（Rex Tillerson）在谈论美印关系时提出，这份报告使其成为美国正式的、公开的国家战略。在这份报告中，美国明确把"印太战略"的地理范围，确定为从美国西海岸到印度西海岸。该报告虽然在一定程度上延续了美国总统奥巴马以来的"转向亚洲"和"亚太战略再平衡"的战略思想，但是也体现出了一些新特征。

第一，该报告延续了美国 2017 年的《国家安全战略报告》和 2018 年的《国防战略报告》中对中国的"战略竞争者"（strategic competitor）的定位。

第二，该报告强调在地区内的盟国要分担美国的防务责任。报告指出，"美国期望我们的盟友和伙伴，为应对共同威胁，承担公正份额的防务负担"。

第三，该报告对印度洋地区的处理比较低调。该报告没有专门强调印度洋地区。在涉及印度洋地区时，美国强调要与在地区内的 5 个国家发展成伙伴关系。这 5 个国家分别是印度、斯里兰卡、马尔代夫、孟加拉国和尼泊尔。

总体来看，美国的《印太战略报告》基本上体现了美国对这一地区战略

---

① The Department of Defense, "Indo - Pacific Strategy Report", June 1, 2019, https://media. defense. gov/2019/Jul/01/2002152311/ - 1/ - 1/1/DEPARTMENT - OF - DEFENSE - INDO - PACIFIC - STRATEGY - REPORT - 2019. PDF.

的延续性，绝大部分内容可以在之前的《国家安全战略报告》和《国防战略报告》中找到。这说明美国其实已经基本确定了自己的"印太战略"。如何在有限的资源分配下实现自己的战略目标？这对美国决策层来说是一个很大的挑战。

（二）同盟关系

美国在印度洋地区内的盟国主要是澳大利亚。自美国总统特朗普上台以来，美国与澳大利亚已共同庆祝了很多重大事件。2017 年，美国和澳大利亚共同纪念了二战中很多重大战役的 75 周年。2018 年，美国与澳大利亚纪念了友好关系 100 周年（100 Years of Mateship/Friendship）。[①] 总体来看，正如特朗普总统所说的，澳大利亚是美国"最古老、最好的盟友之一"。自第一次世界大战以来，美国和澳大利亚在每一次战争中都并肩作战；两国间还有《澳新美安全条约》（Australia, New Zealand, and United States Pacific Security Treaty）[②]，两国也都是情报分享组织"五眼同盟"的成员。

美国与澳大利亚的军事合作遍及整个印太地区。两国一起在南海演习，在霍尔木兹海峡巡逻。美国与澳大利亚之间还有两年一度的军事演习"护身军刀"（Talisman Saber），并有规模和成员扩大的趋势。2019 年"护身军刀"双边联合演习中，不仅有英国、加拿大和新西兰的军队参加，日本海军也首次参加这场南半球的重要军事演习。这表明美国和澳大利亚都在实战层面寻求加强与日本军队的合作。2019 年演习从 6 月底持续到 8 月初，旨在提升澳美两国部队的战备状态和两军的协调行动能力，演习内容包括后勤、两栖着陆、陆军演习、城市行动、海空行动以及特种部队演习。

莫里森政府上台以后，澳大利亚与美国的政策共同点进一步增加。甚至在气候变化议题上，澳大利亚与美国也从分歧发展到共同利益的新阶段。在经济与贸易上，美国与澳大利亚之间有美澳自由贸易会议机制。但是，澳大

---

① Bureau of East Asian and Pacific Affairs, "U. S. – Australia Relations", January 21, 2020, http：//www. state. gov/u – s – relations – with – australia/.

② 这个条约 1954 年被东南亚条约组织取代。

利亚与美国之间的关系也受到一些因素的影响。一是澳大利亚不愿意在与美国的政治安全同盟关系以及与中国的经济关系之间选边站。莫里森总理就曾批评中美贸易摩擦，称"一个不可避免的竞争的中美关系，变成敌对关系，不符合印太地区内任何国家的利益"①。二是澳大利亚人对特朗普总统的不信任，损害了美国与澳大利亚之间的同盟关系。澳大利亚人对特朗普总统的信心远远低于对前总统奥巴马，这导致澳大利亚对美国的信心也同时下降。根据皮尤研究中心2019年12月的民调，在澳大利亚只有46%的人认为美国是自己国家的最重要盟友，远远低于以色列的82%，韩国的71%和日本的63%。② 三是美国对澳大利亚也不够重视。自特朗普上台以来，虽然有美国国防部长马蒂斯和前国务卿蒂勒森访问过澳大利亚，副总统彭斯两次访问澳大利亚，但总统尚未访问澳大利亚。③

在四国集团等框架推动之下，美日同盟也有向印度洋地区拓展的趋势。美日同盟是美国"印太战略"的最根本支柱，也是美国"亚太再平衡战略"的关键部分。早在2007年，安倍首相就在印度国会演讲时提出了"印太""两洋相汇"（confluence of the two seas）的概念。④ 困扰美日同盟关系的主要因素，是因为美日同盟自身具有特殊性，与美国与欧洲国家及澳大利亚等国家间的同盟关系，在来源和目标上都有重要差异。美国的同盟关系，一般具有战略、政治、宗教文化和种族等几个要素。如美国与英国、澳大利亚和加拿大等国家的同盟关系，这几个要素完全具备，关系最为巩固。由于少了一个种族要素，美国与法国和德国之间的同盟关系问题就会多一些，紧密度也会差很多。美国与日本的同盟关系，只有政治制度和战略利

① Samuel Parmer, "The U. S. – Australia Alliance：What to Know", September 13, 2019, https：// www. cfr. org/in – brief/us – australia – alliance – what – know.

② Laura Silver, "U. S. Is Seen As a Top Ally in Many Countries-but Others View It As a Threat", December 5, 2019, https：//www. pewresearch. org/fact – tank/2019/12/05/u – s – is – seen – as – a – top – ally – in – many – countries – but – others – view – it – as – a – threat/.

③ "Australia and The United States Relations", https：//usa. embassy. gov. au/australia – and – us – relations.

④ "Confluence of the Two Seas", Speech by H. E. Mr. Shinzo Abe, August 22, 2007, https：// www. mofa. go. jp/region/asia – paci/pmv0708/speech – 2. html.

益两根支柱，很容易受到两国国内政治形势和战略利益变化的影响。现在，日本日益担心被美国在战略上抛弃，对美国不愿意在重大战略问题上明确表态不满；美国则担心会被日本拖下水。为此，日本无论是主动还是被动的，已开始追求更多的战略自主性。① 2018 年，日本把其最大的军舰"出云级"直升机航母"加贺号"派遣到印度洋地区。"出云级"的"加贺号"指挥官坂口宽二坂（Kenji Sakaguchi）称，此举是为保障任何一个国家都不能主导这一地区的海上活动。② 日本也是积极地在美日同盟体系以外，加强与其他西方国家的军事合作关系。在过去几年中，日本与英国军舰进行了多次联合演习。

（三）美印战略合作关系

美印关系是影响印度洋地区安全结构的最重要变量。美印两国已经建立了一个"1 + 3"安全合作体系，包括 2005 年美印签署、2015 年被再次审定通过的《美印防务关系框架》（Framework for the U. S. – India Defense Relationship），2002 年的《军事情报保护协定》（GSOMIA），2016 年的《后勤交流协议备忘录》（LEMOA）和 2018 年的《通信兼容与安全协议》（COMCASA）。目前，美印两国还在磋商第四个《地理空间基本交流与合作协议》（BECA）的签署问题。与此同时，美印战略伙伴关系也在不断升级。在 2018 年美印第一次外长和防长参加的"2 + 2 战略对话"上，两国达成《通信兼容与安全协议》，宣布要进行三军联合演习。印度还将增加与美国中央司令部的合作，使"印太战略"概念在美国与印度之间更加平衡。③ 2019 年 11 月，美

---

① Elena Atanassova-Cornelis & Yoichiro Sato, "The US-Japan Alliance Dilemma in the Asia-Pacific: Changing Rationales and Scope", *The International Spectator: Italian Journal of International Affairs*, Volume 54, 2019, Issue 4, pp. 78 – 93.

② Guy Taylor, "Japan Sends Warships Deep into Indian Ocean in Move to Counter China", October 1, 2018, https: //www. washingtontimes. com/news/2018/oct/1/japan – sends – warships – deep – indian – ocean – move – counte/.

③ 如果印军只与美国印太司令部合作，似乎美印战略伙伴关系是战区级的；加上与美国中央司令部的合作以后，感觉印度是在真正与美国合作而不是与美军的一个战区合作，战略伙伴关系的平衡感更强。

印在印度举行了代号为"老虎凯旋"（Tiger Triumph）的三军联合演习。

2019年12月，美印第二次"2+2战略对话"在华盛顿举行，两国对印度洋地区的安全合作进一步强化。两国同意，美国将参与印度主办的年度"米兰"多边海军演习，将促进印度与美国中央司令部和非洲司令部的合作，让美印战略关系更加平衡；将探索方法，以使美国可以向印度情报融合中心（Information Fusion Centre）派遣联络官；把"老虎凯旋"三军联合演习变成年度军事演习。同时，美印两国还签署了《工业安全附件》（Industrial Security Annex，ISA），以使美国可以向印度私有企业转让敏感技术；承诺培训来自印太国家的维和人员；在两国军事部门安置安全通信设施，尤其是在陆军和空军之中。除此以外，美印两国还承诺加强在涉及水资源、灾害应对和议会交流等领域的合作。①

军品贸易是当前美印关系中最值得注意的，也是最为稳定的关系。美国对印度的军品出售主要有两大类，分别是对外军售（the Foreign Military Sales，FMS）和直接商业销售（Direct Commercial Sales，DCS）。在FMS框架下，26亿美元的"海鹰"（MH-60R Seahawk）直升机，23亿美元的"阿帕奇"（Apache）直升机，30亿美元的海上巡逻机（P-8I），以及7.37亿美元的轻型榴弹炮（M777 howitzers）等，是其中的主要部分。印度还是在"导弹技术控制机制"目录1（MTCR Category-1 Unmanned Aerial SystemK）中，第一个从美国获得"海上卫士"无人飞行系统（Sea Guardian UAS）的非条约伙伴国。同时，美国还推动与印度就F-21和F/A-18战斗机的合作生产可能。另外，在DCS框架下，自2008年以来，美国向印度出售了66亿美元的防务产品。②

2020年2月，美国总统实现对印度的首访，在贸易等问题上没有达成可见的成果，但仍然达成了约30亿美元的军售协议。这说明，美印之间的

---

① Richard M. Rossow, "A More Balanced U. S. - India Strategic Partnership", December 20, 2019, https：//www. csis. org/analysis/more - balanced - us - india - strategic - partnership.

② Bureau of Political-Military Affairs, "U. S. Security Cooperation With India", June 4, 2019, https：//www. state. gov/u - s - security - cooperation - with - india/.

军事安全关系有比较巩固的共同利益基础。但是在经济、贸易和另外一些地区性问题上，美印间共同利益基础薄弱，甚至存在利益冲突。

美印间仍然存在重要的战略分歧。一是美国希望建立一种以自己为中心的美印同盟关系，实现对印度的战略控制，就像美国对日本和欧洲国家那样；印度则希望与美国建立真正平等的战略伙伴关系，避免对美国产生单边军事依赖关系，保留自己的战略独立性和追求世界大国地位的权力与能力。二是美国希望建立主要着眼于"印太战略"概念的海上合作体系，但印度的战略视角还包括陆地，如南亚、中亚和中东等。三是印度希望与美国建立全方位的伙伴关系，尤其是在经济和贸易领域；美国则希望在军事安全领域合作，但在经贸方面则有不同的逻辑和做法。

（四）三大司令部

美国在印度洋地区的军事力量存在，主要通过三大司令部的形成体现出来。

一是印太司令部（INDOPACOM）。印太司令部2018年由太平洋司令部改名而成，是美国最大的联合作战司令部。传统上，太平洋司令部的主要力量和作战任务是在太平洋地区和印度洋东部海域，在陆地上与中央司令部的边界线是印巴边界。改名以后，印太司令部的力量有可能向印度洋方向调整。虽然印太司令部是美国最强大的司令部，但自1975年以来，该司令部及其前身太平洋司令部，没有在所谓的辖区内从事过真正的战争和战斗活动。

二是美国中央司令部。美国中央司令部（USCENTCOM）成立于1983年，其前身为应对伊朗人质危机而成立的"快速部署联合任务部队"（Rapid Deployment Joint Task Force，RDJTF）。美国中央司令部涵盖了位于欧洲、非洲和太平洋地区之间的全球"中心"地区，从印巴边界到埃及与利比亚的边界地区。1995年，美国专门把第五舰队部署在巴林，成为专属印度洋地区的美国舰队。该司令部活动积极，从第一次海湾战争、阿富汗战争、伊拉克战争，到叙利亚冲突，都是由该司令部主导的。

三是美国非洲司令部。美国非洲司令部（USAFRICOM）的活动范围也涉及印度洋地区。非洲司令部的活动范围为埃及以外的整个非洲，涉及53个非洲国家。虽然非洲司令部的编制很少，在非洲采取"轻足印"（light footprint）战略，但仍然在非洲地区建立起一个前沿网络。

根据2018年的一份报告，非洲司令部在非洲共有34个基地，主要集中在非洲北部、西部和非洲之角地区；主要力量是无人机和突击部队。非洲司令部的存在方式非常低调，通常是通过协议的方式与东道国共享相关设施，主要包括四类：一是比较大型的长期存在的前哨站点（outposts）；二是前沿行动中心（forward operating sites）；三是合作安全点（cooperative security locations）；四是数量最多的突击出发点（contingency locations）。美国在非洲最重要的军事基地设在吉布提。莱蒙尼尔营地（Camp Lemonnier）是非洲司令部的唯一一个前沿行动中心，负责在也门和索马里的反恐怖军事行动，驻扎有"非洲之角联合任务部"（Combined Joint Task Force – Horn of Africa，CJTF – HOA），拥有4000名美国和盟国军事人员。[1]

（五）军事基地

美国在印度洋地区最重要的战略性军事基地位于迪戈加西亚岛（Diego Garcia）。迪戈加西亚军事基地是美国向印度洋地区、非洲和中东投送力量的重要基地，是战略轰炸机、核潜艇的重要补给基地，是美国情报网中的一个重要环节。美国的很多盟国也使用这个基地。澳大利亚就在迪戈加西亚军事基地部署着F18战斗机和C130运输机。目前，美国在迪戈加西亚岛的存在，面临严峻的法律挑战。毛里求斯就迪戈加西亚岛所属的查戈斯群岛（Chagos Archipelago）主张主权，并提交联合国大会仲裁。2019年5月，联合国大会通过第73/295号决议，要求英国在6个月内无条件撤出查戈斯群

---

[1] Nick Turse, "U. S. Military Says It Had a 'Light Footprint' in Africa. These Documents Show a Vast Network of Bases", December 1, 2018, https://theintercept.com/2018/12/01/u - s - military - says - it - has - a - light - footprint - in - africa - these - documents - show - a - vast - network - of - bases/.

岛。在联合国大会投票时，只有英国、美国、澳大利亚、匈牙利、以色列和马尔代夫投了反对票。英国不遵守联合国大会的决议，被贴上非法殖民主义占领者的标签。

另外，美国在非洲之角、波斯湾地区和澳大利亚，驻有重要武装力量。美国在非洲之角的吉布提、索马里和肯尼亚的曼迪湾建有军事基地。其中，美国在吉布提的军事基地有 4000 多名各类作战人员。

美国中央司令部在中东地区部署有 7~8 支重要的军事力量。[①] 美国在印度洋地区最大的一支作战力量部署在波斯湾地区，主要在卡塔尔、巴林、阿联酋和阿曼四个国家。美国视巴林为"主要非北约盟国"，在巴林部署海军第五舰队，大约有 7000 名美国军事人员。另外，美国还在巴林部署战斗机、侦察机和特种部队。美国在科威特部署了 13000 名军事人员，以及美国陆军驻中央司令部的前沿总部。科威特国际机场是美国在中东地区最大的地区空军后勤中心，部署有 2200 辆美国防地雷技术车辆。科威特也是美国的"主要非北约盟国"。卡塔尔乌代德空军基地（Al Udeid Air Base）是美国中央司令部的前沿总部，驻有 13000 多名美国军事人员。阿联酋迪拜的杰贝阿里港（Jebel Ali Port）是美国海军在美国以外的最大港口。美国在阿联酋部署了无人机和 F35 战斗机，以及 5000 多名军事人员。美国在阿曼部署了几百名军事人员。另外，美国在阿富汗驻有 14000 名军事人员（根据协议将会撤退），在伊拉克驻有 5000 名军事人员。[②]

美国在澳大利亚，也有永久性军事存在。美国在达尔文港口的军事基地，目前驻有 2500 名美国海军陆战队人员。这是奥巴马总统于 2011 年时制订的轮番部署计划。澳大利亚艾利斯·斯普林斯（Alice Springs）的松树谷

---

① Rashaan Ayesh, "Where U. S. Troops and Military Assets are Deployed in the Middle East", https：//www. axios. com/where – us – troops – deployed – middle – east – 5e96fdb2 – c7ba – 4f26 – 90b4 – 7bf452f83847. html.

② "A Look at Foreign Military Bases Across the Persian Gulf", September 4, 2019, https：// apnews. com/e676e805b77347108068afc160313e2d.

联合军事基地（The Joint Defence Facility Pine Gap），则是美国在本土以外最重要的情报基地。[①] 但是，美国在印度洋地区的军事存在，与在太平洋和大西洋有很大区别。在太平洋和大西洋地区，美国不仅有自己的军事基地，还有密切的同盟体系作为支撑。但在印度洋地区，美国不仅没有自己的军事基地，除澳大利亚以外也没有可依赖的同盟体系，军事存在的基础是其盟国或准盟国的政治意愿。这导致美国在印度洋地区的存在和地位有一定的不确定性。

二 印度发展海上力量的意愿强化

近几年，印度不断加强海上力量建设，提高与其他大国之间联合军事演习的水平，增加在印度洋地区的军事存在，以及加强在印度洋地区的软军事力量建设。

（一）印度的海上军事力量建设

印度海军是印度洋地区规模最大的一支海上军事力量。2012 年，印度制订了一个"长期整合远景计划"（Long Term Integrated Perspective Plan, LTIPP），计划到 2027 年印度海军将拥有一支 200 艘军舰的大舰队。但是由于财政限制，印度海军获得军舰的速度低于预期。2018 年 12 月 4 日，印度海军参谋长兰巴上将（Chief of Naval Staff Admiral Sunil Lanba）称，这一时间最好推迟到 2050 年。到那时，印度海军将拥有 200 艘主力军舰和 500 架飞机，将成为真正的世界级海军。[②] 到 2019 年年中，海军已经与造船厂签

---

① Par Richard Tanter, "The US Military Presence in Australia. The 'Asia-Pacific Pivot' and 'Global NATO' Asymmetrical Alliance and Its Alternatives", November 11, 2013, https://www. mondialisation. ca/the – us – military – presence – in – australia – the – asia – pacific – pivot – and – global – nato/5440705.

② "India-Navy Modernization", https://www. globalsecurity. org/military/world/india/in – navy – development. htm.

订了 47 艘军舰的建造计划。2019 年 7 月，印度总理莫迪再次表达了印度价值 66 亿美元的常规潜艇建造计划。①

在海军预算以外，印度海上力量还有其他的造舰计划。一些战略性项目，如"先进技术船只项目"（Advanced Technology Vessel Project，ATVP），主要从事核动力潜艇的建造工作。印度国家科技研究组织（National Technical Research Organisation，NTRO）的"海洋侦察船"（Ocean Surveillance Ship，OSS）项目，防务研究和发展组织（Defence Research & Development Organisation）的"技术展示船"（Technology Demonstrator Vessel，TDV）项目，使用的都是独立于海军的预算，直接受总理办公室、国家安全委员会，以及防务研究和发展组织的监督。②

2019 年，印度在海军力量建设方面也有一些亮点。2019 年 10 月前后，印度在孟买建成一座干船坞。这座干船坞由 8000 吨钢材构成，长 281 米、宽 45 米，直接在海里建成，将大大提高印度军舰建设和检修能力。2019 年 9 月 28 日，印度海军 P－17A 项目的首艘隐形导弹护卫舰成功下水。该舰长 149 米、宽 17.8 米，排水量达 6700 吨，隐身性能很好。几乎与此同时，印度与法国、西班牙联合生产的第二艘"鲉鱼级"潜艇正式交付，性能优良。截至 2019 年 6 月，印度海军拥有 137 艘军舰，235 架飞机。比较重要的远程海上力量包括 1 艘航空母舰、1 艘攻击核潜艇，以及 1 艘弹道导弹潜艇。预期到 2027 年，印度即使完不成 2012 年的建设目标，也将拥有 175 艘军舰和 320 架飞机。③

---

① N. C. Bipindra, "Modi Wants Global Warship Makers to Build $6. 6 Billion in New Submarines", July 12, 2019, https：//economictimes. indiatimes. com/news/defence/modi－wants－global－warship－makers－to－build－6－6－billion－in－new－submarines/articleshow/70196404. cms? from＝mdr.

② "All at Sea：Indian Shipbuilding under Scrutiny", https：//www. janes. com/images/assets/296/89296/All_ at_ sea_ Indian_ shipbuilding_ under_ scrutiny. pdf.

③ Commander Subhasish Sarangi, "Unpacking SAGAR (Security and Growth for All in the Region)", November 14, 2019, https：//usiofindia. org/wp－content/uploads/2020/02/USI－Occasional－Paper_ 2_ 19－Unpacking－SAGAR－Final－print－File－1. pdf.

（二）印度参加或发起的国际军事演习

印度已经与 30 个国家和国际组织建立了机制性联合军事演习机制。目前，印度陆军的联合军事演习项目最多，共与 28 个国家和国际组织建立了 30 个左右的联合军事演习机制。印度与美国、英国、法国、阿曼、俄罗斯、泰国和新加坡在海陆空三军都有联合演习项目。其中，印度与美国有"准备战争"（Yudh Abhyas）和"老虎凯旋"（Tiger Triumph）两个陆军联合演习，"马拉巴尔"（Malabar）海军联合演习，"印度之角"（Cope India）和"红旗"（Red Flag）两个空军联合演习。另外，美国和印度还相互参加对方主办的多边联合演习"环太平洋军事演习"等。除了与美国以外，印度与俄罗斯和英国的联合演习，历史比较悠久，也较有实质性内容。与上述国家相比，印度与中国的联合军事演习，数量、规模和质量都非常有限，主要是印度陆军与中国陆军的"手拉手"（Hand in hand）联合军事训练演习。

在印度洋地区，印度主办的"米兰"海军演习是规模最大、影响最大的多边海军演习。"米兰"海军演习从 1995 年开始，大约每两年举办一次。在 2018 年 3 月的第 10 届"米兰"海军演习中，印度的 17 艘舰艇和其他国家的 11 艘舰艇参加演习。印度宣称已经邀请 41 国海军参加"米兰 2020"军事演习。

（三）印度在印度洋地区的军事存在

在印度洋地区，由于印度优越的地理位置，对海外基地的需求并不强烈。印度海军的活动非常活跃。但是，印度在印度洋地区也有一些军事基地。

印度与毛里求斯和塞舌尔等印度洋国家有长期的文化、经济和国防关系。毛里求斯与印度有特殊的关系，主要居民也是印度裔。印度在毛里求斯建有一个海岸侦察雷达站（Coastal Surveillance Radar Station）。印度在马达加斯加有一个海军监听站，从 2007 年起开始工作。印度在塞舌尔也有军事存在，主要从事反海盗活动。

2003 年，印度在莫桑比克设立了一个海军基地。马尔代夫更是早已处于印度的安全网络之中，建有印度的海岸侦察雷达站。印度军队在卡塔尔、阿曼和越南也有军事存在或军事合作关系。近年来，印度军事存在还向中亚国家拓展。印度在塔吉克斯坦法科尔空军基地（Farkhor Airforce Base）设有印度第一个海外军事基地，与俄罗斯共用。印度在阿尼基地（Ayni base）也部署有直升机。

客观上看，印度在其他国家设立的所谓基地，如果用美国海外基地的标准来看，基本上都不算是军事基地。印度的独特地理位置，使印度本土就是最好的印度洋军事基地。从印度本土出发，印度军事力量不仅可以有效控制世界上最重要的航线——北印度洋航线，而且可以迅速地抵达北印度洋地区的任何一个战略要地。2017年5月，印度海军发起了一个"任务导向部署"（Mission Based Deployment）计划，要在印度洋地区的7个关键海域，保持12~15艘军舰的长期部署。同时，一艘P8I海上巡逻机也持续运行。印度在印度洋参与反海盗行动也比较积极。从2008年10月到2019年3月，印度共向索马里海域派出了70艘次军舰。2019年3月，在克什米尔恐怖袭击发生以后，印度曾把一个航空母舰战斗群、一艘核潜艇和十几艘其他军舰，派遣到阿拉伯海北部地区进行军事演习，以威慑巴基斯坦的可能军事报复。

（四）印度在印度洋地区软军事力量建设

除了重视军事硬实力建设之外，印度也非常重视在印度洋地区的软军事实力建设。环印度洋联盟（Indian Ocean Rim Association，IORA）、印度洋海军论坛（Indian Ocean Naval Symposium，IONS）和"环孟加拉湾多领域经济技术合作倡议"（Bay of Bengal Initiative for Multi-Sectoral Technical and Economic Cooperation，BIMSTEC）是印度支持的三个重要地区性多边合作机制。

"萨迦"（Security and Growth for All in the Region，SAGAR①）倡议是印度在印度洋地区推进海上合作的主要战略性倡议，2015年由印度总理莫迪，2018年印度外长苏什马·斯瓦拉吉（Sushma Swaraj）在第三届印度洋会议

---

① SAGAR在印地语中意为"海洋"。

上做了阐释。具体来说，根据斯瓦拉吉的说法，印度将主要采取三种手段来推进这一倡议：一是促进地区联通；二是推动把印度连接向东亚的"东向行动"（Act East）和连接向波斯湾的"向西想"（Think West）；三是在地区海洋安全建设中发挥更加积极的和建设性的作用。[①]

印度与东盟海上运输协议（AI - MTA）和印度与越南海上直航协议，都在谈判过程之中。"亚非增长走廊"（AAGC）是印度与日本联合发起的一个联通建设倡议。印度还与其他国家在加强海上活动数据收集和分享合作。"印度洋地区信息融合中心"（Information Fusion Center-Indian Ocean Region，IFC - IOR）与其他国际组织分享相关数据，尤其是在东非海域的海盗、武装抢劫和非法捕鱼等方面的数据。

印度与其他地区国家在印度洋地区的合作也在不断强化。尤其是法国，在印度洋地区的活动积极性不断上升。目前，印度与法国签署了《白船协议》（White Shipping Agreement），以促进在印度洋海域海上交通信息的分享。另外，印度与法国还在共同发展世界第一个"空基自动识别系统"（space-based automatic identification system，AIS），以增强在印度洋海域的船舶活动追踪能力。这将增强印度的海岸侦察能力，尤其是在莫桑比克海峡和亚丁湾。

三 其他大国在印度洋地区的活动能力上升

（一）中国海军在印度洋的存在

中国在印度洋地区的军事存在开始于 2009 年。2008 年 12 月 26 日，中国海军第一批索马里护航编队从海南三亚启航，于 2009 年 1 月 6 日到达索马里亚丁湾海域，正式开始护航活动。至 2020 年 4 月，中国护航编队已累

[①] Commander Subhasish Sarangi, "Unpacking SAGAR (Security and Growth for All in the Region)", November 14, 2019, https：//usiofindia. org/wp - content/uploads/2020/02/USI - Occasional - Paper_ 2_ 19 - Unpacking - SAGAR - Final - print - File - 1. pdf.

计派出 34 批，护航行动仍在持续中。除此以外，中国海军也在印度洋海域不定期地进行航行和训练。2019 年 1 月，印度海军参谋长苏尼尔·兰巴（Sunil Lanba）称，中国在印度洋保持 6 ~ 8 艘军舰的存在。[①] 而按照印度海军参谋长 2020 年在"瑞辛纳对话"上的说法，现在，中国在印度洋地区任何时候都有 7 ~ 8 艘军舰。[②] 这说明，中国在印度洋地区的海军存在是稳定的，有一定的可持续性。

近年来，中国海军在印度洋海域的联合军事演习和演练次数也有增加的趋势。2019 年 12 月 27 ~ 29 日，中国、俄罗斯和伊朗在北阿拉伯海和阿曼湾举行了"海上安全带"（Marine Security Belt）联合海军演习。2020 年 1 月，中国与巴基斯坦在阿拉伯海进行了为期 9 天的代号为"海上卫士 2020"（Sea Guardians 2020）的联合海上演习。

很多国家担心，一旦美国在印度洋地区尤其是部署在波斯湾地区的第五舰队，像当年大英帝国舰队一样离开印度洋，中国海军将会填补美国留下的战略空间。但事实上，这几乎是不可能的。中国是以陆地为主的国家，海军力量有限。并且，中国本土离印度洋太远，维持一支海军的成本会非常高。中国在印度洋的安全利益除了保护海上安全利益以外，更多的是保护中国公民和海外利益安全。所以，到目前为止，中国在印度洋地区的日常海军活动主要有两种：一是反海盗活动；二是进行军事访问和联合演习。另外，中国海军还从事维持和平行动、撤出海外侨民等非军事行动。

（二）日本海上自卫队在印度洋的活动开始增加

在二战初期，日本曾经短暂获得过东印度洋地区的主导权，把英国海军驱逐到东非。二战结束以后，日本海上自卫队长期缺席印度洋。2001 年

---

① https：//www. deccanherald. com/national/6 - 8 - chinese - navy - ships - always - 712273. html.

② "Chinese Navy in Indian Ocean：There Have been Instances When We Had to Tell Them to Go Back，Says Indian Navy Chief"，January 17, 2020, https：//economictimes. indiatimes. com/news/defence/chinese - navy - in - indian - ocean - there - have - been - instances - when - we - had - to - tell - them - to - go - back - says - indian - navy - chief/articleshow/73277857. cms.

"9·11"事件以后，美国要求日本海上自卫队（JMSDF）配合自己在阿富汗等国的军事行动。2001 年，日本国会通过《反恐怖特别措施法》（*Anti-Terrorism Special Measures Law*），向印度洋海域派出一艘补给船、两艘护航驱逐舰，支持美军打击阿富汗的军事行动。到 2005 年年中，共有 13 批次、47 艘军舰参与了这一行动，共向 552 艘多国部队军舰提供了价值 155 亿日元的燃料。进入 2005 年以后，日本护航军舰从 2 艘削减为 1 艘。在 2005 年 11 月的部署中，日本没有再派出宙斯盾驱逐舰护航。几乎与此同时，日本陆上自卫队有 600 名军事人员在伊拉克南部萨马沃（SAMAWA）地区承担一个重建任务。日本空中自卫队也在这一地区从事活动，截至 2005 年 2 月 22 日共有 264 次运输飞行。①

但是，日本对印度洋兴趣的真正上升，是随着中国海军的步伐而产生的。尤其是近几年，日本对印度洋在安全议题上的兴趣迅速上升。从 2017 年开始，日本仅有的 2 艘直升机航母"出云号"（Izumo）和"加贺号"（Kaga）开始年度性访问印度洋沿岸国家。2018 年，日本与印度进行了首次陆海空联合演习。2018 年 9 月，日本"加贺号"航母编队与英国军舰护卫舰"阿盖尔号"（HMS Argyll）在印度洋进行了联合演习。演习结束后，英国军舰"阿盖尔号"还穿过南海和东海，到达日本海域。2019 年 1 月，日本自卫队联合参谋长河野克俊（Katsutoshi Kawano）出席印度主办的高端会议"瑞辛纳对话"。

如果日本"出云号"直升机航母的"4 艘体制"计划完成，再搭载上 F35B 舰载机，日本将拥有 4 艘小型航空母舰，拥有在印度洋海域的强大行动能力。如果日本再加强与印度、美国和澳大利亚在后勤等方面的合作，日本将拥有在印度洋常态化部署海上力量的能力。

（三）澳大利亚一直是印度洋南部的一支重要海上力量

澳大利亚一直是非常重要的印度洋海上力量。近年来，澳大利亚更是

---

① Richard Tanter, "Japan's Indian Ocean Naval Deployment: Blue Water Militarization in a 'Normal Country'", https://apjjf.org/-Richard-Tanter/1700/article.html.

加强了军事力量建设。2016 年澳大利亚国防白皮书，决定到 2021 年把澳大利亚的军费开支提高到 GDP 的 2%。仅仅与美国之间的军事贸易，就包括"12 架 EA－18G'咆哮者'机载电子攻击机，72 架 F－35 战斗机（澳大利亚是 F－35 最大的购买方），15 架 P－8 海上巡逻机（通过与美国的合作发展项目）"①。除自身力量建设以外，澳大利亚还加强与地区内国家的合作关系。2019 年 1 月在印度"瑞辛纳对话"上，澳大利亚外长玛丽斯·佩恩（Marise Payne）称，澳大利亚将在南亚发起一个为期 4 年的交通与能源项目"南亚地区基础设施联通倡议"（The South Asia Regional Infrastructure Connectivity initiative，SARIC），总资金将为 2500 万美元。澳大利亚与印度的联合防务活动也在增加。2014 年为 11 起，到 2018 年增加到 38 起。②

英国和法国等也增加了对印度洋地区的关注，海军在印度洋地区的活动也更加频繁。从 2018 年开始，英国部署在亚洲的 3 艘军舰中的 1 艘"阿盖尔号"就越过马六甲海峡，被部署到远东地区。

四　印度洋地区战略结构有多元化趋势

印度洋地区的主要战略行为体，在过去是美国主导、印度谋求主导、中国和澳大利亚谋求积极参与的不规则四边形。现在，日本等国家也谋求在印度洋地区的军事存在。这使印度洋地区的军事格局有向多元化方向发展的趋势，但是离真正的多极格局仍然有很远的距离。各战略行为体之间关系复杂，互动性强，使印度洋地区安全局势既复杂敏感，又在相互牵制之下总体可控。

第一，美国仍是印度洋地区的主导性海上力量，但其他国家对美国维护

①　"Australia – US Defence Relationship"，https：//usa. embassy. gov. au/defence – cooperation.

②　Craig Jeffrey，"The Indian Ocean is Now at the Heart of Global Geopolitics"，January 15, 2019，https：//qz. com/india/1523784/the – indian – ocean – is – now – at – the – heart – of – global – geopolitics/.

地区稳定与安全的能力和意愿，都出现信心下降的现象。美国与塔利班达成协议、同意从阿富汗撤军，表明美国最终与自己的对手言和。这对美国在该地区内的盟国打击很大，尤其是对印度和阿富汗现政权的影响更大。这不仅影响印度等国家对美国战略的信心，也会损害美国中东盟友对美国的信任度。

第二，中国在印度洋地区的军事存在有所加强，但短期内也没有进一步扩大的意愿与能力。进入21世纪以后，中国在印度洋长期保持6~7艘军舰存在，每年有2艘次左右的潜艇活动。2017年8月，中国首个海外军事基地在吉布提建立。该基地属于港口综合保障基地，旨在为海军亚丁湾护航编队、非洲维和人员提供后勤保障。从2018年到2019年，中国出现在印度洋海域的军舰平均在7艘左右，变化不大。在可以预期的将来，中国在印度洋地区的军事作为将非常有限，主要原因如下。一是中国自身海军实力不足。近年来中国海军船只的建设速度虽然很快，但百年才能出一支真正的海军。从军舰到真正形成战斗能力，还有漫长的道路要走。二是缺少地区内的坚强战略支柱。中国在印度洋地区没有真正的军事基础，无法提供可靠的后勤支持，更不用说战略纵深。三是美国和印度的反对与抑制，增加了中国在印度洋地区的存在成本。中国与斯里兰卡、孟加拉国和马尔代夫的合作关系，在各种压力下不确定性很强。四是中国在印度洋地区的战略利益多元、复杂，并不希望因军事发展而损害其他领域的利益。中国与重要国家如印度等的商业利益，与中东和非洲国家的能源安全利益，以及在印度洋地区的战略通道利益，在现阶段都比军事安全利益重要得多。这些都要求中国在印度洋地区的军事活动必须非常谨慎，以不破坏地区稳定为导向。

第三，印度的海上主导梦想既受到自身能力的限制，也受到美国、中国和澳大利亚等国家的约束。一支强大的海军需要强大的经济支撑。但过去几年中，印度经济发展力度有限，就业压力很大，制造业难有起色。这些都从根本上限制了印度在印度洋地区的战略雄心。同时，来自美国等国家的束缚，仍然是困扰印度在印度洋地区战略雄心的重要外部因素。虽然在美国与印度的关系中，战略和安全是合作最顺利的领域，但美国与印度之间仍然难以弥合在很多问题和领域的分歧。这导致美印双方都对对方非常不满意。要建立起真正的战略伙伴关系，美印间尚缺少足够巩固的政治、经济甚至是战略基础。2020年2月美国总统特朗普对印度的访问，美国内阁主要成员基本缺席，变成了美国总统个人对印度的友情式访问，成果非常有限。这也从一个方面体现了美国与印度关系的复杂性。

第四，澳大利亚的海上力量也在上升。澳大利亚有重视海军建设的传统。在二战期间，澳大利亚皇家海军曾是世界第四大海军，拥有近4万名官兵、337艘军舰。二战后，澳大利亚海军规模不断缩小。到冷战后期的1986年，其最后一艘航空母舰也退役。虽然如此，澳大利亚一直想发展成"印度洋-太平洋中等强国"。目前，澳大利亚海军拥有约16000名官兵、48艘军舰。由于澳大利亚可以得到美国等盟国在后勤和情报指挥方面的支持，其海军实力也要比一般的国家强一些。近几年，澳大利亚的海上活动，从南海到印度洋，也都更加积极。"印太奋进"（Indo-Pacific Endeavour）联合军事演习是澳大利亚军事力量最重要的年度军事活动之一。[①] 2017年9月开始，澳大利亚派出30年来最大规模的"印太奋进2017"舰队，前往南海活动，包括6艘军舰和1200名官兵。到2019年，澳大利亚已经派出三次"印太奋进"舰队，"印太奋进"联合军事演习成为澳大利亚与其他国家接触与互动的一个重要平台。

从长远来看，越来越多的国家会更加重视印度洋地区。印度尼西亚、巴基斯坦、马来西亚，以及个别中东和非洲国家，在未来都有可能增强其海军力量。

五　地区性或双边矛盾仍然存在

在环印度洋地区，有阿富汗、也门和索马里三个冲突点，有印巴冲突和

---

① "A Truly Indo-Pacific Endeavour", July 9, 2019, http：//bellschool. anu. edu. au/news - events/stories/6984/truly - indo - pacific - endeavour.

美伊冲突两个潜在冲突点,可以说是世界上安全风险最高的地区。并且,这些冲突点和潜在冲突点,都处于最重要的北印度洋及其周边地区,对海上通道安全、能源安全和贸易体系的潜在威胁非常大。

(一)三大冲突点

阿富汗冲突有转型趋势,但风险并未因此而下降。2020 年 2 月 29 日,美国和阿富汗塔利班在卡塔尔首都多哈签署和平协议,美国同意从阿富汗撤军。这为政治解决阿富汗问题迈出了新的一步,但并不意味着阿富汗问题的解决。在协议签署之后不久,塔利班密集袭击了阿富汗境内目标,美军也于 3 月 4 日对塔利班发动了突袭。截至 2019 年,阿富汗政府控制的领土大约占 53.8%,交叉存在区域占 33.9%,反叛武装控制剩下的 12.3%。[①] 阿富汗塔利班不仅武装活动能力强,每年还可以从鸦片等产业中获得 15 亿美元的资金,在阿富汗的存在能力和控制能力都在上升。[②] 阿富汗当前安全形势,是建立在美军及美国盟国的大量军事存在基础之上的。一旦这些外来因素发生突变,阿富汗的政治、军事,甚至经济形态也将突变,阿富汗将发生难以完全预料的变化。2020 年 2 月,阿富汗独立选举委员会宣布,现任总统贾尼(Ashraf Ghani)获得了 2019 年 9 月总统大选的胜利,但遭到首席执政官(Chief Executive Officer)阿卜杜拉·阿卜杜拉(Abdullah Abdullah)的抵制。于是,2020 年 3 月阿富汗出现了两人同时举行总统就职典礼的局面。政治混乱,将对后美国时代的阿富汗造成更大的安全风险。

也门危机难见分晓。2015 年 3 月,沙特和阿联酋组成联军,试图恢复哈迪总统(Abdu Rabbu Mansour Hadi)的合法地位,出兵打击胡塞武装。从 2015 年到 2019 年 9 月,也门至少有 17500 人死于战乱,2000 万人没有足够的粮食,其中 1000 万人处于饥荒状态。目前,胡塞运动(The Houthi

---

[①] https://www.cfr.org/interactive/global – conflict – tracker/conflict/war – afghanistan.

[②] "Why Is There a War in Afghanistan? The Short,Medium and Long Story",February 29,2020,https://www.bbc.com/news/world – asia – 49192495.

movement，正式名称为 Ansar Allah）控制着也门北部和中部地区。在南部，沙特和阿联酋发生了分歧。沙特支持哈迪总统领导的也门政府，阿联酋则支持"南方过渡委员会"（Southern Transitional Council，STC），两者之间于2019 年 8 月还发生了激烈冲突。[①] 沙特领导的军事同盟在一开始包括 10 个国家，但后来摩洛哥退出，卡塔尔被驱逐，约旦和埃及与沙特保持距离。也门的安全形势非常恶劣。仅仅在 2019 年，就发生了 10130 起政治暴力袭击事件和抗议事件，造成 23210 人死亡。[②] 2020 年 4 月 11 日，联合国安理会发表声明，呼吁也门冲突各方在疫情期间停止冲突。也门复杂、混乱的局面，以及为数众多、相互间关系不确定的国内外行为体，使也门安全形势在短期内难以缓和。

索马里仍然处于准内战状态。"青年党"是索马里的主要叛乱武装，虽然已经被驱逐出大城市，但仍然活动在中部和南部地区。2019 年，索马里共发生了 2375 起政治暴力袭击事件和抗议事件，造成 4030 人死亡。[③] 2020 年，这一趋势没有改变。仅仅在年初的 3 个月，索马里就发生了多起重大政治暴力袭击事件。2020 年 2 ~ 3 月，政府军与索马里"青年党"之间的冲突仍然在继续。一方面，在索马里南部地区，索马里政府军和美军持续对"青年党"目标实施联合打击行动，打死该组织 200 余名武装分子。另一方面，"青年党"也在不断从事恐怖暴力活动。2020 年 3 月底，首都摩加迪沙发生汽车炸弹袭击，造成至少 11 人死亡。3 月 23 日，"青年党"袭击了索马里劳工部大楼，包括劳工部副部长阿卜杜拉在内的至少 11 人死亡。2 月 28 日，"青年党"在摩加迪沙制造了爆炸和袭击事件，造成 30 多人死亡、80 多人受伤。

---

① "Yemen Events of 2019," https：//www. hrw. org/world – report/2020/country – chapters/yemen.

② Acled，"Ten Conflicts To Worry About In 2020"，https：//acleddata. com/acleddatanew/wp – content/uploads/2020/01/ACLED_ TenConflicts2020_ FinalWeb. pdf.

③ Acled，"Ten Conflicts To Worry About In 2020"，https：//acleddata. com/acleddatanew/wp – content/uploads/2020/01/ACLED_ TenConflicts2020_ FinalWeb. pdf.

（二）两大潜在冲突点

印巴冲突是印度洋地区最重要、最危险的一对冲突。印度与巴基斯坦之间在历史上已经进行了三次大规模战争，小规模冲突更是接连不断，在2019年更是一波三折。2019年2月14日，一名"默罕默德军"（Jaish-e-Mohammad，JeM）成员在克什米尔帕尔瓦马（Pulwama）地区袭击了一个印度中央预备警察部队的车队，造成37名武装警察死亡。这起恐怖袭击事件引发了第三次印巴战争以后首次大规模空战，以及印巴之间的一系列跨境交火。2019年9月，印度联邦政府取消了克什米尔地区的特殊自治地位，克什米尔局势和印巴关系更加紧张。2019年年底，印度通过了公民身份登记修改法（CAA），引起国内穆斯林民众的强烈不满，并引发了一系列的暴力活动，并导致印巴关系再度紧张。2019年，印巴之间发生了582起越境交火事件，造成180多人死亡。2018年，印巴之间只有349起越境交火事件。① 当然，印巴在核威慑背景下都努力控制冲突形态和烈度，但风险仍然存在。

美伊关系是印度洋地区的一个重要冲突点，一度有引爆波斯湾局势的风险。2018年5月，美国总统特朗普宣布退出伊朗核协议"联合全面行动计划"（Joint Comprehensive Plan of Action，JCPOA），美国与伊朗的关系逐渐恶化。2020年1月2日，美国刺杀伊朗伊斯兰革命卫队特种部队司令卡西姆·苏莱曼尼（Qasem Soleimani）以后，美国与伊朗之间的斗争风险更是进一步升级。伊朗导弹袭击了两个部署有美军的伊拉克军事基地，还在国内误击落了一架乌克兰航班，导致176人死亡。虽然最终美伊双方选择妥协退让，没有让危机升级为战争，但美伊关系的恶化也难以挽回。伊朗采取了"极限抵抗"（maximum resistance）战略，不仅完全不受核协议的束缚，还尽可能地以各种形式袭击美国和美国盟国的相关目标。

---

① Acled，"Ten Conflicts to Worry About in 2020"，https：//acleddata.com/acleddatanew/wp-content/uploads/2020/01/ACLED_ TenConflicts2020_ FinalWeb. pdf.

六 传统安全形势总体向好的方向发展

印度洋地区海洋威胁形势明显缓和，但是恐怖主义威胁居高难下。根据美国国务院的数据，2018 年世界上共发生了 9600 起恐怖袭击事件，导致 22980 人死亡，其中包括 7290 名恐怖分子和 15690 名受害者。这是 2014 年世界恐怖主义达到高峰以来连续第 4 年的下降。[①] 但是，分析其他数据来源，2018 年世界恐怖主义形势有恶化趋势。2018 年，世界共发生了 8093 起恐怖袭击事件，造成 32836 人死亡。比此前最高的 2014 年的 14371 起恐怖袭击事件要少一些，但死亡人数比 2014 年的 32763 人要多一些。[②] 但是，在世界恐怖主义死亡人数中，有 95% 是发生在有内战、跨境冲突和打击国内武装组织斗争的国家，"恐怖主义经常被用作一种战争策略"。[③] 总体来看，除阿富汗以外，2018 ~ 2019 年，印度洋地区的非传统安全形势继续呈缓和趋势。

（一）恐怖主义威胁有所缓和但依然严峻

在印度洋地区及周边地区，南亚、中东、东非和东南亚所面临的恐怖主义威胁都比较严重，恐怖组织也多在这些地区活动。从表 1 可以看出，近几年，在世界上受恐怖主义威胁最严重的 10 个国家中，印度洋沿岸国家或周边国家占绝大多数，如伊拉克、阿富汗、印度、巴基斯坦、叙利亚、也门和索马里。

---

① "Trends in Global Terrorism", https：//www. start. umd. edu/pubs/START_ GTD_ TerrorismIn2018_ Oct2018. pdfaccess.

② "Number of Fatalities Due to Terrorist Attacks Worldwide between 2006 and 2018", https：// www. statista. com/statistics/202871/number – of – fatalities – by – terrorist – attacks – worldwide/.

③ Dominic Dudley, "Terrorist Targets：The Ten Countries Which Suffer Most from Terrorism", November 20, 2019, https：//www. forbes. com/sites/dominicdudley/2019/11/20/ten – countries – terrorism/#382cfd564db8.

表1　世界上受恐怖主义威胁最严重的10个国家

国家	恐怖事件(起)			致死人数(人)		
	2018	2017	2016	2018	2017	2016
伊拉克	1362	1951	2965	1432	4269	9764
阿富汗	1776	1171	1340	9812	4672	4561
印度	888	860	927	412	380	337
巴基斯坦	480	574	734	697	851	955
菲律宾	601	483	482	440	327	272
尼日利亚	645	411	466	2574	1532	1832
叙利亚	232	141	363	1547	1096	2088
土耳其	—	—	363	—	—	657
也门	325	—	363	829	—	628
索马里	527	370	359	1144	1469	740
全球合计	9607	—	11072	22987	—	25621

资料来源：U. S. Department of State, Country Reports on Terrorism 2016, 2017, and 2018。

进入2019年以后，印度洋地区仍然是受恐怖主义威胁最严重的地区。如表2所示，在全球恐怖主义指数最高的10个国家中，有6个是印度洋沿岸国家：阿富汗、伊拉克、巴基斯坦、索马里、印度和也门。

表2　全球恐怖主义指数（2019年）

国别	指数
阿富汗	9. 60
伊拉克	9. 24
尼日利亚	8. 60
叙利亚	8. 01
巴基斯坦	7. 89
索马里	7. 80
印度	7. 52
也门	7. 26
菲律宾	7. 14
刚果民主共和国	7. 04

资料来源：https：//www. statista. com/statistics/271514/global – terrorism – index/。

南亚仍然是恐怖主义形势比较严峻的地区，但近年来形势有明显缓和。尤其是印度和巴基斯坦两个国家，曾经都面临非常严峻的恐怖主义威胁，但近年来安全形势都大为缓和。阿富汗的恐怖主义形势比较特别，在多年稳定以后又呈上升趋势。斯里兰卡则突发新型恐怖袭击事件，但未来安全形势也不必太悲观。

印度曾是世界上恐怖主义威胁最严重的国家之一。在20世纪90年代后期，印度曾面临非常严峻的恐怖主义威胁。但从表3可以看出，印度已经基本摆脱了恐怖主义问题的困扰。恐怖主义威胁已经从一个国家安全问题，下降为一个社会治安问题。但是在2019年，由于印巴关系紧张以及印度国内政治变化，印度的政治暴力活动呈上升趋势。2019年，印度共发生了23570起政治暴力活动和抗议活动，造成1520人死亡。[①]

表3 印度死于恐怖暴力冲突的人数（1994～2019年）

单位：人

年份	平民	安全人员	恐怖分子	合计
1994	1696	417	1919	4032
1995	1779	493	1603	3875
1996	2084	615	1482	4181
1997	1740	641	1734	4115
1998	1819	526	1419	3764
1999	1377	763	1614	3754
2000	1803	788	2384	4975
2001	1693	721	3425	5839
2002	1174	623	2176	3973
2003	1187	420	2095	3702
2004	886	434	1322	2642
2005	1212	437	1610	3259
2006	1118	388	1264	2770
2007	1013	407	1195	2615

---

① ACLED, "Ten Conflicts to Worry About in 2020", https：//acleddata. com/acleddatanew/wp - content/uploads/2020/01/ACLED_ TenConflicts2020_ FinalWeb. pdf.

年份	平民	安全人员	恐怖分子	合计
2008	1007	374	1215	2596
2009	720	431	1080	2231
2010	759	371	772	1902
2011	429	194	450	1073
2012	252	139	412	803
2013	303	193	388	884
2014	407	161	408	976
2015	181	155	386	722
2016	202	180	516	898
2017	206	170	427	803
2018	217	183	540	940
2019	159	132	330	621

资料来源：South Asia Terrorism Portal，"India Fatalities"，https：//www. satp. org/datasheet – terrorist – attack/fatalities/india，access at 2020 – 03 – 09。

　　巴基斯坦的恐怖主义威胁虽然看似非常严重，但是在过去几年中也一直在缓和。巴基斯坦是世界上受恐怖主义威胁最严重的国家之一，一度位列世界恐怖活动最为猖獗的国家前三位。但近年来，巴基斯坦恐怖主义形势迅速缓和。如表4所示，巴基斯坦恐怖事件数量最多时是2012年的2347起，致死人数最多时是2009年的11704人。恐怖事件数量到2018年时下降到162起，2019年下降到136起；死亡人数到2018年减少到692人，2019年减少到365人（详见表4）。可以说，巴基斯坦也基本摆脱了恐怖主义对国家安全的威胁。

表4　巴基斯坦恐怖活动数量及致死人数（2003～2019年）

年份	恐怖事件(起)	平民(人)	安全部队(人)	恐怖分子(人)	致死人数合计(人)
2003	55	140	24	25	189
2004	168	435	184	244	863
2005	166	430	81	137	648
2006	317	608	325	538	1471
2007	531	1522	597	1479	3598
2008	1149	2155	654	3906	6715

续表

年份	恐怖事件(起)	平民(人)	安全部队(人)	恐怖分子(人)	致死人数合计(人)
2009	1665	2324	991	8389	11704
2010	1246	1796	469	5170	7435
2011	1575	2738	765	2800	6303
2012	2347	3007	732	2472	6211
2013	2030	3001	676	1702	5379
2014	1570	1781	533	3182	5496
2015	950	940	339	2403	3682
2016	523	612	293	898	1803
2017	295	540	208	512	1260
2018	162	363	158	161	692
2019	136	142	137	86	365

资料来源：South Asia Terrorism Portal，"Fatalities in Terrorist Violence in Pakistan 2003 – 2019"。

与南亚地区恐怖主义形势普遍缓和相比，阿富汗恐怖主义形势仍然非常严峻，甚至有恶化趋势。如表 5 所示，在 2017 年恐怖主义形势基本缓和以后，2018 年阿富汗恐怖主义形势再度显著恶化。恐怖事件比 2017 年增加 51.7%，致死人数增加 110%。在 2018 年的恐怖事件中，有 77% 是由武装袭击者所为，其中的 92% 由塔利班所为，8% 由"伊斯兰国"组织的分支机构呼罗珊省（Islamic State-Khorasan Province）所为。这导致在 2018 年的恐怖事件致死人数中，有 4620 人是武装袭击者。[1] 根据另外一个数据库的数据，2018 年阿富汗有 9961 人死于恐怖活动，远远高于 2017 年的 4672 人。[2] 根据南亚恐怖主义门户网站 SATP 的数据，2019 年，阿富汗共发生 1723 起恐怖主义相关暴力事件，导致 12185 人死亡。这一数据，与 2018 年的 1788 起恐怖事件、14861 人死亡的数据相比有所下降。[3] 这说明 2019 年阿富汗安全形势与 2018 年相比有所缓和。而根据另一来源的数据，2019 年阿富汗共发生了 13670 起政治暴力

[1] "Trends in Global Terrorism"，https：//www. start. umd. edu/pubs/START_ GTD_ TerrorismIn2018_ Oct2018. pdfaccess.

[2] "Number of Deaths in Afghanistan due to Terrorism between 2007 and 2018"，https：// www. statista. com/statistics/251408/number – of – deaths – in – afghanistan – due – to – terrorism/.

[3] "Datasheet- Afghanistan"，https：//www. satp. org/datasheet – terrorist – attack/fatalities/ afghanistan.

事件和抗议事件；其中抗议事件只占1%左右，其他全是暴力事件。这些事件共造成41885人死亡。[①] 这也说明，阿富汗的恐怖暴力问题其实是国家战乱的一种副产品。

表5　阿富汗恐怖事件数量及致死人数（2007～2018年）

年份	2007	2008	2009	2010	2011	2012	2013	2014	2015	2016	2017	2018
事件数量（起）	1122	1219	2124	3346	2872	1023	1149	1594	1716	1343	1171	1776
致死人数（人）	1952	1997	2779	3205	3353	2632	3111	4507	5312	4578	4672	9812

资料来源：The Statistics Portal，"Number of Terrorist Attacks in Afghanistan from 2007 to 2017"，https：//www. statista. com/statistics/250566/number – of – terrorist – attacks – in – afghanistan/，"Trends in Global Terrorism"，https：//www. start. umd. edu/pubs/START_ GTD_ TerrorismIn2018_ Oct2018. pdf，access。

在其他南亚国家中，斯里兰卡在2019年遭受严重的恐怖主义袭击。2010～2018年，在斯里兰卡赢得内战、消灭了泰米尔猛虎组织以后，接连9年实现了恐怖主义零事件、零伤亡，创造了世界反恐史上的一个奇迹。但是在2019年，斯里兰卡突然发生10起重大恐怖事件，共造成278人死亡，其中262人为平民。

另外，中东地区恐怖主义形势虽然严重，但也有所缓和。2002～2019年，中东（包括北非）是世界上恐怖活动发生次数最多的地区。截至2018年，中东就发生了93700起恐怖事件，高于同期南亚的67500起，以及次撒哈拉非洲的45000起。但是，自2017年以来，中东多数国家的恐怖主义形势有所好转，包括叙利亚在内。尤其是2018年"伊斯兰国"组织被击败以后，这一地区恐怖活动导致的死亡人数下降到世界总量的15%左右。在2018年，叙利亚的恐怖活动导致的死亡人数下降了53%，伊拉克下降了36%。[②]

其他数据来源也可以证明中东恐怖主义威胁缓和的总体趋势。根据叙利亚暴力档案研究中心（Violations Documentation Center in Syria，VDC）的数

①　ACLED，"Ten Conflicts to Worry About in 2020"，https：//acleddata. com/acleddatanew/wp – content/uploads/2020/01/ACLED_ TenConflicts2020_ FinalWeb. pdf.

②　https：//www. wilsoncenter. org/article/report – terrorism – decline – middle – east – and – north – africa.

据，自2011年冲突发生以来，VDC共记录了166000人死亡，其中118000人被认定为平民。冲突导致死亡人数最高的年份是2013年，为40000人。2014年，冲突导致27000人死亡，之后开始逐年下降，2015年为18000人，2016年为17500人，2017年为11000人，2018年为7500人，2019年前5个月为1030人。[①] 伊拉克的数据比较混乱，但是从表6也可以看出，伊拉克总体安全形势是趋于缓和的。

表6　冲突导致伊拉克平民死亡人数（2003～2019年）

单位：人

年份	死亡人数
2003	12133
2004	11737
2005	16583
2006	29526
2007	26112
2008	10286
2009	5382
2010	4167
2011	4162
2012	4622
2013	9852
2014	20218
2015	17578
2016	16393
2017	13183
2018	3319
2019	2392

资料来源：https://www.iraqbodycount.org/database/。

伊朗和也门的安全形势，仍然比较严重。2019年，伊朗共发生2480多起政治暴力事件和抗议事件，造成440多人死亡。[②] 也门的形势可能更加严

① Country of Origin Information Report, "Syria Security Situation", November 2019, https://www.easo.europa.eu/sites/default/files/publications/EASO - COI - Report - Syria - Security - situation.pdf.

② ACLED, "Ten Conflicts to Worry About in 2020", https://acleddata.com/acleddatanew/wp - content/uploads/2020/01/ACLED_ TenConflicts2020_ FinalWeb.pdf.

重，2020年1月，沙特领导的联军与胡塞武装之间的冲突已导致大约10万人死亡，另外有大约24万人可能死于食品短缺。①

非洲恐怖主义形势在2017年恶化后再度出现缓和。索马里2017年发生370起恐怖事件，居世界第7位；有1469人死于恐怖活动，居世界第4位。埃及2017年发生169起恐怖事件，居世界第9位；有655人死于恐怖事件，居世界第7位。② 但是在2019年时，埃及已经不在世界上受恐怖主义威胁最重的十个国家中，其安全局势已经得到很大程度的改善。

东非是印度洋地区恐怖主义威胁比较严重的地区。索马里"青年党"（al-Shabaab）和"伊斯兰国"组织的分支机构，继续在这一地区，尤其是在索马里从事恐怖活动。"青年党"不仅在索马里从事恐怖活动，还对肯尼亚等邻国构成了威胁。进入2018年以后，虽然世界恐怖主义形势在缓和，但印度洋周边地区面临的恐怖主义威胁反而有上升趋势。2018年，叙利亚、也门、索马里、阿富汗、印度和巴基斯坦等国家，都面临严峻的政治暴力威胁。其中，阿富汗、叙利亚和也门三个国家，在2018年就有约10万人死于政治暴力活动。③ 美国不断加强在索马里的军事行动，尤其是空袭行动（见表7）。

表7　美国在索马里的无人机空袭行动

单位：次

年份	2011	2012	2013	2014	2015	2016	2017	2018	2019
次数	5	4	2	6	22	28	70	90	104

资料来源：https：//www.statista.com/statistics/428549/us–drone–strikes–in–somalia/。

---

① BBC, "Yemen War: Death Toll in Attack on Military Base Rises to 111", January 20, 2020, https：//www.bbc.com/news/world–middle–east–51166943.

② "Number of Fatalities due to Terrorist Attacks Worldwide in 2018, by Country", https：// www.statista.com/statistics/622573/fatalities–due–to–terrorism–worldwide–by–country/.

③ https：//reliefweb.int/sites/reliefweb.int/files/resources/2018.12_ACLED_YearInReview_ Press–Release.pdf.

索马里"青年党"的活动空间不断被压缩，但并没有停止。2006年，"青年党"在索马里发动了1万多起袭击事件，在肯尼亚也发动了300多起袭击事件。2017年3月，美国在索马里发动突袭，"青年党"也提高了袭击平民目标的频率。[①] 2019年，"青年党"制造的恐怖暴力事件数量，与2018年相比不降反升。2019年12月28日，索马里首都摩加迪沙发生一起自杀式汽车炸弹事件，造成80多人死亡，150多人受伤。"青年党"对此宣布负责。这说明，在美军的高压之下，"青年党"的活动地盘虽然被压缩，但从事暴力活动的能力并没有被削弱。

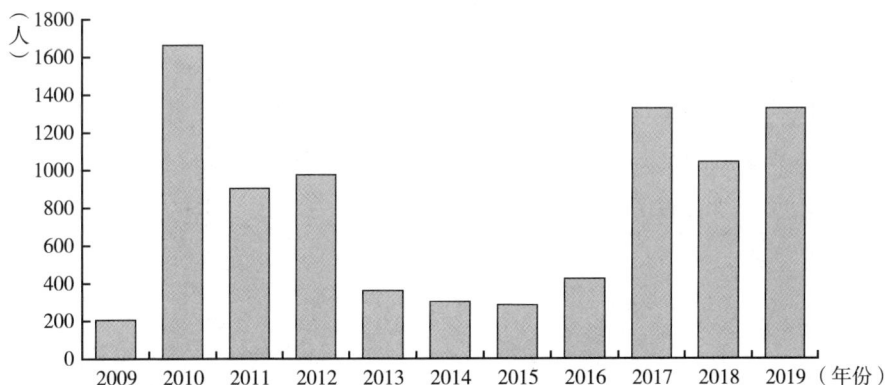

图1　索马里"青年党"造成的死亡人数

资料来源：https：//www. bbc. com/news/world – africa – 49908716。

（二）海盗活动明显缓和

从世界范围来看，海盗活动出现了明显缓和的趋势。2010~2019年世界各地区报告的海盗活动数量分别是2010年445起，2011年439起，2012年297起，2013年264起，2014年245起，2015年246起，2017年180起，

[①] "2019 Saw Record U. S. Airstrikes in Somalia. Why is al-Shabab Surging?", https：// www. washingtonpost. com/world/africa/2019 – saw – record – us – airstrikes – in – somalia – why – is – al – shabab – surging/2020/01/15/be9bc808 – 30c2 – 11ea – 971b – 43bec3ff9860 _ story. html.

2018 年 201 起，2019 年 162 起，总体上呈下降趋势。①

在世界各海域中，印度洋海域的形势好转非常明显。尤其是长期被关注的东非索马里海域，在过去几年中海盗活动几乎绝迹。在 2019 年只报告了一起针对渔船的海盗袭击事件。东南亚是印度洋地区内海盗活动比较频繁的地区。其中，新加坡海峡 2019 年接报了 12 起海盗活动事件远远高于 2018 年的 3 起。印度尼西亚港口的海盗活动事件则从 2018 年的 36 起下降到 25 起。②

小　结

总体来看，无论是在传统安全领域还是在非传统安全领域，印度洋地区的安全形势稳定向好。在传统安全领域，虽然美国在积极谋取与盟国的合作，与印度等新战略伙伴的合作，试图打压中国在印度洋地区上升的战略势头。但事实上，中国在印度洋地区的军事存在低调并稳定，在中长期内也无大规模改变的能力和意愿；美国在印度洋地区的军事存在，也没有大规模增加的迹象。以中美为主轴的在印度洋地区竞争、博弈的局面，在很长时间内都不会出现。同时，中、美、印三国作为印度洋安全格局中最重要的三大棋手，力量对比状态既不平衡，相互间的关系也非常复杂，并不存在两国合作完全针对第三方的局面。在三国之间，同时存在着竞争加合作的复杂局面。总体来看，虽然印度洋地区在战略界、学术界和舆论界中的关注度有上升趋势，但安全形势并不像很多人想象的那样糟糕，反而经常出现一些积极的信号和迹象。

---

① "Number of Pirate Attacks Against Ships Worldwide from 2010 to 2019", https：//www. statista. com/statistics/266292/number－of－pirate－attacks－worldwide－since－2006/.

② 《2019 年度海盗和武装抢劫报告》，https：//www. xindemarinenews. com/m/view. php？aid＝17817。

B.4
印度洋地区合作机制的现状、挑战和前景

杨怡爽 *

摘　要： 印度洋地区是具有极大经济潜力和发展潜力的区域，但在
区域公共治理方面却存在诸多问题，地区合作机制发展相
对滞后。尽管近年来，为了应对经济、社会或政治上的发
展需求，印度洋地区的国际合作机制已经有了一定进展，
然而由于经济基础的滞后、外部压力的不断增强、治理议
题和内部矛盾的动态变化，这一地区合作机制的发展依然
面临各种挑战。

关键词： 印度洋地区　区域合作　区域公共治理　国际合作机制

一　印度洋地区的区域治理议题

　　印度洋地区①是目前世界上经济发展最有活力的地区之一。但是，同
样不能否认的事实是，这一地区也是世界上最为动荡、面临最多不确定性
的地区之一。印度洋地区发展面临的最主要的挑战之一，就是这一地区有

---

　* 杨怡爽，云南财经大学印度洋地区研究中心副教授。
　① 印度洋地区包括南亚地区的印度、巴基斯坦、孟加拉国、斯里兰卡、马尔代夫，东南亚地
　　区的泰国、马来西亚、新加坡、缅甸、印度尼西亚、东帝汶，非洲的南非、莫桑比克、坦
　　桑尼亚、肯尼亚、索马里、吉布提、厄立特里亚、苏丹、埃及、毛里求斯、科摩罗、塞舌
　　尔、马达加斯加、留尼汪、马约特，中东地区的沙特阿拉伯、也门、阿曼、阿联酋、卡塔
　　尔、巴林、科威特、伊朗、伊拉克、约旦、以色列，大洋洲的澳大利亚。

诸多需要区域治理（regional governance）来解决的关键议题。这一地区面临的海上安全、区域整合、发展共识、环境保护等问题，目前很难以单一国家行为体独立提供公共产品的方式来应对，需要通过"区域内的主权国家、国际组织以及其他国际行为体"对区域事务进行共同管理。① 尽管通过包括政府间国际组织（IGOs）在内的各种形式进行区域合作来应对区域治理议题已经"成为多数地理相近国家的共同选择"②，但迄今为止，印度洋地区从未形成过一个较为完备的区域治理体系（governance architecture）来应对这些问题。

我们可以将印度洋地区亟须进行区域治理的议题分为以下几类。

第一类，区域整合与经济一体化（integration）议题。从经济上看，印度洋内部的贸易尽管在最近十年中有所增加，但仍然不多。印度洋沿岸地区各个经济体之间发展水平差异巨大，沿岸经济体既包括了经济合作与发展组织的发达国家，经济增长速度最快的发展中国家，也包括了长期陷于"贫困陷阱"的欠发达经济体，它们的经济和社会发展诉求和自身的改革能力存在重大差异。印度洋地区国家域内贸易占比从未超过其贸易总额的35%，而亚太地区的域内贸易额占比高达65% ~ 70%。包括南亚区域合作联盟（SAARC）、海湾合作委员会（GCC）和东南亚共同市场组织（COMESA）在内的各个区域组织内部的贸易额占比都低于20%；东盟国家域内贸易额占比在25%左右。从政治上看，环印度洋地区不同国家之间发展阶段、政体和关注的政治议题差异较大，尽管已经形成了发展共识，但是对地理边界和地缘概念的认知目前都无法达成统一，更遑论形成地区身份认同。在经济与政治一体化进程滞后、缺少统一制度框架引领的情况下，区域基础设施联通、人员和文化的流动与融合同样滞后。

第二类，安全议题。安全议题又可以分为传统安全议题与非传统安全议题。在传统安全议题方面，印度洋成为"和平之洋"的目标在历史上几

① 郭树勇：《区域治理理论与中国外交定位》，《教学与研究》2014 年第 12 期，第 47 ~ 54 页。

② 张云：《国际关系中的区域治理：理论建构与比较分析》，《中国社会科学》2019 年第 7 期，第 186 ~ 203，208 页。

乎从未实现过，长期以来，印度洋都是"动荡之洋"。环印度洋地区涵盖了全球一半以上的重大武装冲突，世界上大多数"最不和平的国家"位于环印度洋地区。① 此外，印度洋地区受域外大国的影响已有很长的历史。由于印度洋的安全与稳定对于全球的能源与原材料供应至关重要，所有主要工业强国都对印度洋地区有着重大的利益关切，任何一个大国试图保证其在印度洋地区的自身安全利益的行为都有可能被其他国家认为是不安全的根源。因此，相比过去，印度洋地区的地缘政治架构目前更为复杂和多极，被认为有着"瞬息万变"的战略环境。美国以及印度、日本和澳大利亚等国家对这一地区的投入导致该地区水域的军事化程度不断提高。例如，2014年澳大利亚和印度共进行了11项防务相关活动，2018年这个数字已经达到38项。②

　　非传统安全的挑战是印度洋地区面临的最大挑战之一。其中的主要议题包括恐怖主义和极端主义团体、海盗问题、大量的难民流散问题、人口走私、武器与毒品贩卖、能源安全和经济安全等。这些非传统安全问题往往相互交织在一起，同时又与传统安全相互关联。例如，该地区的许多地缘政治热点直接威胁着国际航运的安全和自由，自2019年6月美国与伊朗之间的紧张局势爆发以来，霍尔木兹海峡的运输安全和成本大大提高，船运公司的保险费用增加了10倍。在能源安全方面，印度洋周边地区是世界上最重要的能源产地，同时印度洋本身又是世界上最重要的能源高速公路，因此印度洋地区的能源安全是最大的区域和全球安全挑战之一。伴随着"新的国际能源秩序"而来的是新的"能源地缘政治"，能源竞争的加强也加大了能源冲突的可能性。在经济安全方面，印度洋地区许多国家的长期动荡往往与治理水平低下、低收入、经济增长缓慢、经济结构薄弱以及发展不平衡等问题互为因果，常年出现"经济安全与内乱的恶性循环"，经济安全的丧失进一

---

① E. Stepanova, "Trends in Armed Conflicts: One – Sided Violence against Civilians", in *SIPRI Yearbook 2009 Summary* (Stockholm: SIPRI, 2009), pp. 4 – 5.

② Craig Jeffrey, "Why the Indian Ocean Region Might Soon Play a Lead Role in World Affairs", The Conversation, January 15, 2019, https://theconversation.com/why – the – indian – ocean – region – might – soon – play – a – lead – role – in – world – affairs – 109663.

步加剧了其他非传统安全问题的恶化，例如海上治安和难民流散问题。在海上安全方面，为了应对西印度洋地区严重的海盗危机和确保自身海上运输线的安全，世界各国近年来积极地在印度洋部署海军舰船和加强海军基地的建设，这一方面减少了海盗威胁，另一方面也导致了非洲之角周围水域进一步军事化。这一系列事件表明，未能及时采取行动应对所谓的"非传统"威胁，可能给该地区带来潜在的负面后果。

第三类，其他公共治理议题，包括海洋治理、环境问题和气候治理等。海洋资产是帮助印度洋沿岸发展中国家和不发达国家摆脱贫困并实现可持续发展目标的重要资产。但是，从目前来看，不可持续的开发方式已经对印度洋的海洋资产构成了严重威胁，生物生态系统的脆弱性与经济开发的可持续性都需要加以重视。生活在印度洋中的珊瑚礁、红树林和海洋物种正遭受生存威胁。过度捕捞、沿海生态退化和污染也可能对依赖印度洋地区海洋资源的沿海地区以及大量人口产生灾难性的影响。与此同时，对海上资源开发利用的增加也导致海上犯罪（如海盗和走私等）增加。在气候方面，印度洋许多国家和地区的主要港口、首都和开发区毗邻海岸线，这些海岸线容易受到海平面上升和极端天气等相关因素的影响。面临风险的国家包括澳大利亚、印度、孟加拉国、斯里兰卡、也门，以及海湾国家和东非的索马里、肯尼亚和莫桑比克。据估计，印度洋的变暖速度是太平洋的 3 倍。自 1960 年以来，印度洋所有沿海地区的海平面均已上升。[①] 印度洋沿岸的许多国家（特别是非洲国家）缺乏确保其领海安全的能力，海洋治理的需求更加迫切。然而，从整体上看，印度洋地区的公共治理是典型的"公地治理"问题，即收益分成与成本负担很难界定清楚，"搭便车"行为也极其难以防止。此外，印度洋地区的极端天气已经司空见惯，暴雨等气候灾害持续不断，从而加大了在备灾和响应方面进行合作的需要。

---

① Victor R. Savage & Lin Qi Feng, "Climate Change Adaptation: The Need for an Indian Ocean Regional Metamorphosis", *Journal of the Indian Ocean Region*, Volume 16, Issue 1 (2020): 6 - 26.

二　印度洋地区区域合作机制的现状

按照上述议题分类，我们可以逐项检视印度洋地区区域机制建设的现状。尽管近年来，出于不同的目的，包括主权国家和国际组织在内的印度洋地区的行为主体和利益相关者在推动印度洋地区的国际合作机制发展方面已经做出了比过去更加积极的努力，但是，这一地区的国际合作机制无论在其涵盖范围或是议题深度方面均相对滞后，所提供的公共产品依然相对稀缺且机制运行效率较低，各个次区域组织内部整合程度低，缺少有效的、纲领性的合作框架。在地缘政治和大国角力的背景下，域内外大国在这一地区试图营造有利于自身的制度环境与秩序的行为反而使问题变得更加复杂了。

（一）区域合作与经济一体化

尽管有人认为，印度洋地区的经济体已经逐渐形成了一个典型的轮辐结构网络（hub and spoke network），即以环印联盟（IORA）为中心，其他区域机制和自由贸易协定参与印度洋经济的治理和区域经济一体化发展的网络，但很显然，目前这一网络各个节点之间的相互联系还不够紧密，跨区域的共同治理能力还非常弱。整体上看，这一地区的国际制度密度（institution density）是严重不足的。

（1）在区域合作方面，印度洋地区目前缺乏在地域上涵盖范围足够广泛、在职能上足够具有代表性的区域合作组织或协定。这一地区的区域和次区域组织本身一体化程度偏低，彼此关联度不高，呈现中心空白的"面包圈"形态。正如学者评价的那样，在这一地区通过制度建设进行区域主义的构建是一个"相当具有挑战性的过程"①。目前，成员国涵盖范围最广、相对具有代表性

---

① Emre Demir, "Fragmented or Integrated Asia: Competing Regional Visions of the US and China", *Rising Powers Quarterly*, Volume 3, Issue 2 (The "Indo-Pacific" – Regional Dynamics in the 21st Century's New Geopolitical Center of Gravity)（2018）：45 – 65，https：//risingpowersproject.com/quarterly/ fragmented – or – integrated – asia – competing – regional – visions – of – the – us – and – china/.

的综合性的印度洋地区国际组织是环印联盟。

"印度洋倡议"于 1995 年 3 月在毛里求斯发起，两年后定名为"环印度洋区域合作联盟"（IOR－ARC），2013 年 11 月更名为"环印联盟"。环印联盟的主要目的是加强区域合作和可持续发展，有 21 个成员和 7 个对话伙伴，是印度洋地区唯一的"永久"性政府间组织。目前的环印联盟职能涵盖推动这一地区的经济与安全合作及若干区域治理，其中包括了六大"优先工作领域"，即海上安全保障，贸易和投资便利化，渔业管理，灾害风险管理，学术和科技合作，旅游和文化交流。然而，环印联盟很难建立起"更强有力的体制框架"。作为一个政府间的国际组织，环印联盟赋权不足，章程缺少明确性，在制定地区经济合作规则和指导思想上缺乏足够的权威性，其成员国的承诺也相对薄弱，很少有成员国愿意或能够向该组织投入大量的财政或外交资源。许多时候，环印联盟仍然被视作一个"只产生声明而不是采取行动"的机构。尽管在澳大利亚等国的主导下，近年来环印联盟的职能和作用有所加强，但其作为泛区域性组织的影响力与权威性依然不够。此外，该组织还面临着严重的人手不足，其秘书处只有 20 人在处理六大"优先工作领域"问题。

印度洋沿岸国家自 20 世纪以来就开始建立区域组织，合作尝试不断增加，代表性的区域组织包括东南亚国家联盟、南亚国家联盟、南部非洲发展共同体、东部和南部非洲共同市场、海湾合作委员会等（见表 1）。

表 1　印度洋地区主要的区域组织

区域组织名称	涉及区域	描述	成员数量
东部和南部非洲共同市场（COMESA）	西印度洋/非洲	由 19 个非洲会员组成，其使命为"努力实现可持续的经济和社会进步"，于 1994 年 12 月成立，以取代 1981 年成立的东部和南部非洲优惠贸易区	19 个（其中印度洋沿岸国家 8 个）
南部非洲发展共同体（SADC）	西印度洋/非洲	成立于 1980 年，于 1992 年 8 月 19 日正式成为南部非洲发展共同体，总部设在博茨瓦纳的哈博罗内，其目标是进一步促进南部非洲 16 个成员之间的经济一体化	16 个（其中印度洋沿岸国家 4 个）

区域组织名称	涉及区域	描述	成员数量
东非共同体（EAC）	西印度洋/非洲	是一个由 6 个成员组成的区域政府间组织，其总部位于坦桑尼亚的阿鲁沙。该组织成立于 1967 年，1977 年曾解散，后于 2000 年 7 月 7 日再次恢复运作。2008 年，在与南部非洲发展共同体和东部和南部非洲共同市场进行谈判之后，同意扩大自由贸易区	6 个（其中印度洋沿岸国家 3 个）
东南亚国家联盟（ASEAN）	东印度洋/亚洲	简称"东盟"，于 1967 年 8 月 8 日在泰国曼谷成立，致力于进一步深化区域一体化	10 个（其中印度洋沿岸国家 5 个）
南亚国家联盟（SAARC）	东印度洋/南亚地区	简称"南盟"，于 1985 年 12 月 8 日在达卡成立，其秘书处自 1987 年 1 月 17 日起设在尼泊尔加德满都。南盟组织的主要目标是使其成员国的保持持久和平与繁荣。南盟内部的自由贸易区（SAFTA）协议于 2004 年 1 月 6 日签署	8 个（其中印度洋沿岸国家 5 个）
环孟加拉湾多领域经济技术合作倡议（BIMSTEC）	孟加拉湾	成立于 1997 年，是一个跨南亚和东南亚的区域集团；设有 14 个"优先工作领域"，并签署了《自由贸易协定》（2004 年）和《打击国际恐怖主义，跨国有组织犯罪和非法贩毒合作公约》（2009 年）；主要议程现在包括《司法互助条约》、反恐、《机动车协定》、电网连接、贸易便利化和沿海运输等	7 个（其中印度洋沿岸国家 5 个）
孟不印度尼西亚次区域合作（BBIN）	东印度洋/南亚地区	前身是孟加拉国在 1997 年发起的"南亚增长四角"，通过贸易、交通和基建方面的项目促进南亚四国的合作。BBIN 机动车协议（MVA）已经于 2015 年 6 月 15 日在不丹廷布的 BBIN 运输部长会议上签署，以实现这四个国家之间的客运和货运车辆跨境运输	4 个（其中印度洋沿岸国家 2 个）
海湾合作委员会（GCC）	海湾地区	正式名称为海湾阿拉伯国家合作委员会，简称"海合会"。由波斯湾的阿拉伯国家（伊拉克除外）组成，成立于 1981 年 5 月 25 日，其总部位于沙特阿拉伯首都利雅得	6 个（全部为印度洋沿岸国家）

资料来源：笔者根据各组织主页信息综合整理。

印度洋地区的大多数区域组织最终目标不是像欧洲那样的一体化，而是自治与合作，许多区域组织的成员之间具有高度的异质性，经济联系、贸易与投资相对匮乏，缺少共识。因此，在区域合作方面，任何程度的主权让渡都是一项敏感议题。这自然会带来区域组织的赋权不足问题。另外，这些组织大部分有发展中国家区域组织的通病，即目标设置过多，职能不够清晰，且核心机构缺少对成员的约束力又导致了效率低下、缺少中心性、组织形式松散的问题。

此外，各个次区域合作组织目前也各自面临着自身的难题。由于这些区域组织间的大部分协议只能通过一致的同意来达成，内部成员之间假如存在政治或安全议题上的冲突，就有可能导致长期机能失效或发展停滞。南盟和海合会目前由于成员之间的矛盾冲突而处于机能停滞的状态；东盟尽管在经济合作上一直比较活跃，但在政治上也存在严重的分歧，其框架基础薄弱，阻碍了东盟实现其在该地区建立稳定政治环境的核心目标。环孟加拉湾多领域经济技术合作倡议和南部非洲发展共同体仅限于经济目标，职能范围狭窄；印度洋委员会的区域管辖范围有限。因此，尽管这些组织签署了大量的倡议或宣言，但其中大部分由于上述因素只能停留在概念阶段，而难以在项目落地或具体政策方面取得实质性进展。

（2）在经济一体化方面，印度洋地区一直以来都没有一个多边的贸易或投资架构。相对于高速的经济增长而言，印度洋地区的域内经济一体化发展一直相对滞后。其原因不仅在于各个地区之间经济联系的薄弱，而且在于缺少一个有足够影响力和赋权能力的机构对困扰该地区的贸易与投资障碍进行治理。

从贸易方面来看，印度洋地区各个次区域组织的既定目标都包括了追求经济繁荣和促进成员之间的投资与贸易。此外，为了应对经济发展的需求，印度洋地区近年来的自由贸易协定（FAT）数量大大增加，许多印度洋地区的经济体参与了诸如全面与进步跨太平洋伙伴关系协定（CPTPP）或区域全面经济伙伴关系（RCEP）这样的巨型自由贸易协定（Mega-FTA）的谈判，印度洋地区国家平均签署区域贸易协定的数量正在上升（见表2）。但是，实际上印度洋各个地区对促进区域经济一体化的重视程度有所不同，各个区域组织主导的区域贸易协定在范围和目标上都有很大差异，东盟已经走在实现共同内部市场的道路上，海合会已经是实质上的关税同盟，而南盟成员之间的《南亚自由贸易协定》只涉及了货物贸易和部分产品的关税削减。此外，印度洋地区国家众多的自由贸易协定或区域贸易协定呈现高度碎片化的特点。印度洋地区国家平均签署区域贸易协定 5.48个，其中主要缔约伙伴为印度洋国家、相关国家或国际组织的区域贸易协定数量为 2.7 个，密度相对较低，各自所涵盖的地理区域高度分散，相互重叠的情况不多，而且实际上大部分的区域贸易协定都集中在孟加拉湾。在合作类型上，自由贸易协定为最主要的合作类型，其次是优惠安排，关税同盟和经济一体化协定合作形式较少，因此在深度上也显得不足。这些自由贸易协定之间的贸易自由化范围也相差很大，其中一些只涉及商品，而另一些也纳入了服务和投资的规则。整体上看，自 20 世纪 90 年代以来，印度洋经济体的整体进口关税水平已大幅下降，这反映了印度洋主要经济体的逐步开放，2000~2016 年，印度洋经济体的进口商品的简单平均关税税率从 13.8% 降至 4.6%。然而，与此对应的是，非关税措施依然在严重地阻碍印度洋域内贸易的发展。印度洋经济体发起并向 WTO 通报的非关税措施数量在 2000~2010 年稳步增加，从 128 个增至 348 个，2017 年进一步增至 686 个，其中绝大部分是关于技术壁垒的（59.9%），其次是关于卫生和植物检疫的（32.2%）①。由于并不是每一个印度洋经济体都能向世界贸易组织报告非关税措施，并且在量化不同非关税措施的相对重要性方面存在困难，印度洋地区在贸易问题上面临的挑战可能比上述数据所展示的更加严峻。

从投资方面来看，印度洋国家还签署了大量的国际投资协议。目前，印度洋国家平均签署双边投资协议 30.6 个，其中正在生效的有 21.97 个；平均签署含投资条款的条约（TIPs）9.8 个，生效中的有 7.6 个。② 但是，如

① 数据来源：世界银行（World Bank）的"Services Trade Restrictions Database"以及联合国贸易和发展会议（UNCTAD）的"NTM Hub"。
② 数据来源：联合国贸易和发展会议的"Investment Hub"。

同区域贸易协定一样，印度洋地区国家的"投资协议密度"也是相对较低的。

最关键的问题在于，这些双边投资协议、自由贸易协定或区域贸易协定都是在缺少一个整体制度框架的情况下产生的。这一点与其他区域经济整合程度高的地区形成了鲜明的对比。整体制度框架不仅应该在战略上整合该地区的经济力量，而且还应该通过减少贸易和投资上的障碍来推动区域经济发展。但是，从现状来看，印度洋地区要搭建这样的框架是一项艰巨的任务。

环印联盟目前正在设法加强贸易便利化方面的合作以及其他形式的技术合作。2019年6月，澳大利亚与南非共同赞助了在德班举行的贸易现代化会议以推进其贸易议程，但环印联盟由于机能与赋权的不足，很难成为贸易投资便利化与合作框架的搭建者。

表2　印度洋地区目前较为重要的贸易协定

名称	内容	当前进程/重要节点
非洲三方自由贸易区（TFTA）	是东部和南部非洲共同市场、南部非洲发展共同体和东非共同体之间的非洲自由贸易协定，其最终目标是逐步将集团内所有贸易商品的关税降低到零。三方首脑会议（由三方成员/合作国的国家元首和/或政府首脑组成）提供总体指导和"动力"	27个成员中的22个签署了非洲三方自由贸易区协议，该协议需要14个成员批准方可生效。预计在2020年开始运作
环孟加拉湾多领域经济技术合作倡议（BIMSTEC）自贸区框架协议	目前所有成员都签署了《环孟加拉湾多领域经济技术合作倡议自由贸易区框架协议》（BFTAFA），还成立了"贸易谈判委员会"（TNC），由泰国担任常任主席，就最不发达国家的商品和服务贸易、投资、经济合作、贸易便利化和技术援助领域进行谈判，并处理原产地和贸易争端问题	目前尚没有签署正式自由贸易协定
亚太贸易协定（APTA）	即原先的曼谷协定，成员包括孟加拉国、中国、印度、老挝、韩国和斯里兰卡，第三轮谈判为成员之间的现有关税提供了最高50%的优惠幅度	于2005年11月2日签署，自2006年9月1日起生效

续表

名称	内容	当前进程/重要节点
全面与进步跨太平洋伙伴关系（CPTPP）	包括了澳大利亚、新加坡和马来西亚三个重要印度洋经济体。CPTPP 与 TPP 在市场准入、贸易便利化、电子商务和服务贸易等方面均无差异，仅冻结了旧协定中关于知识产权等内容的 20 项条款	2018 年 12 月 30 日生效
区域全面经济伙伴关系协定（RCEP）	由东盟 10 国于 2012 年发起，谈判成员还包括中国、日本、韩国、澳大利亚、新西兰和印度。囊括了货物贸易、服务贸易、投资准入以及相应的规则，在货物贸易方面，预计开放水平达到 90% 以上	2019 年 11 月 4 日，在第三次 RCEP 领导人会议上，除印度之外的 15 个成员国已经结束全部文本谈判及实质上所有市场准入谈判。参与方正力求在 2020 年完成协议签署
非洲大陆自由贸易区协定（AfCFTA）	由非洲联盟提出，2015 年开始谈判，预计形成一个覆盖 12 亿人口、总 GDP 规模达到 2.5 万亿美元的单一大市场，成员之间将逐步消除 90% 的商品关税	2019 年 5 月 30 日，该协议生效，2019 年 7 月 7 日非洲大陆自由贸易区正式成立。截至 2019 年 6 月，非盟 55 个成员中有 52 个已签署协议，仅有尼日利亚、贝宁、厄立特里亚 3 个国家尚未签署

资料来源：笔者综合整理。

（二）安全治理机制

尽管有学者认为，印度洋安全治理机制正在逐步"形成多层次、多领域、多主体的治理体系"[①]，但目前印度洋地区的安全治理依然缺少一项主导性机制，同时各个机制之间缺少联络和协调。与此同时，大国之间的竞争更使得这一地区的安全合作机制的态势复杂化。

（1）印度洋海军论坛（IONS）是印度洋地区目前除了环印联盟之外仅有的一个泛地区性的组织。印度洋海军论坛是 2008 年在印度海军参谋长苏

---

① 李恪坤、楼春豪：《印度洋安全治理：现状、挑战及发展路径》，《国际问题研究》2019 年第 1 期，第 85～106 页。

雷什·梅赫塔海军上将的倡议下成立的，是一项"自愿"倡议，旨在号召印度洋地区的海军和海军领导人们加强海上合作，每两年由不同国家的海军领导人主办会议。这一组织成立之初有35个成员，但由于其中有11个成员（包括卡塔尔和埃及）离开，截至2019年年底仅有23个成员和9个观察员（包括中国、德国、日本和俄罗斯）。其工作主要是促进人道主义援助和救灾、海上安全以及信息共享。它还鼓励其成员签署《海上意外接触守则》（CUES）以减少海军舰船之间发生意外冲突的风险。尽管"该论坛为该地区海军之间的交流和对话提供了宝贵的平台"，在帮助建立地区海军之间的合作方面很有价值，但印度洋海军论坛没有正式的秘书处，因此主席国影响很大，受其性质的限制，在应对、处理和解决这一地区复杂的地缘政治导致的一系列问题上显得较为乏力。

（2）联合国毒品和犯罪问题办公室（UNODC）下设一系列处理海上安全与海事犯罪事务的机构。"全球海事犯罪方案"（GMCP）发挥着领导作用，负责制定整体战略和出台加强海事执法的方案。在印度洋地区，GMCP在阻止索马里沿海海盗的威胁方面作用很大，建立了可行的威慑机制，增强了海军存在和船上的安全措施，使海盗袭击急剧减少，可以说为这一地区的海盗问题提供了较为成功的区域解决方案。此外，UNODC还下设了印度洋团队。这一团队建立了"南部航线伙伴关系"（SRP）和"印度洋海上犯罪论坛"（IOFMC）。"南部航线伙伴关系"的主要目标是协助亚洲和东非的禁毒执法人员协调应对毒品贩运活动。"印度洋海上犯罪论坛"在2015年设立，主要目标是在战略和操作层面上促进打击海事犯罪的合作。

（3）《亚洲反海盗和武装抢劫区域合作协定》（ReCAAP或RECAAP）。这是亚洲16个国家之间于2004年11月缔结的多边协定。该协定于2006年9月4日生效。截至2019年年底，已有20个国家（14个亚洲国家，4个欧洲国家，以及澳大利亚和美国）成为ReCAAP的缔约方。ReCAAP下设信息共享中心（ISC）对海盗和抢劫事件进行信息共享，向航运部门发出警告和警报，并促进沿岸国家执法机构的响应。

（4）环印联盟的海上安全治理机制。海上安全与安保已成为环印联盟的六个"优先工作领域"之一。2017 年 11 月，环印联盟在印度举行的第二次海上安全与安保专家会议上提供了一份成果文件，题为"IORA 海上安全和保障蓝图"，是环印联盟的安全治理机制基础文件。根据这份文件，2018年 9 月，环印度洋区域合作联盟成立了"海上安全与安保工作组"（IORA MSS，也称 WGMSS），目前由斯里兰卡担任主席国，任期两年。该组织致力于推进海上安全与安保行动计划，寻求加强合作以预防和管理海上事故，并促进 IORA 成员国的海上搜救服务的有效协调。IORA 还有一系列未来计划，包括实施培训和能力建设计划；鼓励会员签署并执行 IORA 搜索和救援谅解备忘录；探索建立 IORA 海上安全与保安中心的可行性；建立区域监测网络，包括海上运输系统的数据共享和信息交换等。

（5）欧盟提供的海上安全治理机制。仅在 2018 年，欧盟与亚洲之间的贸易额就达到 1.4 万亿欧元，其中 50% 通过印度洋。因此，欧盟对安全的印度洋海域有着深厚的利益关切，许多印度洋沿岸的国家也与欧洲在许多传统和非传统海上安全挑战方面有合作。《欧盟海事安全战略》明确鼓励成员国使用其军事力量捍卫航行自由并打击全球范围内的非法活动。欧盟共同安全与防务政策（CSDP）包括两项海上安保任务，其中一项就是打击印度洋海盗的亚丁湾－亚特兰大行动。该行动于 2008 年 12 月上旬部署，欧盟，以及印度、俄罗斯、中国、美国、日本和韩国等先后加入，其打击海盗和监测沿海捕鱼活动的行为得到了广泛认可。然而，该行动目前仅有两艘护卫舰在执行，2019 年该行动的共同费用预算仅为 500 万欧元。①

（6）《吉布提行为守则》（DCoC）和 2017 年《吉达修正案》（DCoC＋）。《吉布提行为守则》是由国际海事组织推动、由联合国毒品和犯罪问题办公室、非洲联盟、非洲区域经济共同体、欧洲联盟和国际刑警组织推动的海上安全性协议，这一协议在 2009 年 1 月由南部和东部非洲的 20 个沿海国家和阿拉伯半岛签署，并在 2017 年升级为《吉达修正案》。该守则涵盖了多项重要的跨国海上犯罪的管控内容，包括对贩运武器和麻醉品、非法野生动植

———————

① 具体信息可参见 https：//eunavfor. eu/mission/。

103

物贸易、人口贩运和走私，以及非法倾倒有毒废物等的管控。通常认为《吉布提行为守则》在压制印度洋西部和亚丁湾的海盗和武装抢劫船只行为方面发挥了重要作用，并为加强西印度洋地区的国家和区域机构间合作、信息共享、能力建设和培训奠定了基础。不过，无论是《吉布提行为守则》还是《吉达修正案》，都不是具有约束力的法律文书。

（三）其他公共治理问题

印度洋地区在气候、渔业、环境、可持续发展方面面对的制度缺位和合作机制的稀缺较之经济与安全方面的问题更加严重。气候变化和其他人类与环境的相互作用也造成了一系列与环境有关的威胁，而环境和地缘政治威胁也可能产生消极的相互作用，从而导致安全环境进一步恶化。然而，目前在上述公共治理议题方面，印度洋各国、各地区之间的合作还处于初级阶段。与海洋环境有关的国际协定进展缓慢，其中包括一些发展中国家的固有制约因素，例如人力和财政资源的稀缺，某些领域的数据和信息有限，治理和管理能力不足等。

目前，印度洋地区在这一方面较为重要的合作机制主要由环印联盟引领。环印联盟近年来把海洋环境保护、可再生能源等方面列为其工作重点之一，2019年宣布计划在澳大利亚建立蓝碳中心（bluecarbon），保护红树林、潮汐沼泽和海草等海洋碳生态系统的健康。

此外，随着海盗威胁的减弱，《吉布提行为守则》的重点正逐渐转向可持续性发展和蓝色经济等方面。2017年1月10～12日，在沙特阿拉伯吉达举行的《吉布提行为守则》签署方高级别会议通过了《吉达修正案》，其关键条款着重于发展海事部门和产生收入、就业和稳定的可持续、"蓝色经济"、港口设施的安全保障，有效保护海洋环境和可持续管理海洋生物资源等。

在渔业发展方面，印度洋金枪鱼委员会（IOTC）现有包括印度洋地区国家和域外国家的31个成员（中国也在内），是按规定在印度洋及邻近海域管理洄游鱼类资源的政府间组织。其目标是促进其成员之间的合作，以期通过适当管理确保金枪鱼渔业和类似金枪鱼渔业的可持续发展。

三 印度洋地区合作机制面临的挑战

总体来说，就建设集体机制或加强区域合作而言，印度洋地区目前进展有限，而且无论是改革现有机制或是构建新机制的速度都相对缓慢。这是由两方面的因素造成的。一方面，国际环境中区域主义的变化、新型治理问题和治理机制的出现，使原有的相对薄弱的合作机制面临着职能与目标上的双重挑战；另一方面，这一地区不断加强的战略竞争使得包括南亚和东南亚的许多中小国家都陷入了"选边站"的窘境之中，这种日益分化的环境削弱了现有的区域多边结构，例如东盟区域论坛或环印联盟。

（一）内部挑战

1. 新的泛区域机制的建设激励不足

正如前文所述，地区合作机制本身是对地区问题进行治理的一个过程。"治理过程指的是重新构建社会、经济和政治体系，以在不同空间尺度上运作"①，而在国际空间中，这种重建包括两种类型，一种类型是机制涵盖规模的重新构建，另一种类型是功能的重新构建。前者事实上关系到什么样的参与者被纳入或排除在区域范围之外，因此实质上也就是在重新确定权责分配和成员之间的关系；而后者则关乎治理实践的范围、形式和目的。因此，从机制规模上看，构建一个区域机制的要件是成员对于区域范围有着广泛的共识，同时国家实力、人口规模或国家能力上能够形成稳定的权力层级结构；从功能构建上看，成员之间应当存在充分的共容利益与相似诉求。然而，从印度洋地区的实际情况来看，要将在国家内部乃至次区域内部成功运作的机制在泛区域水平上重新构建并不容易。

首先，从地理与认知来说，印度洋地域辽阔，过于遥远的距离导致了印

---

① JD Wilson, "Rescaling to the Indo-Pacific: From Economic to Security-Driven Regionalism in Asia", *East Asia: An International Quarterly*, 35 (2018): 177 – 196.

度洋沿岸各个次区域之间的脱节。印度洋"难以被认为是一个地区，而只是一片海洋"①。一方面，地理上的高度分散性导致这一地区缺少实质的领导者。举例来说，无论是印度、澳大利亚，还是东盟，近些年来都尝试着在印度洋上发挥更大的作用，但它们的影响力也主要集中在东印度洋地区，它们与非洲或中东地区的关系相对疏远。另一方面，各个次区域之间在政治和文化联系上非常松散。实现区域治理的前提是对"区域"这一共同体有同一认知或认同感，然而即便是在对"印度洋地区"的地理范围认定与地区身份认同上，印度洋的各个区域之间都难以达成共识。

其次，从关注议题来说，印度洋地区经济体的多样性使得区域本身除了"发展议题"之外，缺少真正的共同利益框架。在人口和国土规模上，印度洋沿岸国家既包括科摩罗和马尔代夫等小岛国，又包括印度和印度尼西亚等人口密集、幅员辽阔的国家。在发展水平上，它既包括莫桑比克和坦桑尼亚等低收入国家，又包括澳大利亚和新加坡等高收入国家。在社会稳定方面，它既包括了政策有长期延续性、社会经济发展平稳的国家，也包括也门、伊拉克等处于动荡之中的国家。印度洋地区经济体的多样性也带来了利益诉求上的多样性，在一个泛区域框架内统合这些利益诉求并相应地确定国际机制或组织的职能范畴是一件高度复杂的任务。结果，印度洋各个区域之间在政治、经济或安全事务方面，均缺乏全区域性的共识或者高度一致的观点。各个地区面临的次区域安全威胁与挑战虽然有共性，但更多情况下面临的是多样化的、复杂的议题，这就导致了在机构职能设置或构建方面，难以取得泛区域性的共识，也难以建立起一个包容的合作框架。

再次，真正的"印度洋经济板块"是不存在的。内在经济联系的薄弱，使"印度洋地区"实际上只是东南亚、南亚、中东与非洲的若干个分散的地理板块被"印度洋国家"这一概念统合在一起而已，而这些分散的区域

---

① David Brewster, "IORA Summit: The Challenge of Building a Region", March 3, 2017, https://www.lowyinstitute.org/the-interpreter/iora-summit-challenge-building-region.

实际上和非印度洋的、地理和经济上联系更紧密的其他域外国家关系更加紧密，如东盟与东亚生产中心关系密切，非洲的印度洋国家与其他非洲国家或国际组织关系密切。其生产、贸易与投资均更加依赖于该域外市场。这也是印度洋域内至今无法构建有代表性的区域经济合作机制的主要原因之一。对于目前印度洋域内的这些不同经济板块来说，它们彼此之间现有的经济联系并没有发展到必须通过旧机制改革或新机制创建来解决制度发展瓶颈的地步；即使有，通过双边或小多边的谈判或安排就能解决问题，例如印度与东南亚、非洲和中东展开的一系列贸易谈判。因此，目前来说这一地区对构建一个泛印度洋地区的经济一体化或宏观经济合作机制的需求并不强烈。

最后，大多数印度洋地区国家还处于发展中，无论是行政资源还是财力都有限，这一点阻碍了它们经济和政治上的往来。因此，在解决跨境的国际治理问题上，许多国家更加倾向于双边机制或是小多边机制，而不是依靠地区性的多边机制来解决问题。

2. 现有机制的重叠与碎片化问题

在目前国际机制和国际制度不断发展的情况下，制度的重叠（overlap）已经成为学术界与政策界关注的国际制度互动议题之一。所谓制度的重叠，就是指不同的国际机制或制度之间的职能、管辖领域等发生重叠。对于制度重叠可能造成的影响，目前尚无定论，但是就印度洋地区的情况而言，制度重叠与制度碎片化同时存在造成了资源浪费和协调不足的问题，甚至加剧了这一地区的制度竞争态势。

以安全机制为例。对西印度洋海上安全机制的调查显示，该区域海上安全机制不少于 26 个。[1] 包括印度洋海军论坛、南方路线伙伴关系、毛里求斯索马里沿海海盗问题联络小组等机制都以保障海上安全为工作核心，尽管重

---

[1] Christian Bueger, "Some Fundamentals of Regional Maritime Security Governance", (Paper represented at High Level Workshop on the Implementation of the Djibouti Code of Conduct, Jeddah, Saudi Arabia, May 7, 2018), http://www.safeseas.net/wp-content/uploads/2018/05/Bueger-Some-fundamentals-of-regional-maritime-security-governance.pdf.

点和参与者有所不同，但都存在重叠现象。这些机制迄今为止在保障海上安全方面发挥的作用相对不足的主要原因之一，是各个机制之间缺乏协调与合作。例如，尽管环印联盟和印度洋海军论坛都将海上安全与灾害管理等作为优先领域，但环印联盟在 2017 年《雅加达协议》和其部长理事会公报中都没有提及印度洋海军论坛。无论是在可能采取的举措、信息共享以及管辖权方面，双方尽管可能有共同的方向和相似的政策，但甚少相互沟通，更遑论相互补充。

此外，各个次区域组织之间往往没有有效的合作或协调，尽管在经济合作、海洋安全或其他方面各个组织可能面对相同的问题，也有共同的兴趣，但目前的合作仅限于国家双边或小多边。由于缺少整体性框架和协调的平台，不同机制在相同议题上缺少交流和合作，其功能、管辖范围和成员之间又发生重叠，这不但不能达到相互借鉴、补充的效果，反而可能造成各机制之间的相互掣肘，削弱制度的有效性。

3. 域内政治分歧与政治集团竞争

尽管印度洋地区国家普遍认为，域外和域内国家在印度洋小国和弱小国家的竞争可能在整个印度洋地区造成相当大的政治动荡，但不可忽视的是印度洋地区国家目前也面临着区域内部政治分歧加强与地缘政治集团相互竞争的情况。这些同样可能损害现有的区域机制基础并阻碍未来更加宽泛的区域合作框架的搭建。

在东南亚地区，东盟内部面临着若干复杂的挑战，其中包括整个亚太地区中国影响力的增强与中美在这一地区的竞争、尚未解决的领土冲突和海事纠纷以及罗兴亚人问题引发的成员之间人权和难民问题的争议。随着中国影响力的日益增加，东盟内部的分歧有加大加深的可能性。2019 年在曼谷举行的第 34 届东盟峰会上通过的《东盟印度洋展望》指出，由于地缘政治和地缘经济利益的复杂性，东盟"多边主义受到国家间关系和单个成员相互作用的复杂性的挑战"。东盟能否在此背景下集体调整其地缘政治身份将是其成员面临的最重要的考验之一。

在中东地区，西印度洋地区目前受到以伊朗和沙特为首的两个新的中东强权集团之间的竞争的影响，而海湾合作委员会的原有机制与作用也由于成员之间的分歧受到了严重冲击和削弱。伊朗和沙特之间的分歧有着深刻的根源，但随着双方争夺西印度洋地区影响力和主导权的竞争加剧①，该地区其他长期存在的争端也随之升级，被认为是"区域性的冷战"。沙特、阿联酋和埃及与伊朗、土耳其和卡塔尔这两个集团之间的竞争削弱了中东地区经济一体化的前景，也导致了这一地区的商业港口竞争加剧和产能过剩。同时，自2017年卡塔尔危机爆发以来，沙特与阿联酋之间的盟友关系事实上已经取代了海湾合作委员会的原有作用。海湾和中东竞争的结果是红海和东非的军事化程度上升，这可能改变当地的平衡，重新点燃持久的仇恨：厄立特里亚，苏丹和索马里处于这一地缘政治博弈的中心，进一步影响了其国内局势的稳定，也破坏了海上平衡。

在南亚地区，印度和巴基斯坦之间旷日持久的政治争端已经使得SAARC事实上陷入了停滞不前的状态，这也是促成印度转向BIMSTEC或其他小多边机制来推动解决地区治理与区域合作问题的主要动因。但是，缺少巴基斯坦的参与以及南亚国家被迫在印巴之间选边站已经严重破坏了这一地区的国际合作的发展空间和可能性前景，而单一以印度为中心也有可能引发诸如尼泊尔和孟加拉国等国的忧虑和不满，从而延阻诸如BIMSTEC这样的机制的发展。

（二）外部挑战

1. 跨区域巨型自由贸易协定的挑战

当前，贸易协定网络的不断扩大，特别是跨区域的巨型自由贸易协定带来的变化，可能成为印度洋地区在经济和贸易发展方面的重大影响因素之一，但是它同样可能对区域框架的构建造成影响。

与传统的区域贸易协定不一样的是，巨型自由贸易协定是为了应对和处

---

① 沙特阿拉伯以财政支持争取科摩罗等印度洋小岛国的支持，在吉布提建立军事基地，以超越区域竞争对手伊朗。阿联酋长期以来一直向印度洋小岛国提供财政和政治支持，包括向塞舌尔提供大量国防援助。2016年，阿联酋在厄立特里亚阿萨布开设了永久性军事基地。伊朗寻求在也门建立海军基地，也门长期的军事和政治动荡也深受其影响。

理生产与价值链高度全球化背景下的货物贸易、服务贸易、零部件贸易和要素的自由跨境流动所带来的全新议题而产生的，这是以往仅仅建立在地区或域内经济关联上的区域贸易协定不一样的。包括 CPTPP 和 RCEP 在内，巨型自由贸易协定要做的尝试是填补多边贸易机制发展停滞造成的全球治理的空白。假如巨型自由贸易协定能够真正发挥作用，世界经济秩序将被重塑并非虚言。参与巨型自由贸易协定谈判的印度洋国家不在少数。然而，对于印度洋地区和这个地区尚未成型的贸易机制而言，这种巨型自由贸易协定所带来的影响是两方面的。

一方面，巨型自由贸易协定将进一步加强成员国之间的贸易往来、分工深化和要素流动，从而为未来的机制构建打下基础。这极有可能加强印度洋国家之间进一步进行贸易自由化或投资自由化谈判的需求。以 RCEP 为例，它不仅是区域一体化的安排，更是区域合作的安排。基础设施建设特别是交通运输部门、信息和通信技术部门的基础设施建设是其优先事项。随着RCEP 这样的大型自由贸易协定重新调整竞争环境，新的制度需求将产生，印度洋沿岸的国家会进一步产生应对不断变化的世界经济秩序的行动激励。

另一方面，这也可能对印度洋地区自身贸易机制的构建产生"挤出"效应。首先，当前参与了包括 CPTPP 和 RCEP 在内的巨型自由贸易协定谈判的印度洋国家基本上是这一区域生产力水平最高、参与全球化程度最高的国家。这些国家对于贸易议题的广度和深度的要求，与其他全球生产网络参与程度和发展阶段不一样的国家并不一致。例如，巨型自由贸易协定谈判可能更加关注是否涵盖服务贸易的核心议题、农业部门的贸易自由化和在多大程度上消除非关税壁垒的问题，但大部分的印度洋地区的发展中国家可能依然更加关心在普通的商品贸易上削减关税的议题。

其次，巨型自由贸易协定试图填补多边机制的治理空白，那就必然要求它在知识产权、国有企业和数字经济等领域建立全新的规则。这些规则可以被视作一项"俱乐部产品"。对于能够适应并加入其中的经济体，这些规则无疑是有利的，但是更多的发展较为滞后的国家或地区将被这些"高标准"的规则排斥在外。

再次，参与巨型自由贸易协定谈判的国家为确定巨型自由贸易协定的方向、细则等，付出了包括大量人力物力在内的谈判成本，而一旦巨型自由贸易协定开始运作并发挥效力，区域性的贸易协定会变得次要，相关国家有可能不愿意再进一步投入精力进行规则框架的搭建。由于参与巨型自由贸易协定谈判的国家均是印度洋沿岸地区最重要的、发挥着引领作用的国家，缺少它们的参与，印度洋地区自身的机制构建将是乏力的。

换言之，这一类巨型自由贸易协定到底会对印度洋地区经济体产生怎样的作用，关键在于其开放度。类似 TPP 这样的封闭性的巨型自由贸易协定很可能导致经济边缘化现象，也就是说，参与者的经济核心地位进一步加强，而非成员的发展中国家和欠发达国家会被进一步边缘化。然而，从经济角度来看，印度洋地区的所有经济体无论是作为单个国家还是作为一个整体参与印度洋地区的治理，都是至关重要的。从长远来看，多极体系也可以为"小经济体"和"大参与者"提供更大的空间和更多的发展选择。因此，区域性的一体化框架和跨区域的巨型自由贸易协定之间不应当相互竞争，而应当相互补充。

2. 大国之间的竞争

大国之间的竞争已经导致印度洋沿岸地区的区域整合与合作机制建设进一步复杂化。历史上，印度洋地区是一个深受殖民主义影响且至今仍在受殖民主义遗产负面影响的地区。这样的历史导致印度洋地区的许多国家天生就对强国、大国保有不信任感。在第二次世界大战之后很长一段时间，美国在印度洋地区扮演了"稳定者"的角色，但随着近年来美国实力相对下降以及中国在该地区的地位上升，美国先前的主导作用已经被削弱。今天，会对印度洋地区产生重大影响的有五个国家，即中国、印度、日本、澳大利亚和美国，但至今没有一个国家能够独立担任领导者或单一公共产品供给者的角色。

中美在这一地区的竞争可能是对这一地区的区域合作机制造成最大影响的因素。如果说 20 世纪美国的对外政策以冷战为特征，那么 21 世纪的美国外交政策就可以被认为以"中国综合征"为特征。2017 年美、日、印、澳

"四国安全对话"（Quad）的重启，同年美日推出"自由、开放的印太战略"（FOIP strategy）和 2018 年美国太平洋司令部改名印太司令部，标志着由美国主导的"印太"体系开始从概念走向制度构建。而印度洋地区合作机制的薄弱，已经被视作美国主导的"印太"体系成立的借口。

　　印度长期以来将印度洋视为其势力范围的一部分，莫迪政府在 2015 年也提出了其印度洋愿景即"萨迦"（Security and Growth for All in the Region，缩写 SAGAR 为印地语和梵语中海洋之意）愿景，为此，印度依然在不断寻求与印度洋的岛国和沿岸国家扩大双边海上安全与防务合作，试图成为印度洋地区的"网络安全"提供者。另外，由于印度对中国在印度洋的存在越来越焦虑。近年来，印度已经加强了在印度洋沿岸地区的活动，例如增加投资许诺、增加人道主义援助等；同时也加强了力量投射，比如印度在安达曼－尼科巴群岛以及塞舌尔和毛里求斯等岛国建立先进的作战基地或登陆设施，用以寻求对抗中国在印度洋的存在。然而，印度的某些行为，例如有选择地针对和挑战中国在印度洋的基础设施项目，实际上对区域合作造成了负面影响。在印度洋地区亟须多边主义承诺的时期，印度却脱离区域全面经济伙伴关系，这说明印度可能根本没有准备好成为多边贸易体系和基于规则的现行制度的大国。其在印度洋地区的作用更可能通过双边或小多边合作（例如印度较为热衷的"2＋2"会谈，即双边国防与外交部长会议）来实现。

　　日本一直在积极经营印度洋地区，2017 年，日本和印度宣布共建"亚非增长走廊"，这是一项建立太平洋与非洲之间联系的联合举措。除了"亚非增长走廊"之外，日本还在推动印度洋沿岸共同基础设施项目以及次区域合作框架，并且宣传其与中国的"一带一路"倡议在基建质量上有所不同，号称其项目更加透明，在经济上更具有可持续性，遵循"基于规则的秩序"等，旨在与"一带一路"倡议争夺成为区域规范的话语权。近年来，日本还试图更多地参与印度洋国家的海上安全事务，除了加入美国主导的"印太"体系，还在"自由开放的印太战略"中寻求与具有"共同价值观的国家"合作，以确保从"东亚到非洲的广泛地区的稳定"。例如与美国和印度一起进行"马拉巴尔"演习，通过"万象远景 2.0"与东盟之间进行防务合作；

自 2017 年以来 "出云号" 和 "加贺号" 航空母舰每年都访问印度和斯里兰卡等。尽管日本宣称这些举措 "旨在确保法治,加强海上安全并应对非传统威胁",但其实际意图和利益诉求非常明显。

澳大利亚的立场不同于美国和日本,也不同于印度。一方面,从其《2016 年国防白皮书》和《2017 年外交政策白皮书》中可以很清楚地看出,澳大利亚的主要目标是确保美国继续成为澳大利亚的主要盟友和安全保证国,以抗衡中国不断增强的地区影响力,作为回报,澳大利亚支持美国在这一地区的领导地位。另一方面,尽管澳大利亚对中国的快速发展依然抱有疑虑,但中国与澳大利亚的贸易关系和投资往来非常密切,澳大利亚反对专门将中国排除在外的排他性愿景。简而言之,澳大利亚试图通过拉拢印度和日本纳入其与美国的伙伴关系来对冲中国影响,同时努力避免与中国抗衡。在印度洋地区的各个大国中,澳大利亚对环印联盟这样的泛地区国际合作机制投入的精力是最多的。澳大利亚一直在积极参加诸如环印联盟之类的区域集团,并且试图加强环印联盟的作用和职能,以体现出 "澳大利亚在印度洋中扮演着重要角色"。

包括中国倡议的 "一带一路" 和美国主导的 "印太" 体系在内,各主要大国都为印度洋地区的未来合作机制提出了不同愿景。这些愿景的根基是不同观念之间的竞争,本质上都可以视作对 "印度洋地区" 重下定义的一种努力,通过提出新的思想、建设新的机制和推出新的政策来重塑该区域地缘政治。有的学者认为,尽管大国之间的竞争使该地区局势复杂化,但也给力量相对弱小的国家和机构(如东盟)提供了在调解这些力量中发挥重要作用的机会。然而,更有可能出现的场景是,这些国家并不能起到协调的作用,而是被迫 "选边站",从而导致这一地区的地缘政治进一步复杂化,也会削弱目前这一地区合作机制的职能与作用。

四 前景

从地区合作机制的角度来看,印度洋地区目前依然是一个低制度化的地区。所谓的制度化（Institutionalization），就是通过一系列的制度安排对公共问题进行治理。制度化有两种主要形式，第一种形式是通过组建实体化的国际组织，搭建和提供平台，以对域内的各项事务进行协调、整合和谈判；第二种形式是通过达成一系列的协约来实现某种管理方式（regime），以对处理某些特定问题提供方向指导和议程安排。由于"一个地区"的概念是一种社会建构，并取决于相互关联的程度，是一个提升身份认同和认可的过程，因此制度化的程度对于地区概念能否成功至关重要。然而，考虑到印度洋经济体的多样性和其面对的多重内外挑战，在可预见的未来，印度洋地区低制度化的现状依然在短期内无法得到迅速改善。

但是，为了应对日趋复杂的地区形势和处理日益繁多的地区公共治理议题，该地区的国家需要合作以增强经济实力和应对风险，加强印度洋地区区域合作机制依然是维系这一地区稳定、促进这一地区发展的必经之路。对于这一点，学界和政界有基本的共识，分歧主要在于走哪条路径。

第一条路径是加强目前的泛地区组织，特别是环印联盟在区域治理中的职能与作用。这也是澳大利亚目前正在尝试推行的路径。环印联盟依然被澳大利亚视作参与区域活动的重要工具，澳大利亚《2017年外交政策白皮书》就体现它在海事安全和国际法等领域为环印联盟提供更多支持的政策走向。此外，澳大利亚还加强了环印联盟对"蓝色经济"带来的机遇的关注。这一路径的最终目标可能是让环印联盟在印度洋地区起到类似于APEC的作用和影响力，而澳大利亚则可以通过加强环印联盟的作用来为自己赢取同等重要的经济和政治机遇，同时在不破坏地区现有权力结构的情况下有机会加深与同为环印联盟的亚洲伙伴国家的联系。然而，如果要加强环印联盟在区域经济治理乃至更加广泛的区域治理议题中的角色，则需要来自其成员的更多授权、构建更为正式的规则和法律结构，同时还需要确保财务资源，加强常设秘书处的职能。就目前的情况来说，这仅仅是一种愿景。

第二条路径是从贸易和经济合作入手，鼓励将该地区的各种次区域和双边自由贸易协定与具有共同贸易规则和标准的巨型区域自由贸易协定联系起来。正如前文所述，跨地区的巨型自由贸易协定对印度洋地区合作机制的建设是否能起到正面作用，关键在于贸易协定本身的性质。从这个层面上看，RCEP 显然比已经夭折的 TPP 意义更大，毕竟相比标榜"21 世纪型"地区贸易协定的 TPP 而言，RCEP 已经充分考虑到其成员中发展水平的多样性，专注的依然是传统贸易议题的改革，例如降低关税和跨境便利化，它是由亚洲发展中经济体设计并满足其需求的多边自由贸易协定，核心目标只是有效地加深区域一体化和加强合作，它是东盟一体化的延伸，也是印度洋地区国家探索合作区域治理途径的努力的一部分。东盟是这一进程的核心，并发挥了枢纽的作用，同时，RCEP 也具有开放加入条款，其他经济体可以自愿加入该协议。目前印度洋地区的区域贸易规则缺少模板和制度框架，但假如RCEP 能够成功缔结，它将是自 1992 年东盟自由贸易区以来的第一个真正的亚洲区域贸易协定，以及第一个印度洋经济体占重要地位的区域贸易机制。面对全球贸易政治和贸易机制发展的持续停滞，RCEP 所倡导的"基于规则的贸易和投资自由化"能够进一步帮助印度洋地区融入全球贸易体系，并且激励这一地区按照这一模板进一步地为了搭建自身的贸易规则框架而努力。换言之，这一方面将起到增加市场准入、减少贸易壁垒并促进监管一致性的作用，有助于抵制不断上升的贸易保护主义趋势；另一方面，也将起到把这一地区碎片化的合作机制整合起来的作用，加强印度洋地区融入全球和区域价值链的过程。只有在经济合作基础加强的前提下，其他国际事务方面的合作才能拥有更加充足的动力，因为经济一体化本身就意味着区域认同和地区公共治理需求的上升。

第三条路径则是将这一地区的合作机制空间，特别是安全合作机制的空间拱手让给美国主导的"印太"体系。目前看来，"印太"体系对印度洋地区的影响有三种可能性：第一种是形成直接的制度竞争，即美国所主导的"印太"体系企图主导地区规则的意图明确，与中国倡导的"一带一路"在这一地区形成公共资源与空间分配、规则制定权与话语权上的竞争，现有机制被迫"选边站"，从而给自身目标的延续性、行动的独立性带来负面影响，甚至导致内部成员之间的分裂；第二种是美国主导的"印太"体系冲击、分化、替代与整合这一地区现有的国际机制和地区秩序，削弱原有机制

（包括东盟在内）在现有机制中的作用；第三种则是美国主导的"印太"体系无法完全达成其目标，但由于这一地区持续存在的制度需求，"印太"的概念和地区身份被接受，构建其他形式的"印太"体系的尝试依然以多种方式持续下去，使这一地区的国际制度更加复杂化。但无论如何，"印太"体系的本质是美国试图在印度洋地区构建网络安全结构，以实现其政治和安全议程，是地缘竞争政治的产物。尽管美国声称"印太"体系不排除任何国家，但由于其被特朗普政府用于与中国的长期竞争，它本质上是一个排他的体系，因此会进一步导致印度洋地区的"碎片化"。作为一项国际制度，"印太"体系是非中性的，并且也是有极强外部性的，它对这一地区安全架构、经济合作机制与国际组织的影响、挑战乃至冲击，将在未来一段时间内逐渐实质化。

这三种路径均有成为现实的可能，同样也有可能出现截然不同的全新路径。疫情之后的世界体系将发生巨大的变革乃至动荡，印度洋地区同样如此。一个地区合作机制建立的主要目标和推动力，应当是实现区域经济合作与发展，为印度洋沿岸地区的合作提供更加具有包容性的框架和长期愿景，向所有希望参与的国家和多边机构开放。在更加复杂、矛盾更加尖锐、更具竞争性的地区和国际形势之中，如何框定区域合作的目标、前景及框架，对于印度洋地区未来几年的发展而言，将是一个艰巨的课题。

B.5
印度洋地区经贸发展现状及动态特征

李艳芳*

摘　要： 本报告以印度洋沿岸36个国家作为研究对象，用主要经贸指标对印度洋沿岸国家的宏观经济、国际贸易、国际投资的发展现状，支撑经济可持续发展的政治、社会、环境可持续性，以及中国与印度洋地区的经贸合作特征等进行动态分析。印度洋沿岸国家大多是"一带一路"建设的重要参与者，分析印度洋沿岸国家的发展水平、发展共性与差异，可为中国与这些国家深化经贸合作提供参考。

关键词： 印度洋地区　中国　经济发展　经贸合作　"一带一路"

随着印度洋成为全球，尤其是亚太地区重要的国际贸易通道和石油运输通道，加之2017年以来美、日、印、澳"四国安全对话"框架下"印太战略"的推进，印度洋的地缘经济、地缘政治重要性更加凸显，国际社会对环印度洋地区、所属次区域及国家的关注度也在上升。本文使用主要经贸指标对印度洋沿岸国家的经济、国际贸易、国际投资发展的现状，支撑经济可持续发展的政治、社会、环境可持续性，以及中国与印度洋地区的经贸合作特征进行了动态考核。印度洋沿岸国家大多是"一带一路"的重要参与者，分析经贸发展现状与动态特征有利于了解该地区整体的发展水平、发展共性和差异，可以为中国与印度洋沿岸国家深化合作提供参考。

* 李艳芳，云南财经大学印度洋地区研究中心副教授。

一 印度洋地区及国别范围的界定

从海洋的地理区域来看，印度洋西起霍尔木兹海峡，东至马六甲海峡北口，沿澳大利亚海岸通过巴斯海峡终于南极大陆，总面积约 7491.7 万平方公里。截至目前，无论是国际组织还是相关学者都未对印度洋地区及国别范围做出严格界定，大部分研究主要关注印度洋沿岸及其周边区域。本报告是有关印度洋地区经贸可持续发展现状、能力和潜力的动态分析，因此需对确切区域和国家范围进行界定。本报告采纳了云南财经大学印度洋地区研究中心的相关划分方式，将印度洋沿岸 36 个国家作为研究对象（留尼汪和马约特属法国的海外行省，此处未纳入研究范畴）。

根据《印度洋蓝皮书：印度洋地区发展报告（2013）——印度洋形势与战略》，印度洋沿岸（包括波斯湾、红海沿岸）共有 38 个国家和地区（不包括英属印度洋领地）。除了留尼汪和马约特岛外，其余 36 国包括东南亚国家印度尼西亚、马来西亚、缅甸、新加坡、泰国、东帝汶；南亚国家孟加拉国、印度、马尔代夫、巴基斯坦、斯里兰卡；中东国家巴林、伊朗、伊拉克、以色列、约旦、科威特、阿曼、卡塔尔、沙特阿拉伯、阿联酋、也门；非洲东岸国家科摩罗、吉布提、埃及、厄立特里亚、肯尼亚、马达加斯加、毛里求斯、莫桑比克、塞舌尔、索马里、南非、苏丹、坦桑尼亚；大洋洲的澳大利亚（见表1）。

表1 按地区表列印度洋沿岸国家

东南亚	印度尼西亚、马来西亚、缅甸、新加坡、泰国、东帝汶
南亚	孟加拉国、印度、马尔代夫、巴基斯坦、斯里兰卡
中东	巴林、伊朗、伊拉克、以色列、约旦、科威特、阿曼、卡塔尔、沙特阿拉伯、阿联酋、也门
非洲	科摩罗、吉布提、埃及、厄立特里亚、肯尼亚、马达加斯加、毛里求斯、莫桑比克、塞舌尔、索马里、南非、苏丹、坦桑尼亚
大洋洲	澳大利亚

资料来源：汪戎、万广华主编《印度洋蓝皮书：印度洋地区发展报告（2013）——印度洋形势与战略》，社会科学文献出版社，2013。

二 印度洋沿岸国家经贸发展的现状

根据联合国贸易和发展会议（UNCTAD）的数据，印度洋地区 36 个国家土地面积共计 2838 万平方公里，约占全球国家/地区总数的 15.45% 和全球土地面积的 22.29 % 。截至 2018 年年底，该地区人口总计 28 亿，GDP 总额达 10.83 万亿美元，人均 GDP 约为 12848 美元，进出口总额分别为 28501 亿美元和 30061 亿美元，外商直接投资（FDI）和对外直接投资（OFDI）流量总额分别为 2914 亿美元和 1356 亿美元（见表 2），分别占全球人口总量的 36.82%、GDP 总量的 12.69%、进口总额的 15.45%、出口总额的 14.40%、FDI 流量总额的 22.47% 和 OFDI 流量总额的 13.67%，人均 GDP 则高出全球平均水平约 15%。从主要指标分析来看，相对于较大的土地面积占比和人口份额，印度洋地区整体对全球的经贸贡献度并不算高。

区域层面，除大洋洲外印度洋各区域的综合经贸水平差距较大，尤其是非洲沿岸地区，整体发展最为落后。从经济总量情况来看，南亚沿岸 5 国的 GDP 占比为 4.05%，而非洲东岸 13 个国家的 GDP 占比仅为 1.14%；从贸易贡献来看，东南亚 6 国全球贸易占比为 5.49%，非洲东岸 13 国则仅为 0.94%；东南亚、南亚、中东、非洲和大洋洲沿岸国家 FDI 流量的全球占比分别为 9.39%、3.89%、2.97%、1.56% 和 4.66%，OFDI 流量的全球份额分别为 6.73%、1.10%、4.98%、0.50% 和 0.36%；此外，从人均 GDP 来看，除中东地区几个石油国家、澳大利亚及新加坡等新兴工业国外，印度洋地区大多数国家该指标水平远落后于世界平均水平。

国别层面，印度洋国家的发展类型多样，发展阶段也不一而同，大多数国家属于发展中国家。其中，有发达国家（澳大利亚、以色列），有全球第二大发展经济体（印度），有新兴经济体翘楚（新加坡、马来西亚、印度尼西亚等），有石油资源丰富的海湾国家（沙特、阿联酋等），也有全球最不发达国家（科摩罗、索马里等），主要指标分析情况如下。

　　土地面积方面，印度洋沿岸有 7 个巨型国家（印度、澳大利亚、印度尼西亚、沙特、伊朗、苏丹和南非）、11 个大型国家（缅甸、泰国、巴基斯坦、伊拉克、也门、埃及、肯尼亚、马达加斯加、莫桑比克、索马里和坦桑尼亚）、4 个中型国家（马来西亚、孟加拉国、阿曼、厄立特里亚）、8 个小型国家（东帝汶、斯里兰卡、以色列、约旦、科威特、卡塔尔、阿联酋、吉布提）和 6 个同属于岛国的微型国家（新加坡、马尔代夫、巴林、科摩罗、毛里求斯、塞舌尔）。①

　　从人口分布来看，印度洋国家中有 4 个国家人口超过 1 亿，有 17 个国家人口在 1000 万~1 亿，有 10 个国家人口在 100 万~1000 万，有 3 个国家人口在 50 万~100 万，有 1 个国家人口只有 10 万（塞舌尔）。总体而言，南亚 5 个沿岸国家的人口密度最高，人口的全球占比也高达 22.91%，其中仅印度的人口比重就达到了 17.72%。该地区 11 个中东国家的人口数量最少，全球占比仅为 2.94%。

　　主要宏观经贸指标层面，印度洋国家 GDP 总量前 10 名分别是印度、澳大利亚、印度尼西亚、沙特、泰国、伊朗、阿联酋、以色列、南非和马来西亚；人均 GDP 前 10 名分别是卡塔尔、新加坡、澳大利亚、阿联酋、以色列、科威特、巴林、沙特、阿曼和塞舌尔；国际贸易额前 10 名分别为印度、新加坡、阿联酋、泰国、澳大利亚、马来西亚、沙特、印度尼西亚、南非和伊朗；FDI 流量前 10 名分别为新加坡、澳大利亚、印度、印度尼西亚、以色列、泰国、阿联酋、马来西亚、埃及和南非；OFDI 流量前 10 名分别是新加坡、沙特、泰国、阿联酋、印度、印度尼西亚、以色列、马来西亚、南非和科威特（见表 2）。经济指标综合评价最差的国家大多位于非洲及西印度洋地区，如索马里、马达加斯加、莫桑比克、厄立特里亚、坦桑尼亚、科摩罗和也门等国。

　　此外，从国际三大评级机构公示的国家主权信用评级情况看，印度洋国

---

① 注：土地面积 100 万平方公里以上的划为巨型国家；面积在 35 万~100 万平方公里的划为大型国家；面积在 10 万~35 万平方公里的划为中型国家；面积在 1 万~10 万平方公里的划为小型国家；面积在 1 万平方公里以下的划为微型国家。

家主权信用评级最高的是新加坡和澳大利亚,两国级别都在最高级层面,公认的偿债能力强、违约风险低;除了未经评级的国家外,印度洋国家中主权信用评级最低的国家是莫桑比克。从区域层面来看,东南亚、中东地区的债务违约风险总体较低,信用评级较高,而非洲各国的偿债能力较弱,债务违约风险较高。

表2 2018年印度洋沿岸国家基本经贸情况

区域	国家	陆地面积(万平方公里)	人口(百万)	GDP(十亿美元)	进口额(亿美元)	出口额(亿美元)	FDI(百万美元)	OFDI(百万美元)
东南亚	印度尼西亚	181.86	267.66	1041.77	1887.11	1802.15	21980	8139
	马来西亚	32.86	31.53	354.27	2173.58	2473.24	8091	5280
	缅甸	65.31	53.71	70.02	193.45	166.72	3554	—
	新加坡	0.07	5.64	347.30	3705.04	4117.43	77646	37143
	泰国	51.09	69.43	504.88	2491.74	2524.85	10493	17714
	东帝汶	1.49	1.28	3.59	5.99	0.48	48	—
南亚	孟加拉国	13.02	161.36	269.60	604.95	384.71	3613	23
	印度	297.32	1352.62	2745.28	5076.16	3224.92	42286	11037
	马尔代夫	0.03	0.52	0.52	29.61	3.39	552	—
	巴基斯坦	77.09	212.22	281.39	601.63	236.31	2352	8
	斯里兰卡	6.27	21.67	88.48	225.89	122.88	1611	68
中东	巴林	0.08	1.57	38.50	128.95	184.12	1515	111
	伊朗	162.88	81.80	497.95	514.60	1050.00	3480	75
	伊拉克	43.41	38.43	216.62	531.91	890.40	-4885	188
	以色列	2.16	8.88	369.91	765.84	619.06	21803	6008
	约旦	8.88	9.96	42.27	203.10	77.50	950	-8
	科威特	1.78	4.14	140.28	358.67	719.41	346	3751
	阿曼	30.95	4.83	82.66	254.12	466.37	4191	567
	卡塔尔	1.16	2.78	191.75	316.96	842.88	-2186	3523
	沙特	214.97	33.70	776.96	1352.11	2945.36	3209	21219
	阿联酋	7.10	9.63	424.67	2446.46	3168.96	10385	15079
	也门	52.79	28.50	41.22	83.87	25.52	-282	4

区域	国家	陆地面积（万平方公里）	人口（百万）	GDP（十亿美元）	进口额（亿美元）	出口额（亿美元）	FDI（百万美元）	OFDI（百万美元）
非洲	科摩罗	0.19	0.83	1.20	2.84	0.42	8	—
	吉布提	2.32	0.96	1.99	8.04	1.68	265	—
	埃及	99.55	98.42	249.72	720.00	293.84	6798	324
	厄立特里亚	10.10	3.48	6.71	11.51	6.64	61	—
	肯尼亚	56.91	51.39	84.23	173.77	60.50	1626	164
	马达加斯加	58.18	26.26	13.91	40.14	30.50	349	0
	毛里求斯	0.20	1.27	14.40	56.69	23.72	372	83
	莫桑比克	78.64	29.50	14.55	67.86	51.96	2711	-19
	塞舌尔	0.05	0.10	1.56	11.37	5.69	124	6
	索马里	62.73	15.01	1.62	12.40	3.40	409	—
	南非	121.31	57.78	368.00	925.79	935.70	5334	4552
	苏丹	237.60	41.80	40.96	78.50	36.04	1136	—
	坦桑尼亚	88.58	56.32	58.64	85.54	36.69	1105	—
大洋洲	澳大利亚	769.2	24.99	1439.85	2355.19	2527.76	60438	3635

注：GDP 为现值，FDI 和 OFDI 为流量。

资料来源：根据联合国贸易和发展会议、世界银行等数据库数据整理。

三 印度洋沿岸国家经济动态的发展特征

（一）整体营商环境水平趋于下降

各国营商环境主要由世界银行发布的营商环境便利度指数来衡量（见表3）。该指标共有 190 个国家参与排位。从国别考评来看，印度洋沿岸国家间的差距很大。2018 年该地区营商环境便利度指数平均为 57.61，排名最靠前的是新加坡（第 2 位），垫底的是索马里（第 190 位）。整体来看，南亚国家和非洲国家的营商环境便利度指数得分普遍偏低，大多数国家的排名在全球 100 名之后，尤其是厄立特里亚、也门和索马里的排名，在全球垫底。从发展趋势来看，近年来印度尼西亚、印度和肯尼亚的排名大幅上升，缅甸等国的排名小幅上升，但大多数国家的排名下降，说明印度洋地区整体的营商环境水平下滑。此外，引用美国遗产基金会（Heritage Foundation）发布的经济自由度指数来衡量，印度洋沿岸国家近5年的经济自由度指数平均只有54.17，略低于全球平均值（60.08），而根据世界经济论坛（WEF）发布的全球竞争力指数评估（该指标得分范围为0～100，其中100表示最佳情况或"前沿"）印度洋国家平均得分61.99，略高于全球平均分（60）。其中，得分在70以上的国家只有马来西亚、新加坡、以色列、卡塔尔、阿联酋和澳大利亚。

表3 2015～2018年印度洋国家营商环境便利度指数变化情况

区域	国别	2015 年	2016 年	2017 年	2018 年
东南亚	印度尼西亚	59.15	58.12	61.52	66.47
	马来西亚	78.83	79.13	78.11	78.43
	缅甸	43.55	45.27	44.56	44.21
	新加坡	88.27	87.34	85.05	84.57
	泰国	75.27	71.42	72.53	77.44
	东帝汶	46.89	44.02	40.88	40.62
南亚	孟加拉国	46.84	43.10	40.84	40.99
	印度	53.97	54.68	55.27	60.76
	马尔代夫	58.73	55.04	53.94	54.42
	巴基斯坦	56.64	51.69	51.77	51.65
	斯里兰卡	61.36	58.96	58.79	58.86
中东	巴林	69.00	66.81	68.44	68.13
	伊朗	56.51	57.44	57.26	56.48
	伊拉克	50.36	46.06	45.61	44.87
	以色列	71.25	70.56	71.65	71.42
	约旦	58.40	57.84	57.30	60.58
	科威特	63.11	60.17	59.55	61.23
	阿曼	66.39	65.40	67.73	67.20
	卡塔尔	69.96	65.97	63.66	64.86
	沙特	69.99	63.17	61.11	62.50
	阿联酋	76.81	75.10	76.89	78.73
	也门	54.84	44.54	39.57	33.00

续表

区域	国别	2015 年	2016 年	2017 年	2018 年
非洲	科摩罗	49.56	48.22	48.69	48.52
	吉布提	50.48	44.25	44.50	49.58
	埃及	59.54	54.43	56.64	56.22
	厄立特里亚	33.16	27.61	28.05	22.87
	肯尼亚	54.98	58.24	61.22	65.15
	马达加斯加	49.25	45.68	45.10	47.67
	毛里求斯	74.81	75.05	72.27	77.54
	莫桑比克	56.92	53.98	53.78	54.00
	塞舌尔	63.16	61.05	61.21	61.41
	索马里	—	—	20.29	19.98
	南非	71.08	64.89	65.20	64.89
	苏丹	49.55	46.97	44.76	44.46
	坦桑尼亚	56.38	51.62	54.48	54.04
大洋洲	澳大利亚	80.66	80.08	80.26	80.14

注：营商环境便利度指数区间为 0～100，其中 0 表示最差，100 表示情况最佳。

资料来源：世界银行。

（二）整体经济规模增长较慢

从图 1 分析可知，2008～2018 年，印度洋沿岸国家 GDP 总量在逐年缓慢增加，从 2008 年的 7.09 万亿美元增加到 2018 年的 10.83 万亿美元。从趋势来看，除 2009 年因全球金融危机 GDP 增长率跌至 2.7% 外，平均增长率仅有 2 年超过 5%，近几年则维持在 3%～4%。2018 年该地区增长率约为 3.50%，与全球平均增长率 3.55% 基本持平，但略低于发展中国家整体 4.22% 的增长水平。地区层面，GDP 增长最快的是南亚地区，平均增长率约为 6.1%；最慢的是中东地区的 1.2%。国别方面，2018 年印度洋地区增长最快的是孟加拉国，增加率约为 7.86%；增长最慢的是也门，增长率仅为 -2.7%。①

---

① 数据来自世界银行发展指标数据库，http：//wits.worldbank.org/Default.aspx？lang＝en。

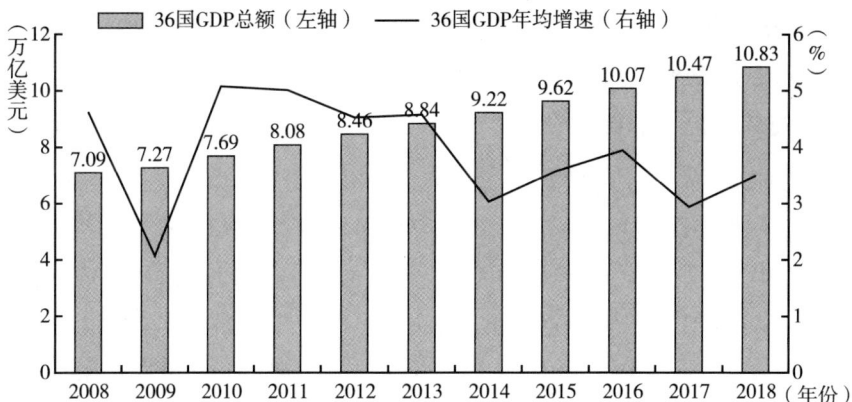

图 1 2008~2018 年印度洋沿岸 36 国 GDP 发展趋势

资料来源：联合国贸易和发展会议数据库，https://unctad.org。

印度洋地区整体 GDP 增长缓慢，也相应影响了该地区人均 GDP 的增长水平。根据世界银行发展指标数据库的数据分析，2008 年印度洋沿岸 36 国人均 GDP 平均值为 11337 美元，2018 年增长至 12484 美元，仅为 2008 年的 1.1 倍。其中，排名前 5 位的是卡塔尔、新加坡、澳大利亚、阿联酋和以色列，分别是 63261 美元、58248 美元、56842 美元、40782 美元和 34746 美元；排名最低的 5 个国家分别是为索马里（90 美元）、马达加斯加（490 美元）、莫桑比克（591 美元）、也门（668 美元）和厄立特里亚（876 美元）。

虽然 GDP、人均 GDP 增长较慢，但该地区的通胀率整体较低。2018 年，印度洋沿岸 36 国平均通货膨胀率为 2.47%，略高于全球平均水平的 2.41%。其中，通货膨胀率最高的是孟加拉国，通货膨胀率约为 5.54%。但是，该地区失业率较高，平均失业率约为 6.25%，高于全球平均水平的 4.95%。其中，苏丹、埃及、也门和伊朗的通货膨胀率都超过了 10%。

（三）国际经济能力缓慢恢复

1. 国际贸易动态发展

自 2008 年金融危机以来，印度洋沿岸 36 国对外贸易额开始逐渐攀升，并于 2013 年达到了 6.08 万亿美元的历史巅峰值，此后迅速下滑至 2016 年的 4.67 万亿美元，近两年开始有了缓慢恢复趋势，2018 年印度洋沿岸 36 国进出口总额为 5.86 万亿美元。总体来看，2010 年和 2011 年印度洋沿岸 36 国的进口、出口增长率分别达到了历史高峰，分别为 23.85%、30.84%，贸易增长率远远超过了当期的 GDP 增长率。2018 年印度洋沿岸 36 国进口、出口增长率分别下滑至 8.10%、12.55%，但同样高于当年该地区 GDP 增长率 3.50% 的水平。从近年情况来看，印度洋沿岸 36 国整体保持了贸易顺差，最高顺差值为 2011 年的 5000 亿美元，只有 2015 年出现了逆差，差额约为 100 亿美元（见图 2、图 3）。呼应于进出口总额的变动趋势，印度洋沿岸 36 国进出口额的全球比重同样经历了先下降再上升的过程。2009 年印度洋沿岸 36 国的进口额、出口全球占比分别为 13.67%、14.78%，2013 年分别上升到了 15.37%、17.15%，2018 年又分别回落为 14.50%、15.46%。从区域情况来看，西亚中东的进口额、出口全球占比下降幅度较大，其他区域的指标值基本保持了稳定。从国别情况来看，该地区进口额、出口额全球占比最高的国家为印度，分别为 2.58%、1.66%（新加坡出口额的全球占比为 2.12%，但该国出口绝大部分属于转口贸易）。①

除了国际贸易规模及增长速度，贸易开放度（进出口总额在 GDP 中的比重）也是衡量一国国际经济能力的重要指标。20 世纪 70 年代以来，随着经济全球化的深入发展，国家间贸易便利化水平不断上升，全球范围内国际贸易增长率一直都高于 GDP 的增长速度，因此国际贸易对 GDP 的贡献度也在不断上升。根据联合国贸易和发展会议数据库的数据计算可知，1990 年全球贸易开放度均值约为 74.24%，2018 年该指标值已经上升为 94.23%。2018 年印度洋地区贸易开放度均值约为 100.56%，其中，吉布提和新加坡的贸易开放度高达 300% 以上，塞舌尔、阿联酋、巴林、马尔代夫、莫桑比克、马来西亚、索马里、泰国和阿曼的该项指标也超过了 100%。而开放度较低的苏丹、巴基斯坦、肯尼亚、孟加拉国、印度尼西亚、印度、科摩罗、埃及，开放值都在 50% 以下。

---

① 数据来自联合国贸易和发展会议数据库（UNCTAD），https：//unctad.org。

此外，印度洋沿岸36国的贸易集中度有所下降。2009年印度洋沿岸36国排名前10的进口、出口伙伴国的进口份额占进口总额的56.23%，出口份额占出口总额的60.46%；到了2018年年底，这两个值分别为55.95%和57.67%。而从主要的贸易伙伴变化来看，2009年以来，中国已经成为印度洋沿岸国家最大的贸易伙伴，其他主要的贸易伙伴（不包括域内国家）包括美国、日本、印度、韩国和德国（见表4）。

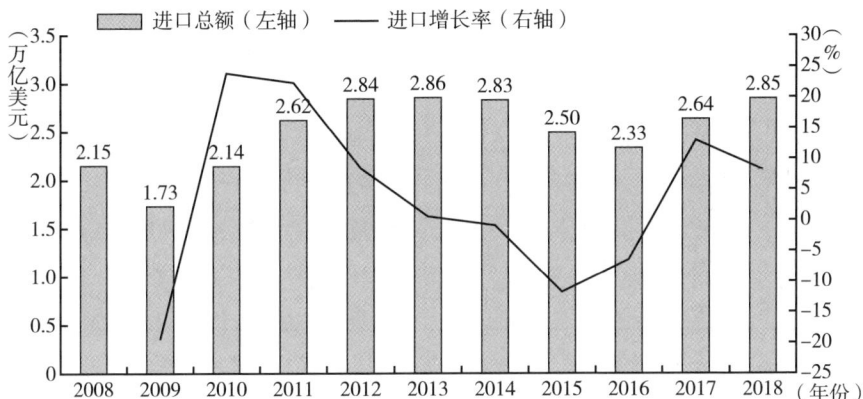

图2　2008~2018年印度洋沿岸36国进口发展趋势

资料来源：联合国贸易和发展会议数据库（UNCTAD），https：//unctad.org。

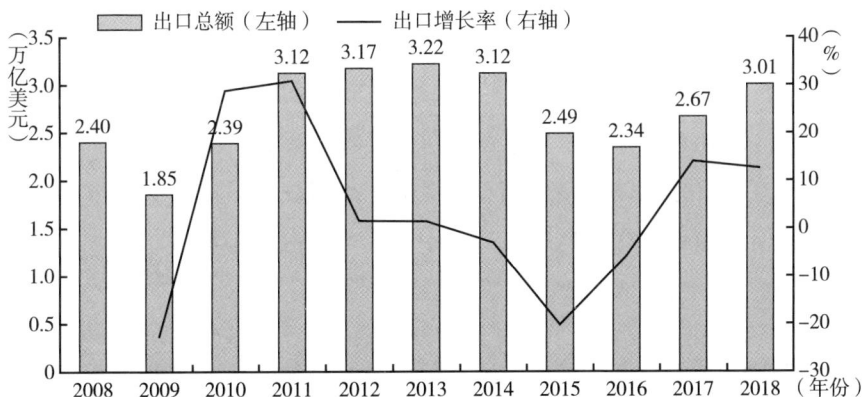

图3　2008~2018年印度洋沿岸36国出口发展趋势

资料来源：联合国贸易和发展会议数据库（UNCTAD），https：//unctad.org。

表4 2008年、2018年印度洋地区的主要贸易伙伴

单位：%

2008年				2018年			
总出口额24138亿美元		总进口额21600亿美元		总出口额30061亿美元		总进口额28501亿美元	
国家/地区	占比	国家/地区	占比	国家/地区	占比	国家/地区	占比
日本	13.08	中国	11.44	中国	14.24	中国	17.83
美国	9.65	美国	8.80	美国	8.48	美国	7.83
中国	8.65	日本	7.90	日本	7.74	日本	5.54
韩国	6.38	德国	4.72	印度	6.44	阿联酋	3.91
印度	6.00	新加坡	4.24	韩国	4.92	印度	3.77
新加坡	4.35	沙特阿拉伯	4.22	中国香港	4.02	德国	3.68
中国台湾	3.80	阿联酋	3.94	新加坡	3.86	新加坡	3.60
中国香港	3.10	马来西亚	3.83	马来西亚	2.84	马来西亚	3.33
马来西亚	2.79	韩国	3.76	阿联酋	2.68	韩国	3.28
泰国	2.66	印度	3.38	泰国	2.45	沙特阿拉伯	3.18

资料来源：联合国贸易和发展会议数据库（UNCTAD），https://unctad.org。

此外，根据对SITC①值的分析，可以看出随着国际贸易水平的提升，印度洋地区的进出口产品结构变化并不算大，总体来看进口产品的技术与加工价值含量有所下滑，但出口工业化水平有所提升。进口结构方面，2009年该地区进口产品中25.85%属于初级产品，68.98%属于工业制成品，其中资本和技术密集型的5类、6类产品进口占比为45.90%。截至2018年年底，该地区的初级产品进口占比提高到了28.26%，工业制成品下降为66.40%，资本和技术密集型的5类、7类产品比重也下降到了44.17%。出口结构方面，2009年该地区出口产品中初级产品占比为48.18%，工业制成

---

① SITC即国际贸易标准分类，据此，对外贸易商品可分为10大类，分别是第0类的粮食及活动物，第1类的饮料及烟叶，第2类的除燃料外的非食用原料，第3类的矿物燃料、润滑油及有关原料，第4类的动物及植物油、脂肪及蜡，第5类的化学成品及有关产品，第6类的按原材料分类的制成品，第7类的机械及运输设备，第8类的杂项制成品，第9类的未列入其他分类的产品。其中，初级产品包括SITC-0-4；工业制成品包括SITC-5-8。

品占比为47.28%，5类、7类产品占比为28.71%。2018年年初级产品出口占比下降至43.69%，工业制成品占比提高到51.37%，5类、7类产品占比提高到32.07%。

值得关注的是，印度洋地区相当一部分国家是海岛国家，且大多数国家的旅游业作为服务贸易的重要组成部分，对印度洋地区/国家的经济发展做出了贡献。根据世界旅游理事会（WTTC）的报告，2018年全球经济增速约为3.2%，但旅游业增长超过了3.9%。此外，全球有3.19亿岗位是由旅游业综合创造的，即全球每10个岗位中就有1个是与旅游业相关的。印度洋国家的旅游业贡献度相对较高。2018年，印度洋沿岸36个国家创造的旅游业总值占该地区GDP（2010年基期）总值的13.84%，高于全球10.40%的平均水平。事实上，印度洋岛国的旅游业对其经济发展非常重要。其中，塞舌尔、马尔代夫的旅游业对其经济发展至关重要，旅游业产值分别占各自GDP总额的67.10%、66.40%。而在就业贡献方面，印度洋地区有12个国家旅游业就业岗位在总就业岗位中的比重超过了10%，其中塞舌尔就有66.70%的就业是在旅游业中实现的（见表5）。

表5　2018年印度洋国家的旅游业贡献情况

区域	国家	旅游业GDP（亿美元）	旅游业对GDP的贡献（%）	旅游业对岗位的贡献（%）	访客支出占总出口额的比重（%）
东南亚	印度尼西亚	626.00	6.00	10.30	6.80
	马来西亚	472.00	13.30	11.90	7.90
	缅甸	49.87	6.80	5.90	20.00
	新加坡	345.00	10.00	8.80	3.20
	泰国	1095.00	21.60	15.90	20.80
	东帝汶	—	—	—	—
南亚	孟加拉国	118.21	4.40	3.90	0.80
	印度	2473.00	9.20	8.10	5.40
	马尔代夫	30.79	66.40	32.40	70.90
	巴基斯坦	200.98	7.10	6.30	3.90
	斯里兰卡	111.15	12.50	12.10	27.00

续表

区域	国家	旅游业GDP（亿美元）	旅游业对GDP的贡献(%)	旅游业对岗位的贡献(%)	访客支出占总出口额的比重(%)
西亚中东	巴林	57.59	13.50	13.00	14.00
	伊朗	280.00	6.50	5.40	4.00
	伊拉克	159.65	8.60	6.80	13.00
	以色列	221.00	5.90	6.30	7.50
	约旦	83.59	19.20	19.20	37.10
	科威特	74.32	5.60	5.20	1.00
	阿曼	70.31	9.30	9.20	7.00
	卡塔尔	177.14	9.40	9.50	13.30
	沙特阿拉伯	652.00	9.00	8.50	4.60
	阿联酋	448.37	11.10	9.60	8.60
	也门	19.48	5.70	3.40	25.10
非洲	科摩罗	0.72	10.10	8.70	31.80
	吉布提	—	—	—	—
	埃及	296.00	11.90	9.50	27.30
	厄立特里亚	—	—	—	—
	肯尼亚	79.62	8.80	8.30	15.10
	马达加斯加	21.86	15.70	13.20	33.40
	毛里求斯	35.09	24.30	23.20	36.90
	莫桑比克	11.42	8.10	7.30	3.60
	塞舌尔	10.65	67.10	66.70	44.10
	索马里	—	—	—	—
	苏丹	23.06	4.60	3.70	8.90
	南非	321.00	8.60	9.20	8.70
	坦桑尼亚	66.74	11.70	10.70	28.00
大洋洲	澳大利亚	1536.00	10.80	12.20	7.80

资料来源：笔者根据世界旅游理事会WTTC各国年报整理制表。

2. 国际直接投资动态发展

从图4、图5的趋势来看，2008年以来印度洋地区吸引FDI存量和OFDI存量的总体水平都在上升，但是增长率却不断下滑。这与该地区各年份FDI流入、流出量增长缓慢有关。从现实情况来看，印度洋地区的FDI流量的全球占比较高，近年平均占比约为16.28%，2018年达到了22.46%的历史峰值，其中占比最高的是新加坡（5.99%），而伊拉克、也门等战乱较多的国家，以及除去南非、埃及和莫桑比克外的几乎所有印度洋西岸非洲国家的 FDI 流量的全球占比都非常低。近年来，印度洋地区 OFDI 占全球比重的均值为 9.51%，在 2018 年达到了历史最高水平 13.69%，其中占比最高的国家还是新加坡（3.66%）。事实上，除了新加坡、马来西亚、泰国、印度、沙特和阿联酋外，2018 年印度洋沿岸国家 OFDI 的全球占比都低于 1%。

此外，从外资依赖度情况（FDI 流入净额占 GDP 的比重）来看，2018 年世界平均外资依赖度为 1.40%，而 2018 年印度洋地区外资依赖度均值约为 3.76%，其中占比最高的是新加坡（22.53%），而巴基斯坦、伊朗、伊拉克、卡塔尔、沙特、也门和科摩罗等国的外资依赖度则都小于 1% 甚至为负数。

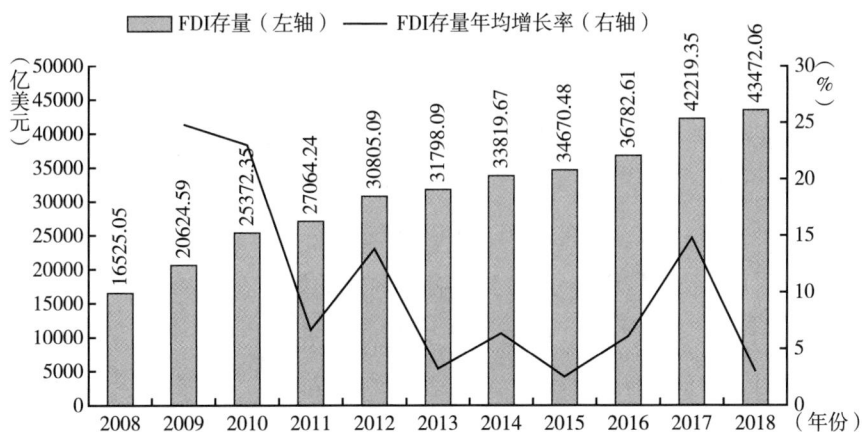

图 4 2008～2018 年印度洋沿岸国家 FDI 存量总额发展趋势

资料来源：联合国贸易和发展会议数据库（UNCTAD），https：//unctad.org。

3. 官方发展援助（ODA）与侨汇的可获得水平

除国际贸易、国际投资外，ODA 与侨汇也是印度洋地区发展的重要国际资源。其中，ODA 是一些国家政府为促进发展中国家的经济发展和提高福利水平，向发展中国家和多边机构提供的赠款或赠与成分不低于 25% 的优惠贷款。它既是国际援助、经济援助的一个重要类别，也是经济外交的一个重要组成部分。2009 年和 2017 年，印度洋沿岸国家获得的 ODA 总额分

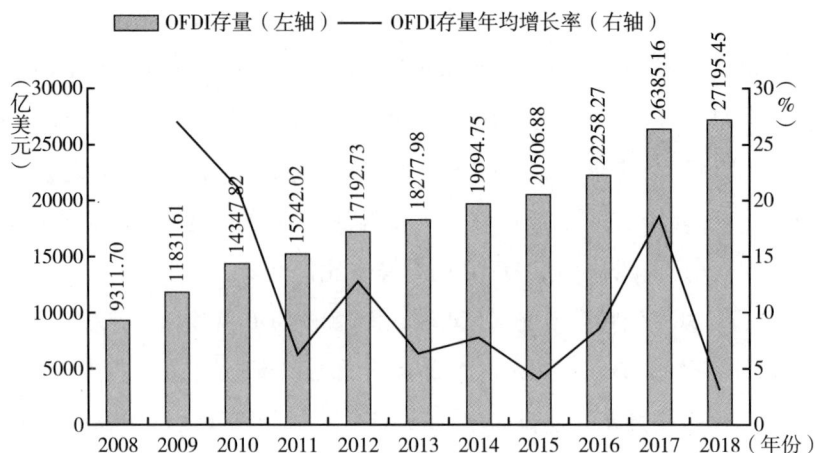

图 5　2008～2018 年印度洋沿岸国家 OFDI 存量总额发展趋势

资料来源：联合国贸易和发展会议数据库（UNCTAD），https：//unctad. org。

别为 261. 96 亿和 323. 14 亿美元（见表 6），仅增长 23. 35%。而且，印度洋沿岸国家的 ODA 额占全球 ODA 总额的比重也在下滑，从 2013 年的 23. 45% 下降至 2016 年的 19. 01%，2017 年稍微反弹，回到 19. 85%[①]。孟加拉国是印度洋地区获得 ODA 最多的国家，2017 年约得到了 37. 40 亿美元的 ODA。其他获得 10 亿美元以上 ODA 的国家还有东南亚的缅甸，南亚的印度、巴基斯坦，西亚的伊拉克、约旦、也门，以及非洲的肯尼亚、莫桑比克、索马里、南非、苏丹和坦桑尼亚。但是，该地区国家并非都是 ODA 的受援国，如 2017 年新加坡、巴林、以色列、科威特、阿曼、卡塔尔、沙特、阿联酋和澳大利亚都未接受过 ODA，而泰国、以色列、科威特、沙特、阿联酋、澳大利亚甚至东帝汶（2015 年援助过马来西亚、缅甸和泰国 194 万美元）都是 ODA 的援助国，其中泰国和东帝汶既是援助国又是受援国。此外，从侨汇水平来看，约旦、也门、科摩罗和埃及的侨汇占各国 GDP 的比重都超过了 10%，而南亚地区的孟加拉国、巴基斯坦和斯里兰卡的侨汇份额也都超过各国 GDP 的 5%[②]，可见侨汇对于这些国家的经济发展都较为重要。

①　数据来自经济合作与发展组织数据库，https：//www. oecd. org。

②　数据来自世界银行数据库，https：//wits. worldbank. org/Default. aspx？lang = en。

表6 2009~2017年印度洋沿岸国家接受的净官方发展援助

单位：百万美元

区域	国别	2009年	2010年	2011年	2012年	2013年	2014年	2015年	2016年	2017年
东南亚	印度尼西亚	1046.12	1389.90	402.04	69.01	69.49	-381.93	-33.39	-110.84	233.59
	马来西亚	139.92	-6.13	40.81	18.31	-113.33	19.91	-0.61	-51.86	-29.23
	缅甸	355.96	354.92	379.95	504.55	3936.11	1384.47	1168.50	1536.85	1542.80
	新加坡	—	—	—	—	—	—	—	—	—
	泰国	-75.79	-20.36	-134.12	-131.39	28.79	354.51	58.67	227.80	250.03
	东帝汶	216.60	291.46	278.71	283.65	258.56	249.53	212.30	223.55	231.96
南亚	孟加拉国	1237.38	1404.60	1494.68	2154.05	2633.60	2422.67	2570.13	2505.04	3740.01
	印度	2481.02	2831.34	3270.21	1681.86	2456.34	2991.83	3174.32	2678.88	3093.64
	马尔代夫	33.24	111.66	54.29	56.75	21.71	22.53	26.80	27.01	41.89
	巴基斯坦	2762.39	3020.71	3498.04	2017.41	2194.50	3615.80	3754.02	2949.88	2283.26
	斯里兰卡	704.20	579.62	613.45	490.88	403.19	491.65	427.25	357.15	297.03
中东	巴林	—	—	—	—	—	—	—	—	—
	伊朗	92.57	112.44	105.79	151.79	131.60	81.18	110.91	116.21	140.27
	伊拉克	2791.23	2178.33	1914.69	1300.86	1541.55	1369.27	1482.92	2287.88	2907.50
	以色列	—	—	—	—	—	—	—	—	—
	约旦	740.41	954.76	974.10	1157.50	1400.35	2697.16	2151.87	2738.37	2920.75
	科威特	—	—	—	—	—	—	—	—	—
	阿曼	144.49	-21.61	—	—	—	—	—	—	—
	卡塔尔	—	—	—	—	—	—	—	—	—
	沙特	—	—	—	—	—	—	—	—	—
	阿联酋	—	—	—	—	—	—	—	—	—
	也门	559.31	667.08	477.55	711.79	1039.64	1163.46	1798.04	2301.13	3234.01

续表

区域	国别	2009年	2010年	2011年	2012年	2013年	2014年	2015年	2016年	2017年
非洲	科摩罗	50.78	69.90	55.34	101.63	81.22	74.93	65.78	53.78	66.83
	吉布提	165.83	132.04	141.40	148.48	149.23	166.13	170.33	187.16	134.09
	埃及	982.74	599.17	423.73	1813.45	5512.49	3537.57	2499.45	2130.33	-113.68
	厄立特里亚	142.62	162.30	133.41	135.99	81.30	84.20	94.08	66.84	79.12
	肯尼亚	1782.48	1631.26	2478.82	2653.65	3306.83	2661.02	2464.13	2187.75	2474.77
	马达加斯加	434.51	477.31	447.28	368.47	499.28	588.13	676.97	621.77	779.61
	毛里求斯	156.03	124.59	185.69	176.67	145.73	44.61	78.44	42.30	11.65
	莫桑比克	2013.60	1943.14	2065.47	2071.71	2312.68	2106.01	1814.76	1529.12	1775.65
	塞舌尔	23.16	53.92	22.73	34.76	27.41	12.01	6.76	5.77	18.90
	索马里	661.64	505.68	1098.98	990.44	1054.59	1109.18	1260.55	1183.62	1760.35
	南非	1074.18	1036.28	1396.96	1065.83	1295.34	1077.40	1420.27	1180.30	1014.36
	苏丹	2352.47	2025.85	1742.40	1369.14	1507.33	874.66	900.35	810.64	840.38
	坦桑尼亚	3127.20	2960.31	2441.82	2822.24	3433.24	2650.50	2582.22	2317.80	2584.17
大洋洲	澳大利亚	—	—	—	—	—	—	—	—	—

注：—表示没有ODA流入。

资料来源：经济合作与发展组织数据库，https://www.oecd.org。

（四）印度洋地区域内合作水平一直比较低

近年来，印度洋地区的域内经济一体化水平有所提升，但实际域内合作水平还是偏低。根据联合国贸易和发展会议数据库的数据，1995 年印度洋地区域内进口额、出口额分别为 1343 亿美元、1438 亿美元。2018 年该地区域内进口额、出口额分别增加至 8916 亿美元、9869 亿美元，分别为原来的 6.63 倍和 6.86 倍，远高于该地区总进口额、总出口额的增长倍数。从占比情况分析，1995~2018 年，该地区域内进口额占总进口额的比重从 22.24% 上升为 31.28%，域内出口额占总出口额的比重也从 24.93% 提高至 32.83%（见图 6、图 7）。

与欧盟这样域内一体化水平很高的区域相比，印度洋地区只有类似环印联盟这样非常松散的国际组织，因此域内合作水平相对偏低也很正常。但是，与区域内现有一体化组织，如环印联盟（IOR）、东盟（ASEAN）相比、南盟（SAARC）、海合会（GCC）以及东部与南部非洲共同体（COMESA），印度洋沿岸国家间的内部贸易水平较高。如 2018 年欧盟的域内贸易占比为 61.38%，东盟域内贸易占比为 22.64%，南盟域内贸易占比为 5.75%，海合会域内贸易占比为 10.80%，COMESA 域内贸易占比为 8.04%，环印联盟只有 1.79%，而印度洋沿岸 36 个国家的域内贸易占比为 32.08%。此外，从域内投资水平来看，印度洋地区内部水平也比较低，分区域的话，东盟约为 19.89%，南盟约为 3%，海合会约为 17%，COMESA 域内更是几乎少有相互投资情况，仅有马达加斯加 7 年一共获得域内投资 1.48 亿美元。

（五）偿债风险整体较高

自 2008 年金融危机以来，全球对债务风险问题加大了管控力度，无论是发达国家还是发展中国家，都可能面临债务问题，尤其是政府层面的外债风险问题。从印度洋地区的情况来看，2018 年各国的负债率（外债余额/GDP）普遍偏高，均值约为 65.53%，其中有 14 个国家负债率高于 55% 的国际高债务负担线，有 12 个国家负债率在 30%~55%（见表 7），属于中等

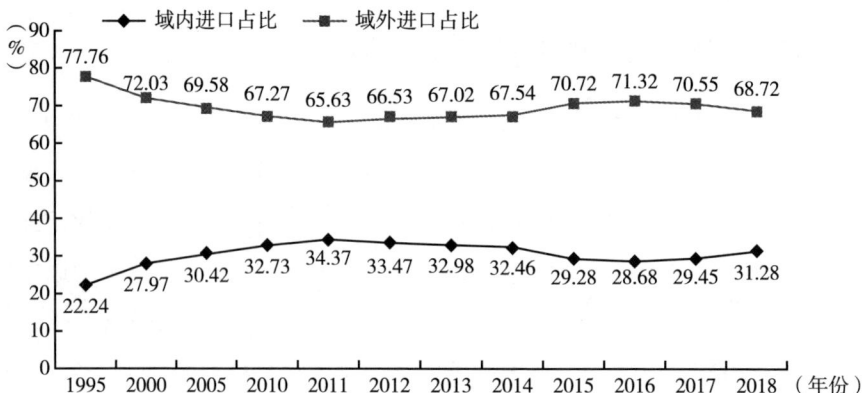

图6 1995～2018年印度洋沿岸国家的域内进口水平

资料来源：联合国贸易和发展会议数据库（UNCTAD），https：//unctad. org。

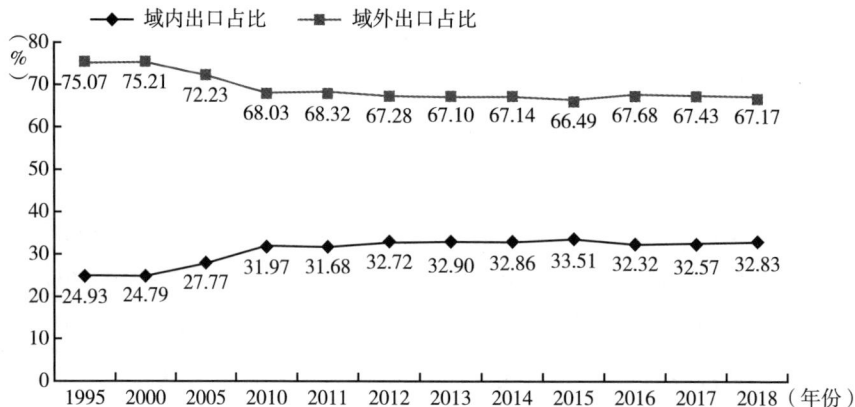

图7 1995～2018年印度洋沿岸国家的域内出口水平

资料来源：联合国贸易和发展会议数据库（UNCTAD），https：//unctad. org。

债务负担国家。2018年，该地区负债率水平最高的是新加坡（470%）、巴林（147%）、卡塔尔（101%）、吉布提（110%）、莫桑比克（103%）、塞舌尔（170%）和澳大利亚（122%）。

除了负债率，各国政府的外债负担在很大程度上体现了一国的债务风险。根据国际货币基金组织（IMF）有关政府债务在GDP中的比重的数据，印度洋地区2014～2018年均值约为56.31%，大致与全球平均水平持平，但域内一些国家，如吉布提、新加坡、巴林、莫桑比克和澳大利亚的比值都超过了 100%。结合 IMF 的其他债务数据，如短期外债在总外债中的比重也是一个非常重要的、衡量短期内债务风险爆发可能性的指标，因为短期外债通常是指需要在 1 年内偿还的，体现了偿债的紧迫性。从国际货币基金组织的数据来看，印度洋沿岸国家 2014～2018 年的该项指标均值为 17.48%，高于12.32% 的全球平均水平。其中，新加坡、伊朗的短期债务分别为 72.67%、62.60%，说明这些国家一半以上的外债都属于短期外债。此外，马来西亚、毛里求斯、泰国、以色列、巴林、约旦等国的短期外债也占到 30% 以上。

表7   2009～2018 年印度洋沿岸国家的负债率

单位：%

区域	国别	2009 年	2010 年	2011 年	2012 年	2013 年	2014 年	2015 年	2016 年	2017 年	2018 年
东南亚	印度尼西亚	0.33	0.26	0.25	0.28	0.29	0.33	0.36	0.34	0.34	0.35
	马来西亚	0.59	0.55	0.51	0.64	0.68	0.65	0.66	0.65	0.67	0.66
	缅甸	0.26	0.21	0.19	0.19	0.23	0.22	0.24	0.22	0.22	0.21
	新加坡	4.68	4.50	4.18	4.29	4.38	4.32	4.30	4.45	4.50	4.70
	泰国	0.29	0.31	0.31	0.37	0.36	0.36	0.33	0.33	0.35	0.34
	东帝汶	0.00	0.00	0.00	0.01	0.02	0.03	0.03	0.03	0.05	0.06
南亚	孟加拉国	0.25	0.23	0.21	0.21	0.21	0.19	0.19	0.18	0.19	0.19
	印度	0.19	0.17	0.18	0.21	0.23	0.22	0.23	0.20	0.19	0.19
	马尔代夫	0.59	0.35	0.32	0.31	0.31	0.30	0.25	0.27	0.31	0.44
	巴基斯坦	0.34	0.36	0.30	0.28	0.25	0.25	0.25	0.26	0.28	0.29
	斯里兰卡	0.46	0.38	0.40	0.52	0.53	0.53	0.54	0.57	0.58	0.59
中东	巴林	0.46	0.64	0.87	1.03	1.02	—	—	—	1.32	1.47
	伊朗	0.04	0.04	0.03	0.01	0.01	0.01	0.02	0.01	0.01	0.04
	伊拉克	—	—	—	—	—	—	—	—	0.37	0.37
	以色列	0.45	0.46	0.40	0.40	0.38	0.33	0.32	0.30	0.26	0.26
	约旦	0.60	0.64	0.60	0.59	0.68	0.67	0.68	0.69	0.74	0.76
	科威特	—	—	—	—	—	—	—	—	0.35	0.39
	阿曼	—	—	—	—	—	—	—	—	0.41	0.66
	卡塔尔	—	—	—	—	—	—	—	—	1.04	1.01
	沙特	—	—	—	—	—	—	—	—	0.29	0.30
	阿联酋	—	—	—	—	—	—	—	—	0.611	0.63
	也门	0.27	0.21	0.20	0.21	0.19	0.18	0.17	0.23	0.27	0.26

区域	国别	2009 年	2010 年	2011 年	2012 年	2013 年	2014 年	2015 年	2016 年	2017 年	2018 年
非洲	科摩罗	0.32	0.31	0.27	0.25	0.13	0.12	0.14	0.16	0.16	0.16
	吉布提	—	—	—	—	0.95	0.98	1.06	1.14	1.21	1.10
	埃及	0.19	0.17	0.15	0.14	0.16	0.14	0.15	0.21	0.36	0.39
	厄立特里亚	0.57	0.49	0.40	—	—	—	—	—	0.29	0.30
	肯尼亚	0.23	0.22	0.24	0.24	0.25	0.28	0.31	0.31	0.34	0.36
	马达加斯加	0.30	0.28	0.25	0.26	0.24	0.24	0.27	0.25	0.26	0.27
	毛里求斯	0.80	0.79	0.87	0.92	1.02	1.00	0.88	0.85	0.80	0.79
	莫桑比克	0.51	0.55	0.46	0.47	0.68	0.74	0.87	1.16	1.15	1.03
	塞舌尔	—	—	—	—	—	—	—	—	1.86	1.70
	索马里	—	—	—	—	0.79	0.75	0.71	0.68	0.66	0.62
	南非	0.27	0.29	0.28	0.37	0.38	0.40	0.43	0.49	0.52	0.49
	苏丹	0.40	0.34	0.31	0.32	0.31	0.27	0.22	0.22	0.18	0.53
	坦桑尼亚	0.26	0.28	0.29	0.29	0.29	0.29	0.32	0.33	0.35	0.32
大洋洲	澳大利亚	1.12	1.03	0.93	0.91	0.88	0.95	1.05	1.03	1.19	1.22

注：—表示数据缺失。

资料来源：World Bank, https：//www.worldbank.org；CEIC, https：//www.ceicdata.com/zh – hans。

（六）支撑经济增长的可持续发展指标水平总体较低

可持续发展指标，主要包括政治/政府稳定性指标、社会弹性指标和环境可持续指标。可以从政府有效性指数、腐败感知指数、法治指数、政治稳定性指数和安全威胁指数等来衡量印度洋沿岸国家的政治/政府稳定性，从教育支出占比、人类发展指数和收入不平等指数衡量该地区的社会弹性，并从可再生能源消耗占比、二氧化碳排放和每 10 万人中因空气污染导致的死亡人数来衡量该地区的环境可持续性。

首先，该地区政治/政府稳定性水平普遍偏低。第一，世界银行公布的政府有效性指数的分值区间为 – 2.5（弱）至 2.5（强）。全球 2014～2018 年政府有效性指数平均值为 – 0.02，而印度洋地区近 5 年政府有效性指数平均值为 – 0.19，2018 年最高分是新加坡的 2.23，得分较高的还有马来西亚、以色列、阿联酋、澳大利亚和毛里求斯，其余国家的该项得分要么偏低，要么非常低（见表8）；第二，透明国际公布的腐败感知指数分值区间为0（高腐败）至100（无腐败）。从数据来看，2018年印度洋地区的腐败指数平均得分为39.08，最高分是新加坡的85，其他超过50分的只有以色列、阿曼、卡塔尔、阿联酋、塞舌尔和澳大利亚。第三，世界银行公布的法治指数的分值区间为-2.5（弱）至2.5（强）。印度洋地区2014~2018年法治指数平均值为-0.24，2018年最高值是新加坡的1.84，其余得分超过0.8的国家只有毛里求斯和澳大利亚，有26个国家得分为负。第四，世界银行的政治稳定性指数的平均分值区间为-2.5（弱）至2.5（强）。2018年印度洋地区2014~2018年政治稳定性指数平均值为-0.56，2018年最高值是新加坡的1.51，其余得分较高的国家有澳大利亚和毛里求斯，有26个国家的该项指标得分为负[1]。第五，和平基金会发布的安全威胁指数是考察一个国家的安全威胁情况，分值区间为0（低）至10（高）。印度洋地区2014~2018年安全威胁指数平均值为6.54，高于全球5.68的平均分值，其中，只有新加坡、卡塔尔、毛里求斯和澳大利亚的该项指标低于3分，有14个国家的得分超过了7分，而缅甸、东帝汶、巴基斯坦、伊拉克、也门、索马里等国得分都突破了9分。

表8　2009~2018年印度洋沿岸国家的政府有效性指数

区域	国别	2009年	2010年	2011年	2012年	2013年	2014年	2015年	2016年	2017年	2018年
东南亚	印度尼西亚	-0.30	-0.21	-0.26	-0.27	-0.20	-0.04	-0.24	0.01	0.04	0.18
	马来西亚	0.98	1.12	1.02	0.92	1.00	1.12	0.95	0.87	0.83	1.08
	缅甸	-1.61	-1.62	-1.60	-1.48	-1.50	-1.28	-1.24	-0.98	-1.05	-1.07
	新加坡	2.27	2.24	2.15	2.17	2.09	2.18	2.24	2.19	2.22	2.23
	泰国	0.27	0.19	0.21	0.22	0.25	0.34	0.35	0.34	0.38	0.35
	东帝汶	—	—	—	—	—	—	—	—	—	-2.10
南亚	孟加拉国	-0.79	-0.74	-0.76	-0.80	-0.79	-0.77	-0.72	-0.68	-0.73	-0.75
	印度	-0.01	0.03	0.01	-0.17	-0.17	-0.21	0.09	0.08	0.09	0.28
	马尔代夫	-0.44	-0.21	-0.31	-0.22	-0.32	-0.36	-0.38	-0.32	-0.45	-0.49
	巴基斯坦	-0.80	-0.77	-0.82	-0.78	-0.79	-0.76	-0.67	-0.64	-0.60	-0.63
	斯里兰卡	-0.15	-0.20	-0.11	-0.21	-0.17	0.05	-0.01	-0.03	-0.15	-0.24

[1]　数据来自世界银行数据库，https://www.worldbank.org。

续表

区域	国别	2009 年	2010 年	2011 年	2012 年	2013 年	2014 年	2015 年	2016 年	2017 年	2018 年
中东	巴林	0.48	0.46	0.52	0.55	0.59	0.57	0.56	0.32	0.19	0.18
	伊朗	-0.55	-0.48	-0.43	-0.53	-0.68	-0.43	-0.21	-0.19	-0.20	-0.43
	伊拉克	-1.18	-1.20	-1.13	-1.11	-1.10	-1.11	-1.25	-1.27	-1.26	-1.32
	以色列	1.28	1.39	1.34	1.28	1.25	1.21	1.39	1.35	1.39	1.21
	约旦	0.24	0.10	0.09	-0.01	-0.05	0.12	0.12	0.14	0.11	0.11
	科威特	0.20	0.17	0.02	-0.07	-0.07	-0.15	-0.03	-0.15	-0.18	-0.09
	阿曼	0.38	0.38	0.25	0.26	0.21	0.27	0.08	0.20	0.21	0.19
	卡塔尔	0.97	0.85	0.75	0.94	1.06	0.94	0.96	0.74	0.74	0.63
	沙特	-0.10	-0.01	-0.30	0.03	0.07	0.21	0.20	0.25	0.26	0.32
	阿联酋	0.99	0.90	1.06	1.15	1.18	1.44	1.51	1.40	1.42	1.43
	也门	-1.07	-1.02	-1.15	-1.27	-1.22	-1.41	-1.63	-1.83	-1.92	-2.24
非洲	科摩罗	-1.77	-1.74	-1.76	-1.55	-1.59	-1.67	-1.52	-1.55	-1.57	-1.64
	吉布提	-0.89	-0.97	-0.95	-1.06	-0.96	-0.97	-0.95	-0.97	-1.03	-0.90
	埃及	-0.28	-0.37	-0.57	-0.81	-0.88	-0.82	-0.75	-0.65	-0.62	-0.58
	厄立特里亚	-1.37	-1.36	-1.41	-1.45	-1.52	-1.61	-1.59	-1.70	-1.72	-1.73
	肯尼亚	-0.63	-0.56	-0.57	-0.52	-0.46	-0.33	-0.29	-0.32	-0.32	-0.41
	马达加斯加	-0.80	-0.96	-1.03	-1.09	-1.13	-1.30	-1.30	-1.18	-1.14	-1.15
	毛里求斯	0.78	0.87	0.87	0.98	0.88	1.04	1.05	0.96	0.90	0.88
	莫桑比克	-0.55	-0.58	-0.64	-0.63	-0.61	-0.72	-0.75	-0.86	-0.89	-0.87
	塞舌尔	0.13	0.20	0.28	0.40	0.38	0.36	0.42	0.37	0.41	0.50
	索马里	-2.23	-2.21	-2.14	-2.20	-2.22	-2.45	-2.20	-2.19	-2.22	-2.19
	南非	0.48	0.39	0.41	0.35	0.44	0.34	0.26	0.27	0.29	0.34
	苏丹	-1.25	-1.34	-1.38	-1.42	-1.49	-1.53	-1.46	-1.50	-1.43	-1.62
	坦桑尼亚	-0.60	-0.60	-0.65	-0.69	-0.71	-0.66	-0.61	-0.55	-0.63	-0.76
大洋洲	澳大利亚	1.71	1.77	1.70	1.62	1.64	1.61	1.56	1.57	1.54	1.60

注：—表示数据缺失。

资料来源：World Bank，https：//www.worldbank.org。

其次，该地区的社会弹性水平也普遍较低。第一，根据联合国教科文组织 2018 年发布的数据，该地区的教育支出占 GDP 的比重普遍较低，2014 ~

2018 年该地区的此项指标均值为 4.04%，其中超过 5% 的只有以色列、阿曼、沙特、阿联酋、肯尼亚、毛里求斯、莫桑比克和澳大利亚。第二，根据联合国开发计划署（UNDP）发布的人类发展指数（HDI）（见表 9），印度洋地区 2014~2018 年均值为 0.69，2018 年 HDI 指标值最高国家为澳大利亚 0.94，有 23 个国家的 HDI 值都在中等水平以上。第三，根据 UNDP 发布的收入不平等指数，印度洋地区该指标的均值为 24.97%。其中，有 28 个国家的收入不平等指数处于中等水平，收入较为不平等。

表 9   2009~2018 年印度洋国家的人类发展指数

区域	国别	2009 年	2010 年	2011 年	2012 年	2013 年	2014 年	2015 年	2016 年	2017 年	2018 年
东南亚	印度尼西亚	0.66	0.67	0.67	0.68	0.69	0.69	0.70	0.70	0.70	0.70
	马来西亚	0.77	0.77	0.78	0.78	0.79	0.79	0.80	0.80	0.80	0.80
	缅甸	0.51	0.52	0.53	0.54	0.55	0.56	0.57	0.57	0.58	0.58
	新加坡	0.89	0.91	0.91	0.92	0.92	0.93	0.93	0.93	0.93	0.94
	泰国	0.72	0.72	0.73	0.73	0.73	0.74	0.75	0.75	0.76	0.77
	东帝汶	0.61	0.62	0.63	0.60	0.61	0.61	0.63	0.63	0.62	0.63
南亚	孟加拉国	0.54	0.55	0.56	0.57	0.57	0.57	0.59	0.60	0.61	0.61
	印度	0.57	0.58	0.59	0.60	0.61	0.62	0.63	0.64	0.64	0.65
	马尔代夫	0.66	0.67	0.68	0.69	0.69	0.70	0.71	0.71	0.72	0.72
	巴基斯坦	0.52	0.52	0.53	0.53	0.54	0.55	0.55	0.56	0.56	0.56
	斯里兰卡	0.75	0.75	0.76	0.76	0.77	0.77	0.77	0.77	0.78	0.78
中东	巴林	0.79	0.80	0.80	0.80	0.81	0.81	0.83	0.84	0.84	0.84
	伊朗	0.75	0.76	0.77	0.78	0.79	0.79	0.79	0.80	0.80	0.80
	伊拉克	0.65	0.65	0.66	0.66	0.66	0.66	0.67	0.67	0.68	0.69
	以色列	0.88	0.89	0.89	0.89	0.90	0.90	0.90	0.90	0.90	0.91
	约旦	0.73	0.73	0.73	0.73	0.72	0.72	0.72	0.72	0.72	0.72
	科威特	0.79	0.79	0.80	0.80	0.80	0.80	0.81	0.81	0.81	0.81
	阿曼	0.79	0.79	0.80	0.80	0.81	0.82	0.83	0.83	0.83	0.83
	卡塔尔	0.84	0.83	0.85	0.85	0.86	0.86	0.85	0.85	0.85	0.85
	沙特	0.80	0.81	0.82	0.84	0.85	0.85	0.86	0.86	0.86	0.86
	阿联酋	0.82	0.82	0.83	0.83	0.84	0.85	0.86	0.86	0.86	0.87
	也门	0.50	0.50	0.51	0.50	0.51	0.50	0.49	0.48	0.46	0.46

区域	国别	2009 年	2010 年	2011 年	2012 年	2013 年	2014 年	2015 年	2016 年	2017 年	2018 年
非洲	科摩罗	0.51	0.51	0.52	0.53	0.53	0.53	0.54	0.54	0.54	0.54
	吉布提	0.44	0.45	0.45	0.46	0.47	0.48	0.48	0.49	0.49	0.50
	埃及	0.66	0.67	0.67	0.68	0.68	0.68	0.69	0.70	0.70	0.70
	厄立特里亚	0.43	0.43	0.43	0.42	0.43	0.44	0.43	0.43	0.43	0.43
	肯尼亚	0.52	0.53	0.54	0.55	0.55	0.56	0.56	0.57	0.57	0.58
	马达加斯加	0.50	0.50	0.50	0.51	0.51	0.51	0.51	0.52	0.52	0.52
	毛里求斯	0.74	0.75	0.76	0.77	0.78	0.79	0.79	0.79	0.79	0.80
	莫桑比克	0.39	0.40	0.39	0.40	0.41	0.42	0.43	0.44	0.44	0.45
	塞舌尔	0.75	0.76	0.76	0.78	0.78	0.80	0.80	0.80	0.80	0.80
	索马里	—	—	—	—	—	—	—	—	—	0.34
	苏丹	0.47	0.47	0.48	0.49	0.48	0.50	0.50	0.51	0.51	0.51
	南非	0.65	0.66	0.66	0.67	0.68	0.69	0.70	0.70	0.70	0.71
	坦桑尼亚	0.48	0.49	0.49	0.50	0.50	0.51	0.52	0.52	0.52	0.53
大洋洲	澳大利亚	0.92	0.93	0.93	0.93	0.93	0.93	0.93	0.94	0.94	0.94

注：该指标为评估人类发展水平的三个基本维度（人口寿命、人均收入和教育水平）所取得的平均成就的综合指数，该指标用以衡量各个国家的人类发展水平。通过分析该指标，可以发现社会发展中的薄弱环节，为经济和社会发展提供预警。

资料来源：UNDP，https：//www.undp.org。

最后，该地区的环境可持续性指标数据表现较好。第一，根据 UNDP 公布的可再生能源消耗占比（见表 10）判断，印度洋地区 2014~2018 年该指标的均值为 28.87%，只有 11 个印度洋沿岸国家的该项指标得分在中低水平。第二，从 UNDP 公布的二氧化碳排放指标分析，印度洋地区 2014~2018 年该项指标均值为 7.01 吨，整体排放量较大。其中，中东诸国人均二氧化碳排放量大，更是大幅超过了世界均值。第三，根据 WHO 公布的每 10 万人死于空气污染的人数指标，印度洋地区的均值为 102.62，低于全球 114.1 的平均水平。

表10 2010～2015年印度洋国家的可再生能源消耗占比

单位：%

区域	国别	2010年	2011年	2012年	2013年	2014年	2015年
东南亚	印度尼西亚	37.80	38.20	38.20	38.10	37.50	36.90
	马来西亚	3.80	4.10	4.40	4.50	4.80	5.20
	缅甸	84.40	83.90	77.90	74.10	66.10	61.50
	新加坡	0.50	0.50	0.50	0.60	0.60	0.70
	泰国	22.70	22.80	23.30	22.90	24.10	22.90
	东帝汶	34.70	32.70	25.50	21.50	18.40	18.20
南亚	孟加拉国	41.10	39.40	38.60	38.80	37.60	34.70
	印度	39.50	38.90	38.40	37.90	36.70	36.00
	马尔代夫	1.20	1.10	1.00	1.00	0.90	1.00
	巴基斯坦	46.70	46.10	46.50	47.50	46.60	46.50
	斯里兰卡	61.80	59.20	60.70	59.90	57.60	52.90
中东	巴林	0.00	0.00	0.00	0.00	0.00	0.00
	伊朗	0.90	0.90	0.90	1.00	0.90	0.90
	伊拉克	1.70	1.10	1.30	1.40	0.90	0.80
	以色列	8.50	9.00	2.70	3.30	3.70	3.70
	约旦	3.00	3.00	2.90	3.20	3.10	3.20
	科威特	0.00	0.00	0.00	0.00	0.00	0.00
	阿曼	0.00	0.00	0.00	0.00	0.00	0.00
	卡塔尔	0.00	0.00	0.00	0.00	0.00	0.00
	沙特	0.00	0.00	0.00	0.00	0.00	0.00
	阿联酋	0.10	0.10	0.10	0.10	0.10	0.10
	也门	1.00	1.10	1.30	0.90	1.00	2.30
非洲	科摩罗	46.40	47.80	48.00	44.10	46.60	45.30
	吉布提	34.40	34.40	34.10	34.00	34.20	15.40
	埃及	5.70	5.60	5.60	5.70	5.90	5.70
	厄立特里亚	81.20	80.80	80.20	80.20	79.90	79.80
	肯尼亚	76.30	77.10	78.50	77.10	75.50	72.70
	马达加斯加	81.90	78.80	76.40	72.70	72.00	70.20
	毛里求斯	13.70	12.10	11.60	11.40	10.60	11.50
	莫桑比克	91.30	90.50	90.80	90.30	88.90	86.40
	塞舌尔	0.60	1.00	0.60	1.30	1.30	1.40
	索马里	93.60	93.70	93.90	94.20	94.40	94.30
	南非	17.10	17.00	16.60	16.10	16.60	17.20
	苏丹	61.40	64.00	59.80	61.30	62.40	61.60
	坦桑尼亚	90.30	88.50	86.40	86.60	96.70	85.70
大洋洲	澳大利亚	8.10	8.30	8.20	9.10	9.30	9.20

注：该指标包括水能、地热能和太阳能等可循环利用能源在总能源消耗中的占比。

资料来源：UNDP，https：//www.undp.org。

143

四　中国与印度洋沿岸国家经贸合作动态发展

经过多年的合作发展，中国已经与印度洋沿岸国家建立了紧密的经贸关系，经贸合作整体有上行趋势。

（一）国际贸易合作动态发展

2009年，中国与印度洋地区的贸易总额为4143亿美元，2018年双边贸易额增长至10221亿美元，且近几年中国从该地区进口额的增长率远高于对该地区的出口额增长率（见图8）。事实上，近10年来中国与该地区的总贸易有7年处于逆差状态，2018年中国与该地区的总逆差额约为429亿美元。增长率方面，中国从印度洋地区的进口额在中国总进口额中的占比经历了先下滑后提升的过程，2018年占比约为24.94%，而中国对该地区的出口额在中国总出口额中的占比则在2015年后有所下滑，2018年占比约为19.70%。此外，根据联合国贸易和发展会议数据计算可知，近10年来中国与印度洋地区的贸易强度指数均大于1，且总体呈上升趋势，说明中国与该地区的贸易联系紧密，可见印度洋地区在中国对外贸易中的重要性不言而喻。与此相似，中国对印度洋地区的贸易重要性也非常突出。2008年中国就已经是该地区最大的进口伙伴，占该地区总进口额的比重为11.44%。同时，中国也是该地区第三大出口伙伴，占比约为8.65%。到了2018年，中国已经是该地区最大的贸易伙伴、最大的进口来源地和最大的出口国，中国与印度洋沿岸国家的进出口贸易额占总进口、出口额的比重分别达到了17.83%、14.24%。从贸易合作情况来看，澳大利亚、马来西亚、印度、泰国、新加坡、印度尼西亚、沙特、阿联酋、南非和伊朗是中国在印度洋沿岸最为重要的贸易伙伴。与此同时，根据联合国贸易和发展会议的数据计算，中国也是该地区19个国家最大的贸易伙伴国（印度尼西亚、马来西亚、缅甸、新加坡、泰国、印度、巴基斯坦、伊朗、伊拉克、科威特、沙特、也门、埃及、肯尼亚、马达加斯加、南非、苏丹、坦桑尼亚和澳大利亚），是21个国家最大的进口来源地及15个国家最大的出口目的地。

为分析中国与印度洋各国的贸易潜力，本报告根据引力模型计算了贸易潜力实现度（见表11）。结果显示，中国与印度尼西亚、孟加拉国、印度、斯里兰卡、巴林、以色列、卡塔尔、毛里求斯和塞舌尔9个国家贸易潜力实现度小于0.8，贸易潜力仍然很大；同时，中国与东帝汶、巴基斯坦、伊朗、约旦、沙特、科摩罗、埃及、肯尼亚、苏丹、坦桑尼亚10国的贸易潜力实现度在0.8~1.2，双边贸易都属于成长型，仍然具有一定的增长空间。此外，从联合国贸易和发展会议数据库的数据分析可知，中国从印度洋沿岸国家进口的近60%产品是初级产品，且有20%是矿物燃料及相关产品，而中国对该地区的出口约有93%是工业制成品，且有50%左右的资本与技术密集型产品。

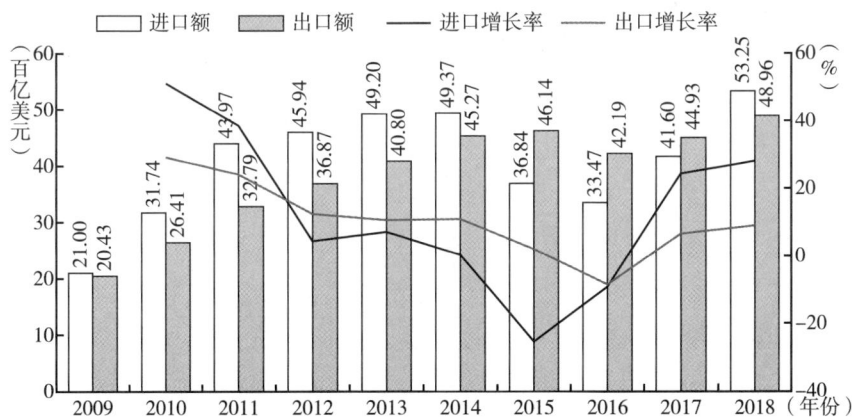

图8　2009~2018年中国与印度洋国家进出口贸易总额发展趋势

资料来源：笔者根据联合国贸易和发展会议数据库的数据计算制图，https://uactad.org。

表11　2009~2018年中国与印度洋国家的贸易潜力实现度

区域	国别	2009年	2010年	2011年	2012年	2013年	2014年	2015年	2016年	2017年	2018年
	印度尼西亚	0.53	0.54	0.63	0.67	0.70	0.67	0.60	0.54	0.58	0.71
	马来西亚	3.01	3.31	3.35	3.32	3.59	3.27	3.53	3.16	3.26	3.38
东南亚	缅甸	1.55	1.69	1.99	2.14	3.12	6.96	4.68	3.56	3.68	3.95
	新加坡	2.98	2.79	2.62	2.68	2.80	2.86	2.92	2.50	2.62	2.60
	泰国	1.47	1.64	1.79	1.81	1.75	1.87	1.98	1.92	1.82	1.84
	东帝汶	0.16	0.22	0.25	0.18	0.17	0.32	0.75	1.51	1.24	1.20

续表

区域	国别	2009 年	2010 年	2011 年	2012 年	2013 年	2014 年	2015 年	2016 年	2017 年	2018 年
南亚	孟加拉国	0.58	0.79	0.81	0.80	0.85	0.88	0.90	0.80	0.74	0.78
	印度	0.37	0.41	0.45	0.40	0.39	0.38	0.37	0.33	0.33	0.37
	马尔代夫	0.40	0.55	0.77	0.58	0.63	0.59	0.87	1.50	1.26	1.49
	巴基斯坦	0.63	0.76	0.75	0.84	0.93	0.98	1.03	1.01	0.96	0.88
	斯里兰卡	0.58	0.52	0.67	0.64	0.66	0.69	0.77	0.75	0.67	0.69
中东	巴林	0.49	0.66	0.67	0.80	0.74	0.66	0.57	0.42	0.45	0.53
	伊朗	0.54	0.62	0.77	0.60	0.86	1.24	0.93	0.78	0.85	0.86
	伊拉克	0.55	0.85	0.89	0.91	1.14	1.37	1.39	1.25	1.34	1.65
	以色列	0.30	0.38	0.43	0.45	0.42	0.40	0.43	0.40	0.41	0.42
	约旦	1.35	1.20	1.47	1.61	1.62	1.52	1.47	1.22	1.14	1.13
	科威特	0.44	0.77	0.75	0.74	0.68	0.77	0.86	0.77	0.96	1.49
	阿曼	1.88	2.62	3.28	3.38	3.99	4.35	3.46	3.00	3.07	3.93
	卡塔尔	0.31	0.34	0.44	0.56	0.62	0.62	0.53	0.46	0.60	0.78
	沙特	0.81	0.84	0.96	0.98	0.95	0.89	0.79	0.65	0.72	0.83
	阿联酋	0.97	1.01	1.11	1.18	1.29	1.47	1.49	1.24	1.19	1.23
	也门	1.54	2.02	2.01	2.41	1.94	1.78	0.82	0.95	1.39	1.57
非洲	科摩罗	0.15	0.18	0.11	0.21	0.39	0.53	0.72	0.72	0.98	1.08
	吉布提	1.96	3.09	3.73	6.82	7.11	7.36	12.02	12.15	11.99	10.00
	埃及	0.31	0.34	0.45	0.42	0.46	0.51	0.53	0.45	0.68	0.85
	厄立特里亚	0.25	0.23	0.76	0.30	1.06	2.35	1.82	1.42	1.27	2.34
	肯尼亚	0.40	0.55	0.75	0.76	0.83	1.17	1.36	1.20	0.99	0.94
	马达加斯加	0.54	0.61	0.68	0.76	0.91	0.98	1.30	1.32	1.37	1.35
	毛里求斯	0.47	0.58	0.64	0.76	0.74	0.80	0.84	0.77	0.74	0.71
	莫桑比克	0.50	0.76	0.86	1.10	1.35	2.90	2.14	2.12	2.01	2.59
	塞舌尔	0.30	0.27	0.58	0.53	0.54	0.62	0.76	0.71	0.61	0.70
	索马里	0.20	0.23	0.32	0.36	0.52	0.82	1.11	1.34	1.54	2.04
	南非	0.00	0.00	0.00	0.73	0.87	0.60	0.46	0.40	0.33	0.97
	苏丹	0.64	0.89	1.38	1.61	0.77	1.69	1.71	1.47	1.38	1.64
	坦桑尼亚	0.44	0.63	0.80	0.84	1.12	1.22	1.42	1.13	0.96	1.06
大洋洲	澳大利亚	1.86	2.35	2.70	2.63	2.87	2.99	2.60	2.64	3.11	3.44

资料来源：笔者根据联合国贸易和发展会议数据库的数据计算制表。

（二）国际投资合作动态发展

1. 国际直接投资合作动态

从对外直接投资公报数据来看，中国对印度洋地区的直接投资流量、存量都在不断上升，从 2009 年的 52.39 亿美元和 208.53 亿美元，分别上升到了 2018 年的 165.60 亿美元和 1668.52 亿美元,而中国实际利用印度洋地区国家的直接投资流量则从 2009 年的 61.93 亿美元上升为 2018 年的 65.32 亿美元,仅增加了不到 4 亿美元。2018 年,中国对印度洋地区的投资流量、存量占中国对外总投资流量、存量的 11.57%、8.41%,总体呈现下降趋势。中国直接投资的存量流出投向了新加坡、澳大利亚、印度尼西亚、马来西亚、南非、阿联酋、泰国、缅甸、印度和以色列等国;同期,中国实际利用印度洋地区的投资流量占中国直接投资流量总额的 4.83%,主要外资来源地为新加坡、澳大利亚、毛里求斯、塞舌尔、马来西亚、沙特等国。与此同时,2018 年印度洋地区对中国直接投资流量占该地区对外投资总额的 4.7%,相比 2012 年 9.2% 的比重出现了持续性下降。而 2018 年印度洋地区吸引中国直接投资的流量、存量占该地区国际直接投资流量、存量总额的 5.68% 和 3.81%,前者相比 2012 年 9.58% 的比值出现了较大下降,而后者的增长则非常缓慢。

2. 国际大型投资合作动态

中国对外投资合作中,单项投资金额超过 1 亿美元的合作被统计为大型投资。根据美国遗产基金数据库数据分析,2005~2019 年,中国对印度洋国家大型直接投资、大型工程投资分别为 2288.6 亿美元、3183 亿美元,一共 5471.6 亿美元。分别占中国对外大型直接投资总额和大型工程投资总额的 22.18% 和 45.21%,在对该地区的大型直接投资中,有 26.11% 投向了印度洋沿岸的 6 个东南亚国家,20.43% 投向了印度洋沿岸的 5 个南亚国家,23.20% 投向了印度洋沿岸的 11 个西亚中东国家,15.02% 投向了印度洋沿岸的非洲国家,15.24% 投向了大洋洲的澳大利亚。从国别来看,澳大利亚、巴基斯坦、印度尼西亚、马来西亚、新加坡、沙特、阿联酋、印度、伊朗和孟加拉国是中国大型直接投资的主要目的地。

中国对印度洋的大型直接投资、大型工程投资主要都投向了能源、金属、房地产和交通四大领域。从大型直接投资领域来看,对物流行业的投资项目数中有 37.04% 投向了印度洋地区,对该领域的总投资金额中也有 35.72% 也投向了该地区。此外,对该地区能源、农业、金属、健康、房地产领域的投资项目数在各自领域的总投资项目数中的占比超过了 30%，对该地区能源、健康、金属和物流领域的大型直接投资金额在各自领域投资总额中的比重在 30% 左右；从大型工程投资情况来看，中国对印度洋地区农业、化学、能源、健康、物流、房地产、公用事业和涉及教育等的其他领域的投资项目数量在各领域总投资项目数中的比重都非常高，占比基本在 40% 以上，而对这些领域的投资金额在相关领域投资总额中的占比大多在 40% 以上（见图9）。

此外。2005～2019 年，中国对印度洋沿岸国家大型投资受挫金额约为 1229.90 亿美元，占中国对外大型投资总金额（3906.8 亿美元）的 31.48%，受挫项目 28 项，占总受挫项目数（280 项）的 10%。可见，对印度洋地区的总体投资风险还比较大。

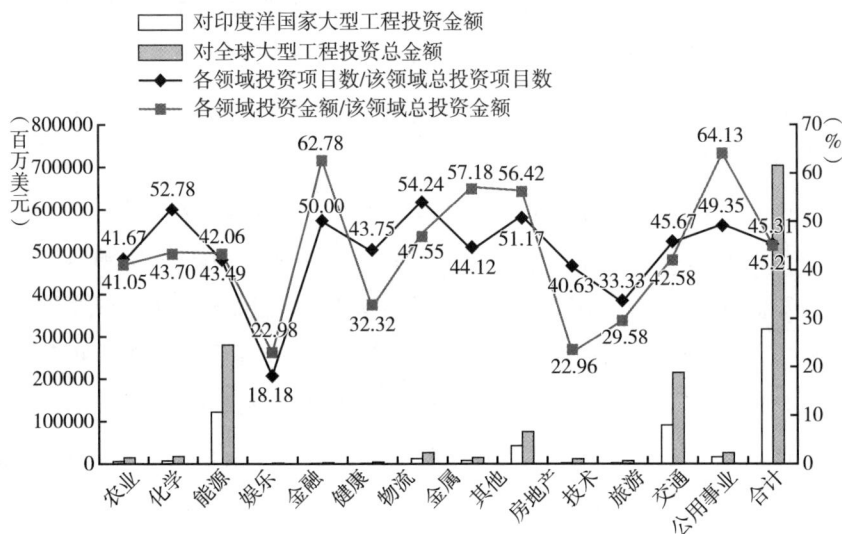

图9 2005～2019 年中国对印度洋国家大型工程投资与中国对外大型工程总投资的比较

资料来源：Heritage，http：//www.heritage.org。

（三）国际劳务合作

本报告对中国向印度洋沿岸各区域劳务派出人数情况展开分析。截至 2018 年年底，中国共向印度洋沿岸派出劳务人员 48267 人，占中国对外派出劳务人员总数的 18.21%，其中对东南亚、南亚、西亚中东、非洲和大洋洲沿岸国家的派出人数占比分别为 12.86%、0.71%、3.26%、0.86% 和 0.52%（见表 12），总体劳务派出人数占比在上升；同期，中国向该地区派出工程技术人员 111036 人，占中国对外派出工程技术人员的 48.91%，其中对东南亚、南亚、西亚中东、非洲和大洋洲沿岸国家的派出人数占比分别为 14.90%、12.89%、16.83%、4.22% 和 0.07%（见表 13），整体或区域的派出人数占比都在提高。

表 12　2011~2018 年中国向印度洋沿岸各区域劳务派出人数
占中国总劳务派出人数之比

单位：%

区域	2011 年	2012 年	2013 年	2014 年	2015 年	2016 年	2017 年	2018 年
东南亚	14.39	13.53	12.98	14.64	14.35	15.66	14.85	12.86
南亚	0.05	0.03	0.16	0.17	0.65	0.19	0.26	0.71
西亚中东	2.83	2.14	1.69	1.48	1.32	1.58	1.30	3.26
非洲	0.69	0.39	0.81	0.67	0.50	0.57	0.45	0.86
大洋洲	0.00	0.01	0.00	0.00	0.05	0.07	0.08	0.52
印度洋沿岸	17.96	16.11	15.64	16.96	16.87	18.06	16.94	18.21

资料来源：中国统计局，http://www.stats.gov.cn。

表 13　2011~2018 年中国向印度洋沿岸各区域派出工程技术人员
占中国派出工程技术人员总数之比

单位：%

国别	2011 年	2012 年	2013 年	2014 年	2015 年	2016 年	2017 年	2018 年
东南亚	14.78	8.42	7.58	11.39	10.96	12.38	14.45	14.90
南亚	5.44	4.60	4.35	4.30	4.49	7.86	11.69	12.89
西亚中东	14.68	17.38	16.04	11.53	15.35	20.66	16.68	16.83
非洲	7.30	6.52	6.54	5.90	6.05	4.87	4.17	4.22
大洋洲	0.28	0.14	0.03	0.02	0.03	0.02	0.02	0.07
印度洋沿岸	42.48	37.06	34.55	33.14	36.88	45.79	47.00	48.91

资料来源：中国统计局，http://www.stats.gov.cn。

五　结论与思考

以印度洋沿岸 36 个国家作为研究对象的印度洋地区，因各国的历史、发展进程不同，以及资源禀赋、发展水平差异，地区内发展极不平衡。印度洋沿岸国家虽然都地处印度洋沿岸，但受到的地缘经济、地缘政治影响差别很大。这些国家大多加入了环印联盟和印度洋委员会等隶属印度洋的区域性组织，以及一些次区域组织，如环孟加拉湾多领域经济技术合作倡议等，但这些国际组织的一体化水平都很低，未能对域内国家产生相似的、认同程度较高的地缘影响。事实上，这些国家分别隶属于东盟、南盟、海合会和东部与南部非洲共同体，地缘方面受到各自所属区域组织的影响较大。综上所述，试图对这个划定区域的发展做出精确描述是比较困难的，本报告仅主要分析、总结了该地区整体经贸发展的基本特征。

（一）印度洋地区的经济贸易发展整体较为缓慢且区域内差别很大

第一，从发展现状来看，通过分析 GDP、人均 GDP、国际贸易进出口、FDI 流入和流出等主要指标，发现相对于较大的土地面积比重和人口份额，印度洋地区对世界经济贸易的贡献度并不算高。

第二，从各主要指标分析，可以看出该地区最大的特点就是发展差异问题。一是印度洋地区内各区域的综合经贸水平差距较大，尤其是非洲沿岸地区的整体经贸发展最为落后。事实上，除大洋洲不涉及域内国家差别外，分属于东南亚、南亚、中东和非洲的国家，即使在同一地缘所属区域内，经贸发展水平差异也很大。比如印度洋沿岸东南亚国家既有各项经济发展指标居世界前列的新加坡，也有发展水平非常落后的东帝汶。中东既有富庶的以色列、沙特、阿联酋，也有战乱与贫困相加的也门。非洲地区国家发展普遍较缓慢，即使在资源禀赋较为相似的岛国中，既有金融业发达的毛里求斯，也有全球各类发展指标最为落后的科摩罗。二是印度洋地区各国间经贸发展差异巨大。在该地区，既有发达国家澳大利亚、以色列，也有新兴经济体之翘楚新加坡、马来西亚、印度尼西亚等，有全世界最为富裕的石油国家沙特、阿联酋、阿曼等，也有全球最不发达国家（LDCs）索马里、也门、厄立特里亚和科摩罗等。此外，这个地区还有 10 个国家属于岛国（印度尼西亚、新加坡、东帝汶、巴林、马尔代夫、斯里兰卡、科摩罗、马达加斯加、毛里求斯和塞舌尔），这些岛国与其他沿海国家相比资源禀赋也呈现较大的差异。

第三，从近十年来的动态发展趋势来看，印度洋地区经贸发展整体呈现营商环境水平下降、经济规模增长缓慢、国际经济能力恢复较慢、域内合作水平一直较低、偿债风险总体上升，以及支撑经济增长的可持续发展指标处于较低水平等特征。这既说明了印度洋地区经济体易受外部冲击和外部风险影响的脆弱性，也说明了印度洋地区整体上发展基础和经济基础的薄弱。

（二）中国与印度洋沿岸国家的经贸合作日趋紧密且有上行趋势

第一，中国与印度洋地区的贸易合作发展较好，贸易规模不断上升，相互间的贸易依赖度也在增加。印度洋地区对中国的对外贸易非常重要，中国与该地区的进口、出口贸易额分别占中国进口、出口总额的 24.94%、19.70%。此外，多年来中国与印度洋地区的贸易强度均大于 1 且有上升趋势，说明中国与该地区的贸易联系紧密。数据显示，中国已经成为该地区最大的贸易伙伴，是 19 个国家最大的贸易伙伴国、21 个国家最大的进口来源地及 15 个国家最大的出口目的地。根据贸易潜力实现度的分析，中国与该地区半数以上的国家仍具有较大的贸易合作发展空间。

第二，中国与印度洋地区相互投资流量呈现下降趋势，但存量总体稳定增长。中国对该地区的投资流量、存量在中国对外总投资流量、存量中的占比分别为 11.57%、8.41%，但中国实际利用印度洋地区 FDI 流量在其 FDI 流量总额中的占比仅有 4.83%，说明中国对该地区的投资依赖度大于引资依赖度。相比之下，印度洋地区吸引中国投资在该地区总 FDI 流入额中的占比，以及对中国投资在该地区总对外投资中的占比都在 3% ~6%，且近年来还在下滑，说明该地区对中国的投资、引资依赖度相对较弱且有所下降。

第三，中国对印度洋地区的大型直接投资和大型工程投资在中国对外大型投资、大型工程投资总额中的占比较高，分别达到了22.18%、45.21%。与印度洋沿岸东南亚、南亚及西亚中东地区相比，中国对印度洋沿岸非洲国家及非洲岛国的大型投资额相对较少。与此同时，中国大型投资主要流向了能源、金属、房地产和交通四大领域，总体仍然以能源获取型投资为主。此外，中国对印度洋地区投资的受挫率较高，投资风险整体较大。

第四，中国与该地区的劳务合作比较紧密，对该地区派出的劳务人员和工程技术人员分别占中国派出劳务人员和派出工程技术人员总数的18.21%和48.91%。

总体而言，中国与印度洋地区各国都开展了广泛的贸易合作，只是多年来中国整体处于逆差地位。而中国的投资合作更多限于发达国家和新兴经济体，且中国多为净投资流出国。

（三）应多层面思考如何提升中国与印度洋国家的经贸合作水平

现实情况是，与中国贸易互补性强的国家不一定是中国的主要贸易伙伴，中国的投资也并非都投放在了安全评估高分的国家，甚至很多大型投资都投向了经济、政治、社会、环境等发展可持续性较差，信用风险较大的国家。这些现状与中国国企全球布局战略有关，也与这些企业秉持能源获取型目标的关联很大。目前，中国与印度洋国家的经贸合作，尤其是投资合作方面出现了一些挫折。其中，贸易潜力实现度值不高主要是由于资源禀赋问题引致，投资挫折问题既有市场风险原因，也有投资方自身竞争能力不足的情况，但无论是贸易问题还是投资问题都与政治原因脱不了干系。基于分析，本报告认为中国与印度洋国家开展经贸合作时应同时考虑三个层面：首先，应深入了解该地区经贸发展现状、特征及与中国合作中存在的问题，制定出符合"一区一策""一国一策"原则的合作模式；其次，中国应优先与那些贸易上升空间较大的国家增进贸易便利化，通过调整投资领域有意识重塑双边贸易结构进而提高贸易水平；最后，除了考虑中国与印度洋各国双边经贸结构性矛盾外，还需要更多地思考双边互信以及政治相关问题，同时引入其他非传统安全风险因素进行综合考量。

专题报告

Special Reports

B.6

中印在印度洋地区共同抗击新冠疫情及其战略平衡

〔印〕斯瓦兰·辛格　朱艺翔 译*

摘　要： 印度向印度洋的不断扩展以及印度加入印度洋-太平洋体系，至少部分地受到了中国"一带一路"倡议的影响，但印度官方并没有以竞争的方式来宣传自己。这是因为印度越来越意识到，中国在经济和军事方面的杠杆作用越来越大，中印之间存在着明显的不对称。为了平衡这种不对称性，印度试图重视其与印度洋国家的历史、文化、民族和语言关系。新冠肺炎疫情表明，中印两国都有其独特的优势，并可以将挑战转化为建设共同未来的机遇。

---

* 〔印〕斯瓦兰·辛格，印度尼赫鲁大学国际关系学院教授，云南财经大学印度洋地区研究中心客座教授；朱艺翔，澳大利亚悉尼大学国际关系学院硕士研究生。

关键词： 新冠肺炎疫情 印度洋 中印关系 地缘政治

今天的历史学家认为，1918 年毁灭性的西班牙流感大流行的最初感染是从美国堪萨斯州开始的，而不是从西班牙。1918 年 3 月 11 日，美国陆军炊事员阿尔伯特·吉切尔（Albert Gitchell）在莱利堡（堪萨斯州）的芬斯顿陆军营地首次记录了此次感染病例。① 之后，作为第一次世界大战的一部分，美国武装部队进入欧洲和其他地方，导致这种感染病被传播到世界其他地区。这种传染病被称为西班牙流感，是因为在第一次世界大战期间西班牙选择了在战争中保持中立，对新闻报道没有实行严格的审查制度，这使西班牙的新闻界得以率先报道和宣传这种传染病，并根据这些信息的来源地命名。很少有人相信它来自法国，即使也有人称它为法国流感。此外，由于第一次世界大战的混乱以及当时的联系有限，有关西班牙流感的命名信息传播缓慢。

在最初 3 个月内，被称为"第一波"的西班牙流感像野火一样蔓延，到 1918 年 5 月达到高峰。当时，西班牙流感已经感染了 1/2 的英国军队和 3/4 的法国军队。它虽然并不是特别致命，但使大部分人丧失了行动能力。② "第一波"的受害者主要是年幼的儿童和具有多种基础疾病的老年人。1918 年 8 月，"第二波"流感开始了，它的严重性和传染性要比之前强得多，甚至导致健康的年轻人在出现首发症状后 24 小时内死亡。正是这"第二波"传染病占到了所谓的西班牙流感感染和死亡总数的 40%。在 1918 年冬季和 1920 年年初，又出现了两次高峰。使传播曲线变平并逐渐消失的关键是"社交距离"。在多个地方感染率上升时，需要对公众集会采取限制的手段。

---

① Allan James Wood, *Babe Ruth and the 1918 Red Sox* (Lincoln, NE: Writers Club Press, 2000), p. 101; Catharine Arnold, *Pandemic 1918: The Story of the Deadliest Influenza in History* (London: Michael O'Mara Books Limited, 2018); Claire O'Neal, *The Influenza Pandemic of 1918* (Delaware: Mitchell Lane Publishers, 2008).

② Dave Roos, "Why the Second Wave of the 1918 Spanish Flu Was So Deadly", *History*, April 29, 2020, https://www.history.com/news/spanish – flu – second – wave – resurgence.

最后，传染病"从来没有被控制住，它只是从政治上和记忆中消失了"①。根据大多数人的估计，这种在一个世纪前的旷日持久的流行病，在全球范围内共感染了5亿多人，并导致了多达5000万人的死亡。②

在100多年后的2020年，世界面临新冠肺炎疫情的挑战。然而，与1918年不同的是，今天的世界并没有陷入任何旷日持久的世界大战，没有战争去转移人们对这场健康危机的注意力。相反，今天的世界是紧密联系在一起的，即使是日常生活中最简单的事情，也是相互依存的。这就是为什么新冠疫情影响如此之大，但又如此不透明。而且，历史对理解它的轮廓、规模和后果的影响非常有限。只有一点是很清楚的，它对整个人类发起了挑战。因此，中国和印度如何处理其国内局势，以及它们能够为区域和全球抗击新冠肺炎疫情的努力做出什么样的贡献，仍然是最关键的问题，这在很大程度上取决于北京和新德里如何管理它们之间的相互关系。一些初步迹象似乎令人欣慰，甚至暗示这是两国关系最终"重启"的历史性机遇。这就需要认真审视他们正在出现的互补性，而这些互补性从他们共同对抗新冠肺炎疫情中得到了进一步的推动。这些积极的迹象不仅需要谨慎对待，而且必须加以强调，以确保关于中印战略平衡的话语不至于淹没在西方国家的反华言论之中。

正是在中印战略平衡中的友好关系日益增长的背景下，本文探讨了新冠肺炎疫情对重塑其快速变化的区域地缘政治格局的影响，以及如何使这两个亚洲国家走得更近。接下来，我们将对它们在新冠肺炎疫情前夕不断演变的平衡进行探讨，尤其是它们共同的印太周边地区，以及不断扩大的交汇点——印度洋地区。在新冠肺炎疫情相关的会议上，这两个国家都参与了向各个沿海国家提供救济的行动。但是，这是加强了两国之间的友谊，还是进一步加剧了两国长期以来的相互猜疑？思考这些问题，可以为两国在国内和周边地

---

① Ryan A. Davis, *The Spanish Flu: Narrative and Cultural Identity in Spain, 1918* (New York: Palgrave Macmillan, 2013), p. 16; Connie Goldsmith, *Influenza: The Next Pandemic?* (Minneapolis: Twenty-First Century Books, 2007), p. 10.

② Nancy K. Bristow, *American Pandemic: The Lost Worlds of the 1918 Influenza Epidemic* (New York: Oxford University Press, 2012), p. 3.

区合作应对新冠肺炎疫情提供帮助。特别是印度洋已成为两国的主要交汇点。本文试图强调这两个国家是如何调整它们的合作关系，以及这对"后新冠肺炎疫情时代"有何意义。最后，本文将部分地提出两国友谊的新轮廓，或者说是一个正在出现的中印关系，以及新冠肺炎疫情如何推动它们对建设人类共同未来的历史责任的相互理解。

一 地缘政治格局的变化

虽然现在评估新冠肺炎疫情的长期地缘政治影响可能还为时过早，但空前的连通性和信息的流动性提供了一个全新的框架，可以用来衡量它推动当代世界秩序演变的轮廓。这些早期的迹象确实已经引发了关于"后新冠肺炎疫情时代"世界运行面临"重置"的严肃讨论，其中中国和印度都是主要的利益相关者。尤其是，我们已经可以感受到新冠肺炎疫情对全球经济和政治的影响，即经济减速，进一步加剧了政治两极分化和社会分裂，使扶贫等发展目标被推后。特别值得注意的是，大多数发达国家在未能及时控制住这场健康危机的情况下，感到非常痛苦。世界工业和政治模式的领袖美国追求"生命、自由和幸福"，而如今其工业和政治模式正在受到破坏。

另外，快速发展的中国不仅是第一个受到新冠疫情冲击的国家，也是第一个从冲击中复苏的国家。这使中国具有了巨大的优势，它不仅重新启动了生产线，还利用其强大的全球联通能力，在短时间内为百余个国家提供重要的医疗物资。国际货币基金组织（IMF）的《2020年世界经济展望》预测，2020年全球经济将萎缩3%。在这种情况下，新兴亚洲地区将有1%的正增长。为了使对比更加明显，国际货币基金组织预测，2020年美国经济将萎缩6%，而中国和印度将分别实现1.2%和1.9%的增长。① 这不仅在重新定义世界秩序方面，而且在大国之间特别是中印之间重新调整平衡，也必然会

---

① Alex Fang, "Only Emerging Asia Will See Growth in Grim 2020, IMF Says", *Nikkei Asian Review*, April 14, 2020, https：//asia. nikkei. com/Economy/Only – emerging – Asia – will – see – growth – in – grim – 2020 – IMF – says.

改变游戏规则。甚至美国专家也曾断言："中国很可能比其他国家更快地从流行病引起的经济衰退中走出来。"① 这样的推测，无疑会鼓励推动中印两国走得更近。

如果期望以中国和印度为首的亚洲能够重新推动全球增长，那么它们在国际体系中的地位将有所提高，它们有责任确保在区域联系和双边互动中加强协调。如果两国要达到这种评估的期望，需要将这一挑战转化为两国的机遇，这一点至关重要。考虑到中国在过去 40 年的快速发展，而美国正逐渐陷入"孤立主义"，又不愿意放弃其全球领导地位的困境，在新冠肺炎疫情问题上，美国总统特朗普进一步实施了对中国的政治抨击，同时敦促其他国家也加入。迄今为止，印度一直设法在北京和华盛顿之间保持良好的平衡，但中美贸易摩擦和紧张局势的持续，让新德里的政策制定者们感到压力重重。在过去 10 年中，印度已经逐渐向华盛顿靠拢。除了防务和战略伙伴关系之外，印度与美国和中国的贸易额相当。印度与美国的贸易仍然对印度有利，而印度与中国的贸易却面临着对中国有利的巨大贸易逆差。但与印度对美国的赞美不同，印度与中国的关系仍然是独特而紧密、根深蒂固且相对复杂的。前面提到的国际货币基金组织的报告和新冠肺炎疫情的影响强化了亚洲崛起这一趋势，并为中印两国提供了一个改变双边关系的机会，同时也为中印在其周边地区的联系提供了一个关键的机会，因为这对两国的未来愿景至关重要。

二　新冠肺炎疫情和印太地区的讨论

新冠肺炎疫情似乎也加强了亚洲成为后美国世界秩序中的全球重心的论点。与以往任何时候一样，如果它们能够在这个不断变化的国际环境中调整好自己的平衡，也可能使中国和印度成为未来趋势的引领者。尽管有其局限

---

① Edward Wong and Ana Swanson, "Some Trump Officials Take Harder Actions on China during Pandemic", *The New York Times*, May 1, 2020, https：//www. nytimes. com/2020/05/01/us/politics/coronavirus－china－trump. html.

性，但中国和印度带头塑造这个被过度夸大的印度洋－太平洋架构的意义，无论如何也不会被高估，这是一个相当具有挑战性的命题。中国的空前崛起和连通性是美国态度转变的根本原因，直到冷战结束前，美国一直把印度洋和太平洋当作不同的安全战场，现在则把它们当作一个连贯的海岸线。有趣的是，对印度来说，在这些美国主导的印太争论中，北京被排除在外无法参与讨论，甚至是印太方案所针对的一个目标。① 同时，中国已经成为世界上最大的出口国、最大的基础产品消费国，在战略基础设施建设方面的投资也越来越多。② 按照购买力平价（PPP）计算，它是当今世界上最大的经济体，而相反这有可能使美国经济进一步萎缩。

然而，在美国及其盟国的领导下，这场关于"自由、开放的印太"（FOIP）地区的讨论强调了"航行自由、法治和公平贸易"的做法，但也被怀疑是为了确保限制中国在整个亚太地区不断上升的影响力。这种焦点的转移可以追溯到美国总统奥巴马的"亚太再平衡"和对亚洲的"支点"战略。这似乎是美国希望在新建立的印度洋－太平洋地区复制其北大西洋公约组织（北约）的安全架构的愿望——在20世纪维持其在全球的领导地位。这将确保美国在21世纪的全球领导地位。因为在21世纪，亚太将成为当今全球地缘经济的中心，推动着各种政治格局的演变。2007年，美国与日本和澳大利亚一起，并将印度包括在内，以四个国家为基础，组成了一个"四国安全对话"（Quad），在印太地区和世界范围内发挥领导作用。这个"四国安全对话"在最初启动后不久就出现了阻碍，但在2017年又恢复了活力。此后，它的势头有所回升，涉及多次会议，包括2019年9月在纽约举行的首次外长会议。

除了美国、日本和澳大利亚参与上述"四国安全对话"之外，最近一

① Swaran Singh, "Locating China in the Evolving Discourses on the Indo－Pacific Geopolitics", in Satish Chandra and Baladas Ghoshal, eds., *The Indo－Pacific Axis: Peace and Prosperity or Conflict?* (NewYork: Routledge, 2018), p. 132.

② Richard Javad Heydarian, *The Indo－Pacific: Trump, China, and the New Struggle for Global Mastery* (Singapore: Springer Nature, 2020), p. 2.

段时间，印度还与法国建立了更紧密的战略伙伴关系。法国在印度洋上也有多个岛屿属地，法国对这些岛屿上的 150 万居民给予其 900 多万平方公里的专属经济区的准入权。① 2019 年 5 月，印度与法国举行了首次海军演习，法国还控制着几个战略属地，包括留尼汪岛（Reunion）、马约特岛（Mayotte）、凯尔盖伦岛（Kerguelen）、克罗泽群岛（Crozet Archipelago）、圣保罗岛（At. Paul）和阿姆斯特丹岛（Amsterdam），法国在这些岛屿上轮流驻扎着科研人员甚至军事人员。事实上，在去年的海军演习中，法国派出了唯一的一艘"戴高乐"号航空母舰，一时成为众多报道的热点。然而，由于"戴高乐"号航母的 1800 多名士兵中，有超过 1000 名士兵的新冠病毒检测呈阳性，因此演习无法在 2020 年进行。同样，印度也曾与美国进行交流，美国是印度洋的另一个强大力量，其战略上最重要的海军基地位于英属印度洋领地的迪戈加西亚岛。这个岛是英国租借给它的，是世界上最隐秘的基地之一，以拥有海军设施、空军基地和精密的情报监听站而闻名世界。印度、日本、美国等国的"马拉巴尔"演习，上次是在 2019 年 5 月举行的。这次演习也不得不推迟了，而且可能不会很快重启。

关于印度参与印太讨论和"四国安全对话"，其参与的核心利益是使冷战远离其边界以及保护其在印度洋地区的利益。印度的重点一直以来更多的是关注印太话题中的印度洋部分，而不是太平洋部分。在此前提下，印度总理纳伦德拉·莫迪（Narendra Modi）2018 年在新加坡"香格里拉对话"演讲中，曾以印度的"包容性、开放性和以东盟为中心"为前提，概述了印度对印太的态度，这一点至关重要。因为"印度不把印太视为一种战略，也不把印太视为一个'寻求主导'或'针对任何国家'的固定成员的俱乐部"。② 事实上，这反映出印度对印度洋的关注。新德里此后多次声称中国

---

① Rezaul Laskar, "Decoding the Indo - Pacific and China in India Ocean", *Hindustan Times*, December 13, 2019, https：//www. hindustantimes. com/india - news/decoding - the - indo - pacific - and - china - in - indian - ocean/story - G00YTptqR9wXfbZGJ196TK. html.

② Rezaul Laskar, "Decoding the Indo - Pacific and China in India Ocean", *Hindustan Times*, December 13, 2019, https：//www. hindustantimes. com/india - news/decoding - the - indo - pacific - and - china - in - indian - ocean/story - G00YTptqR9wXfbZGJ196TK. html.

是印太地缘政治中不可或缺的一部分，其至将这一话题纳入与北京的年度海上对话。无疑，印度国内认为中国在印度洋的存在感越来越强，自 2007 年以来，两国海军经常在联合反海盗行动中进行协调甚至合作，互补性也越来越强。① 令人欣慰的是，就更广泛的原则而言，中印两国基本上希望确保没有任何一个大国能够垄断印度洋地区的安全和发展架构，这使中印两国加强战略合作大有可为。

三 中印在印度洋地区的平衡

中印两国近 90% 的对外贸易特别是能源进口依赖于印度洋航道。随着贸易的不断扩大，中印两国与印度洋沿岸国家的合作关系也在不断深化，两国由此也形成了各自的互补优势。中国先行开始了商业项目和超大型的实体基础设施建设的一站式方案，而印度也有强调历史和文化的联系，扩大教育和培训的基础设施项目。近年来，中国和印度都参与了港口的整修和建设，② 中国已在巴基斯坦的瓜达尔、斯里兰卡的汉班托塔和缅甸的皎漂建造了新的港口。2017 年，中国甚至在吉布提的战略港口建设了海军保障基地。

同样，印度也获得了印度洋港口的准入与翻新项目，从印度尼西亚的沙璜港（Sabang）到毛里求斯和塞舌尔的阿加莱加（Agalega）和阿桑普申岛（Assumption），再到阿曼的杜克姆港（Duqm）和伊朗的查巴哈尔港（Chabahar）。③ 但是，印度和中国对于港口的建设与美国及其欧洲盟国建设的海军基地不同，这些基地曾一度决定了美欧与印度洋地区的深入交流。中

---

① Swaran Singh, "Locating China in the Indo-Pacific Debates: Perspectives from India", *Annual Report on the Development of the Indian Ocean Region* (*2019*) (Social Science Academic Press, 2019).

② Sandeep Unnithan, "India Obtains Two Strategically Significant Toeholds the Indian Ocean", *India Today*, March 27, 2015, https: //www. indiatoday. in/magazine/special – report/story/20150406 – indian – ocean – narendra – modi – significant – toeholds –817904 –2015 –03 –27.

③ P. R. Kumaraswamy and Md. Muddassir Quamar, *Persian Gulf 2020: India's Relations with the Region* (Singapore: Palgrave Macmillan, 2020), p. 147.

印两国的交流则呈现一种独特的"中印"交流模式，尽管它们有时仍深陷历史和冷战遗留的问题之中，但双方都开始意识到它们需要彼此在牢记对方的核心关切的前提下，不断调整与印度洋地区的互动关系。例如，当莫迪总理在2015年3月提出"萨迦"（SAGAR）愿景并在4月访问北京时，中国表示愿意将其"21世纪海上丝绸之路"倡议与印度的"季风计划"（Mousam Project）对接。这是中方通过强调双方潜在的"共同利益"来解决新德里的战略关切的方式。① 同样，印度也意识到其在印度洋中心位置的优势如何逐渐让位于中国不断扩大的海上影响力和存在，也一直在微调与中国的不对称关系。从表面上看，印度首先需要从新冠肺炎疫情中恢复，疫情进一步加强了中国在整个印度洋地区扩大伙伴关系方面的主导地位。

由于大多数印度洋沿岸国家也受到新冠疫情的影响，这也影响了中国和印度在此区域抗击流行病中的互动。除中国和印度之外，印度洋沿岸的几个邻国如斯里兰卡、马尔代夫、毛里求斯、塞舌尔等国也有较多的感染病例。可以理解的是，所有这些国家都有自己独特的应对措施。毛里求斯和斯里兰卡一开始就宣布全面封锁，而塞舌尔则要求人们在工作时间之后待在家中自我隔离，并从2020年2月起有选择地取消了超过2300名游客的入境，这使其几乎没有其他收入来源。② 中国和印度都试图向印度洋的几个国家提供救援物资，而所有这些国家对新冠肺炎疫情的不同反应都为中国和印度持续参与地区事务创造了机遇和挑战。

然而，新冠肺炎疫情的来袭并未影响这些国家一直以来对其他长期存在的安全挑战的高度关注。例如，"伊斯兰国"等极端组织与印度洋贩毒集团继续进行毒品贸易。2020年4月，马尔代夫的警察船只遭到炸弹袭击，斯里兰卡海军军舰"萨穆德拉号"（Samudra）在科伦坡以西约985公里处拦

---

① Reeta Chowdhari Tremblay and Ashok Kapur, *Modi's Foreign Policy* (New Delhi: Sage, 2017), p. 132.

② Malshini Senaratne, "When Small Might be Beautiful", Observer Research Foundation, March 29, 2020, https://www.orfonline.org/expert - speak/when - small - might - be - beautiful - 63837/.

截了一艘载有281公斤海洛因和48公斤冰毒的独桅帆船。斯里兰卡船只的这一行动是根据联合国毒品和犯罪问题办公室提供的卫星图像发起的，该办公室在独桅帆船驶入俾路支斯坦海岸后不久就开始追踪。① 此前，斯里兰卡海军于2020年3月28日缴获了毒品，打破了今年前3个月的缴获纪录，缴获了718公斤海洛因、797公斤冰毒、581公斤氯胺酮和2475公斤大麻。②

新冠肺炎疫情如何影响中印在印度洋沿岸本已复杂的中印平衡关系？不仅仅是中国，一些西方国家也认为印度有成为印度洋的"天然领导者"的野心，而中国多年来不断扩大的存在是"印度与美国和其他国家日益增长的安全关系的重要驱动力"③。新冠肺炎疫情显然不仅压垮了美国的卫生系统，也压垮了美国的四支航母特遣部队，包括著名的"西奥多-罗斯福号"（Theodore Roosevelt）航母，在从圣地亚哥基地出航穿越印度洋-太平洋巡航时不得不被召回，这导致包括代理海军部长在内的一系列官员停职。④ 这些情况显然破坏了美国在全球范围内的海军行动，并将其救援行动限制在其领海内。相反，在2020年，中国通过帮助印度洋沿岸国家抗击新冠疫情，促进了与这些国家的关系。同样有趣的是，中印两国是如何看待和调整对方在这一区域的参与，并将其纳入各自的政策当中的。

---

① Praveen Swami, "Amid Covid-19, Rising Tide of Narcotics Trafficking from Pak Feeds Jihadist Upsurge in Indian Ocean", *News*18, April 17, 2020, https：//www. news18. com/news/india/in-midst-of-covid-19-a-rising-tide-of-narcotics-trafficking-from-pak-feeds-jihadist-upsurge-in-indian-ocean-2581659. html.

② Praveen Swami, "Amid Covid-19, Rising Tide of Narcotics Trafficking from Pak Feeds Jihadist Upsurge in Indian Ocean", *News*18, April 17, 2020, https：//www. news18. com/news/india/in-midst-of-covid-19-a-rising-tide-of-narcotics-trafficking-from-pak-feeds-jihadist-upsurge-in-indian-ocean-2581659. html.

③ David Brewster, "Indian and China at Sea: A Contest of Status and Legitimacy in the Indian Ocean", *Asia Policy*, Vol. 22, (2016): 4, 6.

④ Dan Lamothe, "Navy Opening Full Investigation of Coronavirus Outbreak on USS Theodore Roosevelt", *The Washington Post*, April 29, 2020, https://www. washingtonpost. com/national-security/2020/04/29/navy-launches-new-investigation-into-coronavirus-outbreak-uss-theodore-roosevelt/.

四 印度不断扩大的对外活动

毫无疑问，中国极大地扩大了与印度洋沿岸的交往，但如果只看统计
数字，往往容易忽略印度的影响力与中国的细微差别。除了强调其独特的
地理和历史性的人与人之间的联系之外，印度从 2004 年 12 月的海啸危机
中吸取了很多教训，并从那时起，开始从发展作战能力转向提供人道主义
援助和发展救灾能力。这些已成为印度海军演习、行动和基础设施建设的
重点领域。印度总理莫迪在 2015 年 3 月访问毛里求斯和塞舌尔时，将这
一地区作为优先地区，推出了"萨迦"愿景，此后该愿景一直指导着印
度的印度洋政策。除了印度在马达加斯加的监听站外，印度还恢复了在毛
里求斯的阿加莱加岛和塞舌尔的阿桑普申岛建设战略设施的兴趣。① 莫迪
总理在访问这些沿海国家时，一直强调其与印度的历史、文化和侨民联
系。2018 年，印度与塞舌尔签署了一项协议，在其阿桑普申岛上共同开
发海岸警卫队设施和机场跑道。尽管面对美国的压力，印度在伊朗的查巴
哈尔港的开发也在继续进行，还获得了印度尼西亚的沙璜港项目，甚至获
得了澳大利亚基林岛的进出权。② 所有这些联系有助于印度帮助这些国家
在区域层面应对流行病。但考虑到世界上超过 2/3 的能源供应通过这些印
度拥有战略存在的海上通道，这也引发了人们对印度是否将中国视为其竞
争对手的猜测。③

自 2004 年海啸以来，印度的海上交往趋势或许恰好回答了中印竞争或

① Sandeep Unnithan, "India Obtains Two Strategically Significant Toeholds the Indian Ocean", *India Today*, March 27, 2015, https：//www. indiatoday. in/magazine/special – report/story/20150406 – indian – ocean – narendra – modi – significant – toeholds –817904 –2015 –03 –27.

② Bertil Lintner, *The Costliest Pearl*：*China's Struggle for India's Ocean*, (London：C. Hurst & Co, 2019), p. 78.

③ Sandeep Unnithan, "India Obtains Two Strategically Significant Toeholds the Indian Ocean", *India Today*, March 27, 2015, https：//www. indiatoday. in/magazine/special – report/story/20150406 – indian – ocean – narendra – modi – significant – toeholds –817904 –2015 –03 –27.

合作的问题。双方一直以来都在追求自己的国家核心利益，这就促使双方对彼此采取了一系列的政策，包括协调、合作与竞争。从印度最近在印度洋地区的行动和海上活动的侧重点来看，印度明显向加强搜救技能和人道主义援助偏移，印度并不是将海军演习作为战争演习，而是通过海军外交加强伙伴关系。在这一点上，新冠肺炎疫情是否只是进一步加速了印度与印度洋沿岸地区这种正在进行的转变？

第一，在新冠肺炎疫情暴发之后，新德里采取的第一个积极主动的措施，不仅仅是将印度公民从武汉撤离，还将滞留在孟加拉国、缅甸、马尔代夫、南非、马达加斯加等国的公民接回来。撤离之后，作为一种预防措施，这些来自印度洋沿岸各国的印度公民和其他国家公民先在印度境内接受隔离，然后再被送回各自国家。

第二，印度解决这些区域危机的第二步是与区域领导人建立联系。为此，印度总理与印度洋沿岸的周边国家，即南亚区域合作联盟（南盟）的领导人举行了视频峰会，后来又与印度洋沿岸更多国家的领导人举行了视频峰会，这些视频峰会是20国集团领导人峰会的一部分。印度提出了成立南亚区域合作联盟应急基金的建议，并在该基金获得通过和设立时承诺提供1000万美元的首期捐款，之后其他国家也提供了捐款。印度总理还与澳大利亚总理密切联系，疏散滞留在印度全国范围内的6000多名澳大利亚人。[①]此外，澳大利亚新上任的总理斯科特·莫里森原定于3月访问印度，但受这一流行病影响而不得不取消。

第三，印度主动向这些邻国提供必要的物资。印度是第一个响应毛里求斯和塞舌尔的要求，通过印度航空公司特别包机运送医疗物资的国家。[②] 这些货物运载了包括数百万片乙酰氨基酚（扑热息痛）和羟氯喹片在内的各

---

① Kallol Bhattacherjee, "Coronavirus Outbreak: India to Help Stranded Australians", *The Hindu*, April 6, 2020, https://www.thehindu.com/news/national/coronavirus - pm - modi - calls - australian - counterpart/article31269595.ece.

② Rekha Dixit, "India Steps up Its COVID - 19 Diplomacy: Sends HCQ to Mauritius, Seychelles", *The Week*, April 15, 2020, https://www.theweek.in/news/world/2020/04/15/india - steps - up - its - covid - 19 - diplomacy - sends - hcq - to - mauritius - seychelles.html.

种急救药物，直到疫苗问世前，使用这些药物都被世界卫生组织推荐为可靠的治疗方法。① 作为印度更大的"萨迦"愿景的一部分，除了近邻之外，这次提供的物资还包括 25 个非洲国家。②

第四，印度以新冠肺炎疫情为契机，解决其与伊朗、土耳其和马来西亚等伊斯兰国家关系中的冲突因素。这些国家一直批评印度对查谟－克什米尔邦的重组，也批评印度 2019 年出台的《公民修正法案》。印度和伊朗共同合作从伊朗撤回印度民众，伊朗总统哈桑·鲁哈尼还感谢了印度总理提供的医疗用品。同时，他还赞扬印度支持伊朗努力抵御美国制裁的立场，美国的制裁使伊朗应对新冠肺炎疫情的能力受到削弱，使伊朗成为印度洋地区的主要受害者。印度拥有缓冲物资和巨大的粮食储备，因此也能够帮助供应粮食。印度通过伊朗的查巴哈尔港向阿富汗运送了一批小麦，印度还向马来西亚提供了羟氯喹片抗疟疾药物。印度"沙杜号"（Shardul）于 2020 年 3 月 10 日率先抵达马达加斯加，运送了 600 吨大米，这是继"艾拉瓦特号"（Airavat）在 2020 年 1 月向遭遇"黛安旋风"的马达加斯加岛运送救灾物资之后，印度又一次向该岛运送物资。③ 这些详尽的例子表明，印度将新冠疫情视为全人类共同的挑战。

印度向印度洋的不断扩展以及印度加入印度洋－太平洋话语体系，至少部分地受到了中国"一带一路"倡议的影响，但印度官方并没有以这种竞争的方式来宣传。这是因为印度越来越意识到，由于中国在经济和军

---

① Niranjan Marjani, "India's Indian Ocean Diplomacy in the COVID－19 Crisis", *The Diplomat*, April 22, 2020, https：//thediplomat. com/2020/04/indias－indian－ocean－diplomacy－in－the－covid－19－crisis/.

② Dipanjan Roy Chaudhury, "India to Despatch Key Medicines to 25 African States on Goodwill Mission", *The Economic Times*, April 28, 2020, https：//economictimes. indiatimes. com/news/politics－and－nation/india－to－despatch－key－medicines－to－25－african－states－on－goodwill－mission/articleshow/75422868. cms.

③ Dipanjan Roy Choudhury, "India Continues to be First Relief Provider in West Indian Ocean", *The Economic Times*, March 12, 2020, https：//economictimes. indiatimes. com/news/politics－and－nation/india－continues－to－first－relief－provider－in－w－indian－ocean/articleshow/74599217. cms.

事方面的杠杆作用越来越大，中印之间存在着明显的不对称。为了平衡这种不对称性，印度试图重视其与印度洋国家的历史、文化、民族和语言关系，有时还与一些西方国家一起强调"债务陷阱"论，并以中国在印度洋国家的项目在商业上的不受干预为由，默默地加入一些西方国家的行列。但是，新冠肺炎疫情无疑促使印度放弃了这种矛盾的态度，印度官方没有跟随某些西方国家指责中国，也没有借机削弱中国与印度洋其他国家的往来。

五　中国不断扩大的存在

自20世纪90年代初以来，中国在苏联解体和冷战结束后，经济出现了空前的发展，随后中国通过印度洋航道扩大出口，同时也通过印度洋航道扩大了重要的能源进口，这也改变了中国政府的海洋优先事项。此后，中国海军转向在印度洋进行科学调查和反海盗行动。[①] 因此，中国的参与主要是由经济利益驱动的，但这些也需要确保印度洋海上通道的安全。中国通过贸易和投资逐步扩大与印度洋地区的交流，在印度洋各国建设包括港口和桥梁在内的基础设施，从而逐步扩大对印度洋国家的影响。

在2020年，中国率先取得了战胜新冠肺炎疫情的阶段性胜利，既重启了生产线，又在向印度洋地区的几个国家提供最关键的帮助。例如，2020年3月21日，卢旺达总统保罗·卡加梅在推特上深情感谢马云"慷慨解囊"捐助诊断检测试剂盒。恰逢北京举办了一次有近300名非洲疾病预防控制中心官员和卫生专家参加的视频会议，24个非洲国家与中国专家分享

① Jian Yang, "China and the Evolving Regional Order in the South Pacific", in Xiaoming Huang and Robert G. Patman, eds., *China and the International System: Becoming a World Power* (London: Routledge, 2013), p. 134; Mohamed Khalid, "China in the Indian Ocean: From Junk Ships to Effective Naval Presence", in R. Sidda Goud and Manisha Mookherjee, eds., *China in Indian Ocean Region* (Mumbai: Allied Publishers Pvt. Ltd., 2015), p. 79.

了控制新冠病毒传播的最佳做法。① 这诸多例子的根本意义在于说明新冠肺炎疫情使中国加速获得了在一段时间内努力打造的优势。

正如印度一样，2004 年的海啸事件也让中国的海事工作重点转向印度洋，向受灾国提供人道主义援助。自 21 世纪以来，亚丁湾和马六甲海峡海盗活动频发，促使中国在印度洋地区加入打击海盗活动。从 2008 年开始，中国不断扩大与印度洋沿岸国家的交往。在 2015 年的国防白皮书中，中国正式将其海上方针从"近海"防务转变为"远海"防务。② 这解释了中国在印度洋地区抗击新冠肺炎疫情的杠杆作用，以及新冠肺炎疫情如何进一步强化印度对中印两国在印度洋沿岸交往中持续不对称的看法。

六 印度对中国在印度洋存在的看法

根据印度海军位于新德里附近古尔冈的信息管理与分析中心的数据，自 2015 年以来，每年在印度洋地区发现的中国渔船超过 600 艘，这是根据船只自动识别系统提供的信号进行统计的。③ 这可能只是因为中国渔船在非洲东海岸和印度洋中部发现的"利润丰厚"的渔获物比在南海发现得更多。同时，中国科研船的数量也在增加，这也导致有人暗示，这些船可能是为了勘测深海采矿区或研究水的特性，可能对中国潜艇的移动有帮助。④

在抗击新冠肺炎疫情之后，中国成为支持印度洋国家抗击这一疫情的主角。

---

① Kiran Sharma, "Into Africa: India Vies with China for Post – pandemic Clout", *Nikkei Asian Review*, April 14, 2020, https: //asia. nikkei. com/Spotlight/Asia – Insight/Into – Africa – India – vies – with – China – for – post – pandemic – clout.

② Suyash Desai, "India's Approach to the Indian Ocean Region: From Sea Control to Sea Denial", *The Diplomat*, March 9, 2020, https: //thediplomat. com/2020/03/indias – approach – to – the – indian – ocean – region – from – sea – control – to – sea – denial/.

③ Shaurya Karambir Gurung, "Alarm over Chinese Research Ships in Indian Ocean Region", *The Economic Times*, Jan 30, 2020, https: //economictimes. indiatimes. com/news/defence/alarm – over – chinese – research – ships – in – indian – ocean – region/articleshow/73755293. cms.

④ Kausar J. Azam, "Introduction" in Kausar J. Azam, eds. , *Indian Ocean: The New Frontier* (New York: Routledge, 2020), p. 14.

事实上，印度和马尔代夫、科摩罗、塞舌尔等几个国家都是在第一时间接受中国医疗物资的国家。当然，印度也曾在2020年1月中旬将15吨医疗物资运往武汉，当时正值新冠肺炎疫情在中国蔓延的高峰期，印度也曾从武汉撤离了留学生，以应对此次疫情。此外，中国在新德里的这一与新冠肺炎疫情相关的扩大外联活动，也是在印度对中国更大的杠杆作用及其与北京日益不对称关系的意识上升的框架下进行的。这使中印两国建立了互补的平衡关系，印度更专注于自己的利己优势，并强调印度的参与和北京的区别之处。这可以从贸易和投资，莫迪总理对中国的访问次数与习近平主席对印度的访问次数对比，印度对西藏问题、"一带一路"倡议、核供应国集团等问题的缄默政策等方面看出来。

2008年，中国在印度洋的反海盗海军行动开始，中国在印度洋的存在已经发展到了包括驱逐舰甚至常规潜艇和核潜艇在内的一系列其他海上武装穿越印度洋海域。自2017年以来，中国在非洲之角吉布提建立海军后勤保障设施，改变了中国在巴基斯坦瓜达尔、斯里兰卡汉班托塔和缅甸皎漂等商港基础设施建设的意义，展示了中国的新视野。面对新冠肺炎疫情将全球航运业拉至历史最低点，国际海事局报告称2020年3月和4月亚丁湾海域无劫持事件。2020年5月初，中国派出强大的解放军海军第35特战舰队690名队员在该地区开展反海盗巡逻。[1]

据报道，通常会看到4~5艘中国科研船在印度洋不同地区进行测绘，中国的核动力潜艇"93型"也曾被发现通过马六甲海峡驶入印度洋。[2] 这并不是说印度没有意识到这一点，也不是说印度没有扩大自己的海军影响力。笔者认为中印双方已经开始认识到自己作用的扩大，甚至开始探索新的协调与合作的途径。这一趋势因抗击新冠肺炎疫情而得到进一步加强。

---

[1] Sputnik, "China Enters Indian Ocean at Time of COVID – 19 Crisis, India's Navy Hurting More than Expected", *The Nation* (Islamabad), May 2, 2020, https：//nation. com. pk/02 – May – 2020/china – enters – indian – ocean – at – time – of – covid – 19 – crisis – india – s – navy – hurting – more – than – expected.

[2] Bertil Lintner, "China Eyes a Covid – 19 Edge in the India Ocean", *Asia Times* (Hong Kong), April 23, 2020, https：//asiatimes. com/2020/04/china – eyes – a – covid – 19 – edge – in – the – indian – ocean/.

七 中印在印度洋联合抗击新冠肺炎疫情

中国和印度一直是整个印度洋地区抗击新冠肺炎疫情实践经验的主要分享者。值得注意的是，与以往不同，双方都没有指责对方。印度是世界上第三大药品生产国，在没有开发出提供新冠病毒免疫力的疫苗的情况下，世界卫生组织认可了印度的乙酰氨基酚（扑热息痛）和羟氯喹片，印度向印度洋沿岸多个国家供应了这些药品。以该地区的一些代表性的案例为例，印度首先向巴林、科威特和阿曼派出了医疗队和提供了羟氯喹片，而中国则承担重任帮助了伊朗这个此次受疫情影响最严重的国家之一。[①] 截至 2020 年 3 月中旬，中国已向伊朗提供了 35 万个诊断测试包、2.4 万个口罩、13 万件隔离服、120 台医用呼吸机等，随后还提供了更多的物资。

重要的是，中国和印度提供的物资是对中国和印度联合抗击新冠肺炎疫情的行动的证明。最为明显的是印度的药品供应链，在全球范围内供应的药品中，中国向印度提供的活性原料药（API）占进口总量的 3/4 以上。中国的原料药占印度抗生素产量的 90%，约占整个药品产量的 2/3。即使是印度需求量最大的羟氯喹片剂，印度的实验室（Zydus、Microlabs、Cipla 和 Wallece）也都依赖于来自中国的原料药。此外，这些来自中国的原料药的供应，不仅满足了如此大的需求量，而且使印度药品的性价比更高，在印度洋沿岸的发展中国家特别有吸引力。根据《美国医学会杂志》上发表的一项研究报告，虽然从体量上看，印度的制药业在全球排名第三，但从产值上看，印度的制药业却排在第十三位。[②] 显然，这反映了两个大国之间牢固的友谊，也成为两国之间关系的一大亮点，因为它们在抗击新冠肺炎疫情的过程中，

---

① Atul Aneja, "India, China Reach out to Gulf Countries in Combating COVID-19", *The Hindu*, April 12, 2020, https://www.thehindu.com/news/national/india-china-reach-out-to-gulf-countries-in-combating-covid-19/article31323464.ece.

② Ashok Kumar Madan, "Pharma Conundrums & 'bottle of lies'", *Observer Research Foundation*, June 11, 2019, https://www.orfonline.org/expert-speak/pharma-conundrums-bottle-lies-51847/.

不仅保护了自己的公民，也为世界其他国家抗击这一流行病做出了贡献。

2020 年的最初几个月，中国成功地控制了新冠肺炎疫情的传播，而印度则是这一流行病的晚期参与者。为了避免像美国和欧洲那样的情况出现，印度尽可能地为避免感染者和死亡人数的急剧上升争取时间。但是，美国在控制新冠病毒的传播方面的失败，使美中紧张的关系进一步升级，给站在一边的印度带来了压力。这使中印两国在印度洋上的友好合作关系在印度国内和世界其他地区的抗击新冠肺炎疫情的过程中显得更加重要。毫无疑问，作为世界上增长最快的主要新兴经济体，中印两国在竞争中都有各自的优势。重要的是要强调它们不断扩大的协调与合作潜力，而这往往不会成为媒体的主要宣传热点。这导致他们的支持者对这两个国家建立复杂的伙伴关系，以塑造"后新冠肺炎疫情时代"区域甚至全球秩序的强调不够。2020 年 3 月 25 日，中国国务委员兼外交部长王毅向印度外交部长苏杰生表示，北京愿与新德里加强合作，"维护全球和地区公共卫生安全"，这为印度提供了一个跨越式发展的机会，在塑造"后新冠肺炎疫情时代"全球新格局中，中国将成为一支不可忽视的力量。

新冠肺炎疫情表明，中印两国都有其独特的优势，并可以将挑战转化为建设共同未来的机遇。中国的优势是最早受到新冠肺炎疫情的影响，也是最早摆脱疫情的国家，其工业生产又恢复了正常运转。印度的优势是较晚受到疫情的影响，能够从别人的成功和失败中吸取经验和教训。这使印度和中国不仅仅是自身在抗击新冠肺炎疫情，而且进一步成为在印度洋地区提供援助的第一反应者。事实上，自 2004 年海啸以来，随着时间的推移，双方在参与印度洋事务方面的相互校准模式已经变得更加清晰。自 2015 年尼泊尔地震以来，新德里和北京再次成为第一反应者，双方甚至在共同的周边对接方面都保持了一定程度的冷静。因此，在尼泊尔应对新冠肺炎疫情过程中，中国提供防护装备和检测试剂，印度则主要供应羟氯喹等药品。① 斯里兰卡的

① Atul Aneja, "India, China Reach out to Gulf Countries in Combating COVID－19", *The Hindu*, April 12, 2020, https：//www. thehindu. com/news/national/india－china－reach－out－to－gulf －countries－in－combating－covid－19/article31323464. ece.

情况也是如此，印度运送了大量的医疗用品，同时中国提供了 5 亿美元的优惠贷款，帮助科伦坡渡过因新冠肺炎疫情蔓延而引发的财政困难。在接下来的几个月还有更多的信息，这些都是双方塑造友好关系过程中的积极现象，也表明了两国关系的前景和潜力。

总而言之，中印共同对抗新冠肺炎疫情的初期阶段，清楚地反映出双方的相互依存度较高，对彼此的利益和举措也较了解。印度洋地区作为两国的最新交汇点，双方在仔细调整合作途径或者至少是在协调，以尽量减少争论或相互误解。在过去 10 年中，双方的影响力不断增强，同时也对对方不断扩大的海军和海上能力表示关切。2020 年，两国在印度洋沿岸地区共同抗击新冠肺炎疫情的努力，进一步显示了双方对彼此实力和彼此优先事项的日益重视。新冠肺炎疫情是一个紧迫而又独特的例子，它减少了中印之间的互相伤害，将它们推向了更好的协调合作。在全人类的健康危机面前，病毒是中印共同的敌人，两国抗击新冠肺炎疫情的努力极大地促进了新的合作框架的建立，这将促进中印未来的合作关系。新冠肺炎疫情作为全人类的威胁，也让中国和印度认识到了他们为人类创造一个更安全的世界的巨大使命。这种使命将催生具体的双边倡议，使中印两国在塑造"后新冠肺炎疫情"时代的地区和世界秩序方面的合作关系得以加强。

B.7
孟加拉湾地区的大国参与模式与
地缘战略动态

李红梅*

摘　要： 孟加拉湾地区的地缘政治与地缘经济竞争呈现日趋激烈之势。
除中国外，美国、印度与日本三个大国在这一地区的行为以
不同的参与模式呈现。美国通过经济与安全援助"武装"地
区小国，并将印度培育为分摊地区责任的地缘战略棋手；印
度在"邻国优先"原则下奉行地区"轴辐"战略，强化对地
区机制的主导权；日本利用经济优势寻求与印度的战略协同，
并强化对地区国家的经济和安全支持。大国在孟加拉湾地区
日趋活跃的背后是出于制衡中国的"战略共识"。

关键词： 孟加拉湾　大国参与　战略趋同　对冲战略

孟加拉湾次区域正成为大国在印度洋地区进行战略博弈的交汇点和缩
影，并为我们观察整个印太区域未来战略走势提供了一个窗口。中国的
"一带一路"倡议、印度的"东向行动"政策、美国的"印太战略"、日印
的"亚非增长走廊"计划正在孟加拉湾地区形成战略趋同①或战略冲突的互

＊ 李红梅，上海国际问题研究院国际战略研究所助理研究员。
① 本报告在此对描述国家间战略关系的三个易混淆的词组进行细微区别，以便于以下文字表述。
战略协同（Strategic Collaboration）主要强调有关行为体在战略上的协调与合作；战略趋同
（Strategic Convergence）强调相关行为体在战略利益和目标上的一致；战略融合（Strategic
Integration）更强调各方行为体在战略上的全面一致性和整合。

动态势，这既是孟加拉湾地区地缘政治与地缘经济价值上升的结果，客观上也加剧了这一地区在大国战略布局中的重要性，促使其地缘价值呈"螺旋式上升"。既有文献多集中于对这一地区单个国家或者孟加拉湾次区域安全治理的研究，而对主要大国近年来在这一地区具体参与模式的系统性研究尚不足。在此背景下，本报告在对孟加拉湾地区的地缘概况和历史沿革进行系统梳理的基础上，将聚焦于美国、印度与日本这三个关键大国近年来在孟加拉湾地区的具体参与模式进行系统分析。需要说明的是，无疑中国也是孟加拉湾地区的重要参与大国，并在一定程度上对地区的秩序产生了塑造作用，既有研究已有所涉及，因此本报告不将中国作为重点分析对象。本报告尝试从中国的视角来观察其他几个关键大国在这一地区的"谋篇布局"，试图为中国理解当前孟加拉湾次区域的地缘战略态势提供清晰的图景，为未来中国在这一地区的战略设计提供参考。

一 孟加拉湾地区的地缘概况与历史沿革

（一）孟加拉湾地区的地缘概况

孟加拉湾地处印度洋东北部，是全世界最大的海湾，覆盖面积约 217.3 万平方公里，大致位于北纬 5 度至 22 度，东经 80 度至 90 度。[①] 沿岸国家有斯里兰卡、印度、孟加拉国、缅甸、泰国、马来西亚、印度尼西亚 7 个国家。但在印度和美国学界的有关研究中，处在内陆的尼泊尔和不丹通常也被划入孟加拉湾地区国家之列。尽管这两个内陆国家并不直接濒临孟加拉湾，但是孟加拉湾是它们进入印度洋的最近出海口，两国的海上贸易通常要经过孟加拉湾通往印度洋。如果依此逻辑，从地理距离来看，中国也可以被视为孟加拉湾地区国家，或者可以说中国属于泛孟加拉湾地区国家。因为中国西南边陲到达孟加拉湾也具有地理优势，孟加拉湾是中国西南地区的最近出海口。

---

① "Bay of Bengal", *Encyclopedia Britannic*, https：//www. britannica. com/place/Bay - of - Bengal.

此外，中国在孟加拉湾地区已进行了广泛的建设性参与，包括基础设施投资建设、能源合作、港口合作以及应对非传统安全事务等。因此，无论从地理距离还是从地区参与的合法性来讲，中国也可被视为广义上的孟加拉湾地区国家。

就人口分布来看，孟加拉湾沿岸地区也是人口分布最稠密的地区之一，占全球人口总数近 1/4，[①] 市场潜力巨大。从资源分布来说，这一地区享有非常丰富的自然资源，尤其是石油和天然气。截至 2017 年年底，该地区共发现了油气田 82 个，其中缅甸、孟加拉国和印度三国的天然气蕴藏量尤为丰富。据估计，该地区未来的石油可采量为 1200 万吨，天然气可采量为1.4 万亿立方米。[②] 作为拥有重要运输功能的海上通道，它的战略意义非常重要。据估计，全球近 1/4 的海上贸易经过这一地区。[③] 此外，孟加拉湾还位于从中东到东亚国家进行油气资源运输的主航道上，从波斯湾穿越北印度洋到马六甲海峡必经孟加拉湾地区，这也决定了它对中国、日本、韩国等油气资源高度依赖进口的国家的战略重要性。因此，孟加拉湾地区的和平与稳定将直接影响沿岸国家的能源安全，进而影响经济安全甚至国家安全。另外，孟加拉湾还发挥了联结南亚与东南亚的桥梁作用，在过去很长一段时间里这两个区域几乎处于"各自为政"的状态，互联互通性比较弱、地区一体化程度低、区域整合性差，导致这一地区在安全治理上几乎长期处于无政府状态，地区国家"协同发展"的机制"缺位"。随着国家间经济相互依赖的日益增强，尤其是经济全球化催生下的区域主义的不断发展，孟加拉湾联结南亚与东南亚国家的枢纽作用就越来越明显了。而处于孟加拉湾东南侧的安达曼－尼科巴群岛在印度的海洋战略中重要性日显，与历史上这一群岛长

① Mohammad Humayun Kabir, Amamah Ahmad, "The Bay of Bengal: Next Theatre for Strategic Power Play in Asia", *CIRR*（2015）: 204.

② 《孟加拉湾盆地叩开深海油气希望之门》，中国能源网，2018 年 9 月 12 日，http://www.cnenergy.org/pub/xny/yq/201809/t20180912_695222.html.

③ Constantino Xavier, Darshana M. Baruah, "Connecting the Bay of Bengal: The Problem", *Carnegie India*, March 1, 2018, https://carnegieindia.org/2018/03/01/connecting-bay-of-bengal-problem-pub-75710.

期被"战略忽视"形成了鲜明对比。2015 年，莫迪宣布要将这一群岛打造为印度的"第一海上枢纽"，聚焦港口、航运基础设施以及旅游业发展。为此印度也开始积极寻求与其他国家合作来共同开发安达曼－尼科巴群岛，例如邀请日本参与群岛的民用基础设施建设，而历史上印度却比较排斥其他国家特别是域外国家的地区性介入。拉贾·莫汉认为这是印度在意识到中印之间实力存在严重不对称的情况下，寻求外力来弥补印度"短板"的结果。[①]同时印度也在加速对安达曼－尼科巴群岛的军事化进程。早在 2001 年印度就在该群岛设立了三军司令部，以提升安达曼－尼科巴群岛在印度军事部署中的战略地位，企图通过将这一群岛的部分地区军事化，将它打造为印度在印度洋地区"永不沉没的航空母舰"，如同迪戈加西亚岛之于美国，使安达曼－尼科巴群岛更有效地服务于未来印度在印度洋地区和西太平洋地区的战略利益。因此，无论从经济层面还是从军事安全层面来看，孟加拉湾地区都正在变得越来越重要。

（二）孟加拉湾地区的历史沿革

历史上，孟加拉湾次区域也作为关键的海上贸易通道发挥过重要作用。15 世纪末欧洲国家先后进入印度洋，通过"炮舰外交"使得印度洋沿岸地区逐步沦为欧洲国家的殖民地，一些国家成为欧洲的原料供应地和商品销售市场。欧洲国家殖民扩张的结果，客观上也促进了孟加拉湾地区海上贸易的发展。反过来，这一地区贸易主导权的转移又成为观察欧洲大陆大国兴衰的"晴雨表"。从 17 世纪到 19 世纪初，葡萄牙与荷兰主导了这一地区的贸易，到 19 世纪 20 年代时，英国取代了葡萄牙和荷兰两国开始主导孟加拉湾地区[②]，并最终逐渐控制了整个印度洋，将其视为英国的"内湖"。但在整个冷战时期，孟加拉湾次区域并不属于大国竞争的关键地带，因为那段时间大

---

① C. Raja Mohan, Ankush Ajaywagle, "Returning to the Andaman Sea", *Carnegie India*, January 1, 2019, https：//carnegieindia. org/2019/01/01/returning－to－andaman－sea－pub－78132.
② Mohammad Humayun Kabir, Amamah Ahmad, "The Bay of Bengal：Next Theatre for Strategic Power Play in Asia", *CIRR*（2015）：204.

西洋仍聚集着世界各大国权力争夺的目光，整个印度洋并不是大国竞争的"主战场"，孟加拉湾作为印度洋的重要组成部分也不例外。尽管1971年第三次印巴战争期间，美国曾派"企业号"航空母舰开赴孟加拉湾对印度进行核威慑，但总体来看这一地区在国际社会的存在感比较低。沿岸国家先后获得殖民解放并独立后，普遍忙于国内事务，纷纷建立了相对内向型的经济发展模式。域内国家在政治、经济以及文化等方面存在较大差异性，彼此独立性强、相互依赖性弱，以及多数国家当时面临族群冲突的问题而担忧其他国家的政治介入，综合导致了整个孟加拉湾次区域难以实现整合。在地理上，孟加拉湾又地处南亚与东南亚之间的中间分割线上，这两个地区长期以来更注重区域内部的交流与合作，彼此交叉互动少，[1] 都尝试通过建立相关机制促进区域内部一体化，例如1965年成立的东盟以及1985年成立的南盟，这两个组织的建立客观上强化了区域内部的身份认同，但没有形成促进两个区域之间交叉互动的关系纽带。[2]

冷战后随着经济全球化与区域经济一体化的不断发展，地区国家间加强经济交流与合作的内在需求越来越强烈。而作为机制化水平低、整合性弱的孟加拉湾地区，部分国家开始进行政策的转向和调整，最典型的就是冷战后印度开始实行经济改革，推行经济自由化与对外开放，提出"向东看"，积极发展与东南亚国家的经济合作关系，客观上推动了印度主导的南亚与东南亚两个独立区域互动的步伐。1997年，孟加拉湾首个次区域性机制宣告成立，由斯里兰卡、印度、孟加拉国、尼泊尔、不丹、缅甸和泰国七国组成的环孟加拉湾多领域经济技术合作倡议（BIMSTEC）宣告成立，其成员国涵盖了孟加拉湾沿岸的南亚国家与东南亚国家，从而为促进区域间的融合提供了制度基础。BIMSTEC旨在通过建立以行业为导向的合作模式，利用区域的资源与地理优势，在具有共同利益的不同领域间加强合作以减轻全球化带

---

[1] David Brewster, "The Bay of Bengal: A New Locus for Strategic Competition in Asia," *Asia Pacific Bulletin*, May 15, 2014.

[2] Nitin Agarwala, Premesha Saha, "Is the Bay of Bengal Regaining Its Lost Importance?" *Journal of the Indian Ocean Region*, July 2, 2019, p. 1.

来的冲击，① 因此它是一个纯粹的次区域经济合作组织。但成立后的 20 年时间里，它的影响力有限，地区存在感弱，没有有效发挥其纽带作用，原计划每两年举行一次的成员国领导人峰会到 2019 年年底为止只举办了 4 次。2018 年 8 月在尼泊尔首都加德满都举办了第四届峰会后，同年 9 月该组织首次举行了名为"MILEX - 2018"的联合军事演习，其机制功能已扩大，从过去纯粹的经济性组织扩大为涵盖区域安全合作的多功能性组织，这得益于印度的积极推动。② 孟加拉湾沿岸国家之间原有争端的解决也促进了区域融合，最典型的就是印度与孟加拉国长期存在的海洋边界划界争端问题自 1974 年两国开启谈判后历时 40 年，终于在 2014 年得以解决。同样孟加拉国与缅甸的海上争端也于 2012 年得到了最终解决。③ 另外，这一地区国家经济发展的速度整体比较快，发展潜力巨大。根据世界银行关于各国的GDP 统计数据来看，孟加拉湾沿岸国家如印度、孟加拉国、缅甸、印度尼西亚等国的经济增速相对较快，④ 各国寻求对外合作以促进国内经济发展的政治意愿强，地区经济发展正呈现活跃态势，这也增加了该地区的吸引力。

然而随着中国"一带一路"倡议的实施，印度"东向行动"政策的推行，日印"亚非经济走廊"计划的出炉以及美国主导的"印太战略"的推出，孟加拉湾又重新成为一个新的地缘战略热点地区。域内国家之间、域内国家与域外国家之间以及域外国家之间在经济、安全等多层面形成复杂互动，相关国家在这一区域的活动也越来越频繁，客观上为该地区的发展既带来了机遇也带来了挑战。近年来，国内外学界对这一区域的关注度也越来越高，使对这一区域的研究正在成为新的"学术增长点"。伴随着地区活动参与主体的日趋多元化，传统的地缘政治与地缘经济竞争也开始出现回潮，部分大国并没有放弃"零和"思维。相反，孟加拉湾沿岸小国则态度更加积

① BIMSTEC, https：//bimstec. org/？page_ id = 189.

② Nazia Hussain, "Can BIMSTEC Finally Become Relevant?", *The Diplomat*, November 2, 2018, https：//thediplomat. com/2018/11/can - bimstec - finally - become - relevant/.

③ Mohammad Humayun Kabir, Amamah Ahmad, "The Bay of Bengal：Next theatre for strategic power play in Asia", *CIRR*（2015）：208.

④ GDP Growth, the World Bank, https：//data. worldbank. org/indicator/NY. GDP. MKTP. KD. ZG.

极，以"合作发展"的心态来看待与域外国家的经济合作行为，并借此机会提升其国内的综合实力和地区影响力，反对传统的地缘政治思维，例如孟加拉国学者认为，中国并没有在印度洋地区实施所谓的"珍珠链"战略，[①]而是通过签署协议的方式进行合作，并认为中国在地区的活动并非寻求"基地"而是寻求可进入性。[②] 不过孟加拉湾地区也面临各种安全风险，比如分离主义、政治动荡、自然灾害、难民、人口走私、海盗、跨境犯罪、恐怖主义等问题，这些议题又为国家之间的合作提供了机遇，因为在全球化时代人类命运共同体的特征已越来越明显，国家之间只有通过合作、提倡集体治理才能实现共同安全。但同时这也成为部分国家用来加速"武装"地区小国以实现其战略利益的借口，尤其是对于那些抱有地缘政治竞争思维的国家而言。孟加拉湾日益成为大国在印度洋地区的"战略重点"，各方积极进行战略上的"谋篇布局"，大国战略正在此形成协同与趋同、碰撞与冲突相并行的基本态势。

二 美、印、日在孟加拉湾地区的主要参与模式

本部分将系统分析近年来相关大国在孟加拉湾次区域的主要参与模式或战略部署模式，并聚焦于除中国以外的美国、印度和日本三个国家。一方面，这三国在孟加拉湾地区已有一定的参与基础和地区影响力，并形成了相对系统的参与模式；另一方面，三国在孟加拉湾地区出于对抗中国地区影响力的"战略共识"，正形成一定程度上的战略协同和战略趋同。中国作为该地区重要的参与大国之一，目前在孟加拉湾地区的参与主要涉及孟、中、印、缅经济走廊、"21 世纪海上丝绸之路"、中缅经济走廊，以及

---

① 这一概念最早于 2004 年由美国博恩艾伦咨询公司（Booz Allen Hamilton）在其发布的《亚洲的能源未来：最终报告》中提出，曲解中国与印度洋沿岸国家如缅甸、孟加拉国、斯里兰卡、马尔代夫、巴基斯坦等国的港口基础设施建设合作。

② Mohammad Humayun Kabir, Amamah Ahmad, "The Bay of Bengal: Next Theatre for Strategic Power Play in Asia", *CIRR*（2015）：219.

中国与斯里兰卡、孟加拉国和印度等国的系列双边合作。而随着孟加拉湾地缘政治和地缘经济重要性的不断增强，区域内国家以及域外国家之间战略互动不断深化，并呈现分化与冲突的基本特征，为中国参与该地区的事务带来了潜在风险。① 在此背景下，研究美、印、日三国在孟加拉湾次区域的具体参与模式，将有助于中国了解"它们"在这一地区的战略布局。

（一）美国：用援助"武装"小国和培育地缘战略棋手

孟加拉湾地区已被美国视为具有重要战略意义的区域。在 2019 年 6 月 1 日美国国防部发布的《印太战略报告：未雨绸缪、伙伴关系与促进区域网络化》（简称《印太战略报告》）中，印太地区被视为对美国未来最重要的区域，也将是美国的战略优先地区。所谓印太地区，在地理范围上被界定为"横跨从美国西海岸到印度西海岸的广阔区域"②，孟加拉湾次区域在整个印太地理范畴中属于印度洋地区的关键地带，因此要从整个印太视角来观察美国在孟加拉湾地区的战略部署。2017 年 11 月，特朗普在越南出席亚太经合组织领导人峰会时提出了美国的"自由与开放的印太愿景"③ 后，美国战略界与中国学界普遍认为特朗普的印太愿景难以付诸实践，然而不到 3 年的时间，美国已按部就班将当初的愿景战略化。美国"印太战略"的关键是构建一个排他性的区域性经济与安全合作新机制，尤其注重对区域国家的基础设施投资与安全能力建设。为配合"印太战略"的实施，美国国防部进行了部门重组和资源整合。2018 年 5 月，美国将太平洋司令部更名为"印太司令部"，将下辖范围扩大到整个印太地区，即东西范围从美国西海岸到印度西海岸，南北范围从北极到南极的广阔区域，下辖 37 万余人，其人员规模和负责

① 杨思灵：《孟加拉湾次区域：战略系统的互动与挑战》，《南亚研究季刊》2019 年第 3 期，第 80 页。
② U. S. Department of Defence, "Indo-Pacific Strategy Report: Preparedness, Partnership and Promoting a Networked Region", June 1, 2019, p. 1.
③ White House, "Remarks by President Trump at APEC CEO Summit", November 10, 2017, https://www.whitehouse.gov/briefings - statements/remarks - president - trump - apec - ceo - summit - da - nang - vietnam/.

的范围也是当前美国所有司令部中最大的，① 可见这一区域在美国全球战略部署中的重要性。就孟加拉湾地区而言，美国近年在整个孟加拉湾地区政策的调整多集中于对孟加拉国、斯里兰卡以及马尔代夫的安全与经济支持，而对缅甸、尼泊尔、不丹等国，美国延续了长期以来的政策，以支持非传统安全应对为主，对印度则是努力让其扮演分摊地区责任的"伙伴"角色，具体表现如下。

1. 通过经济与安全援助"武装"地区小国

美国在孟加拉湾地区的主要参与模式是经济与安全援助"双管齐下"，通过经济与安全援助提升孟加拉湾沿岸小国的"经济独立性"与安全防卫能力。孟加拉湾作为印太地区的重要组成部分，美国早已从法律上为其战略部署做好了准备。美国先后通过了两部关键性法案，一个是2018年10月5日由特朗普签署生效的《2018年优化投资促进发展法案》，通过该法案美国成立了国际发展金融机构，以促进私营部门在中低收入国家中的资金与技术参与，该机构的有效期为20年，到2038年9月30日截止。这个金融机构设立的初衷是向一些欠发达国家提供资金、贷款以及其他金融类服务。② 通过这项法案，国际发展金融机构的发展融资能力被提升到了600亿美元。③ 国际发展金融机构本质上服务于美国的对外政策和国家安全利益，因此具有美国政府背景，而不是单纯的营利性经济组织。美国战略与国际研究中心（CSIS）高级副总裁丹尼尔·让伦德（Daniel Runde）等人认为，特朗普上任后将中国视为美国全球经济的一个"主要挑战者"，《2018年优化投资促进发展法案》正是美国对中国快速发展的政策回应。④ 其实早在2017年12月发布的《美国国家安全战略》报告中，美国就明确提出了要通过升级美国的金融工

① U. S. Department of Defence, "Indo-Pacific Strategy Report: Preparedness, Partnership and Promoting a Networked Region", June 1, 2019, p. 19.

② S. 2463 – BUILD Act of 2018, Congress Gov, June 27, 2018, https://www.congress.gov/bill/115th–congress/senate–bill/2463/text.

③ U. S. Department of State, "Advancing a Free and Open Indo-Pacific Region", November 18, 2018, https://www.state.gov/advancing–a–free–and–open–indo–pacific–region/.

④ Daniel Runde, Romina Bandura, "The BUILD Act Has Passed: What's Next?" CSIS, October 12, 2018, https://www.csis.org/analysis/build–act–has–passed–whats–next.

具，促进美国企业在发展中国家的经济参与，"当其他国家利用投资和项目融资来扩大其影响力时美国也将不会落后于人"，① 因此《2018 年优化投资促进发展法案》的最终出炉是美国安全战略的"副产品"。该法案的实质是企图通过金融手段来对冲中国在"一带一路"沿线发展中国家的贷款和投资业务。美国国务卿蓬佩奥就表示："《2018 年优化投资促进发展法案》可以强化美国政府的发展融资能力，为国家主导型投资提供一个更好的替代选择，并推进美国的对外政策目标。"②

另一个法案是 2018 年 12 月 31 日由特朗普签署生效的《2018 年亚洲再保证倡议法案》（*ARI Act of 2018*），该法案旨在促进美国在印太地区的安全和经济利益，授权从 2019～2023 年的每个财年为美国国务院、美国国际开发署和美国国防部拨款 15 亿美元，同时每年还专门拨款 1 亿美元与印太地区国家合作应对网络安全威胁，每财年额外拨款 2.1 亿美元用于促进地区国家的民主和人权。该法案明确规定要应对中国带来的"体系性挑战"③，由此可见，该法案具有明显的地缘政治竞争性质。作为美国"印太战略"的重要组成部分，孟加拉湾沿岸国家正越来越受到美国的重视。在美国的《印太战略报告》中，美方对中国在孟加拉国、马尔代夫和斯里兰卡的合理投资行为进行了妖魔化，④ 尤其将中国在孟加拉国、斯里兰卡等国的投资和贷款活动视为"债务陷阱"。美国官方和战略界热衷于这方面的议题炒作。为此，美国近年来加大了对与中国有广泛经济合作的孟加拉湾沿岸小国的经济和军事安全援助力度，以降低他们对中国资金与技术的依赖。此外，美国国务院还要求国会将 2020 财年对南亚的援助额提升到 4.68 亿美元，以增加对地区国家的经济和安全援助，这笔费用比 2019 财年美国国务院所要求的

---

① "National Security Strategy of the United States of America", the White House, December, 2017, p. 39.

② Daniel Runde, Romina Bandura, "The BUILD Act Has Passed: What's Next?", CSIS, October 12, 2018, https://www.csis.org/analysis/build – act – has – passed – whats – next.

③ Congress. gov, S. 2736 – Asia Reassurance Initiative Act of 2018, Congress gov, December 31, 2018, https://www.congress.gov/bill/115th – congress/senate – bill/2736.

④ U. S Department of Defence, "Indo-Pacific Strategy Report: Preparedness, Partnership and Promoting a Networked Region", U. S, June 1, 2019, p. 9.

拨款高出了两倍多。① 美国白宫 2019 年 3 月向美国国会提交的 2020 年财政预算报告中，为实现美国在印太地区的战略目标，要求拨款超过 10 亿美元专门用于印太地区，以支持该地区国家的民主建设、经济能力建设与安全力量的提升等。其中还强调要利用通过《2018 年优化投资促进发展法案》所建立的美国国际发展金融机构来提升私营资本在高质量的区域基础设施中的运用，以促进美国战略的实施。② 根据预算规定，这个新的美国国际发展金融机构在第一年将获得 3 亿美元的运作资金。因此金融手段已成为美国推行地区政策的一个有效工具。特朗普 2020 财年的政府预算直到 2019 年 12 月19 日才最终获得美国两院通过，12 月 20 日特朗普签署后正式生效。③ 可见美国正在通过立法以及财政支持的方式为后期在整个印太地区的活动提供法律和资金支持。

2018 年，美国提出了"孟加拉湾"倡议，特朗普政府为孟加拉国、斯里兰卡、马尔代夫的海上能力建设提供了 8600 万美元的外国军事融资，以提高区域国家预防、发现和快速应对本区域内出现的非法活动的能力。④ 据新德里电视台 2019 年 6 月的报道，特朗普政府正积极扩充其"孟加拉湾"倡议。此前美国宣布向孟加拉湾地区提供 6400 万美元经济援助，以支持地区国家提升基础设施标准、强化互联互通及地区的网络安全。之后，美国又向孟加拉国、斯里兰卡以及马尔代夫提供了 3000 万美元的安全援助，以加强这些国家的海上能力和维护边界安全的能力。⑤ 此外，美国国务院 2019

---

① "Trump Admin Seeks USD 30 Million Bay of Bengal Security Funding from Congress", Business Standard, June 13, 2019, https：//www. business - standard. com/article/pti - stories/trump - admin - seeks - usd - 30 - million - bay - of - bengal - security - funding - from - congress - 119061300043_ 1. html.

② White House, "A Budget for a Better America (FY2020)", March 11, 2019. p. 72.

③ "Appropriations Watch：FY 2020", Committee for a Responsible Federal Budget, December 24, 2019, http：//www. crfb. org/blogs/appropriations - watch - fy - 2020.

④ U. S Department of State, "U. S. Security Cooperation with India", June 4, 2019, https：//www. state. gov/u - s - security - cooperation - with - india/.

⑤ NDTV, "Eye on China, US Seeks $30 Million For South Asia Security Project", June 13, 2019, https：//www. ndtv. com/world - news/eye - on - china - us - seeks - 30 - million - f south - asia - security - project - 2052385.

年 7 月公布的资料显示，美国向斯里兰卡提供了 3900 万美元的外国军事援助，以加强斯里兰卡的海上力量。同时美国国会对外援助机构——千年挑战公司（MCC）又与斯里兰卡签署了一项价值为 4.8 亿美元的经济协定，旨在促进斯里兰卡的经济发展。2019 年 4 月，斯里兰卡发生恐怖袭击后，美国直接派遣了 FBI 专家协助调查，① 从而在非传统安全领域增强了对斯里兰卡的影响力。在非传统安全领域发挥作用是美国加强在孟加拉湾地区影响力的一个有效手段，从表面上看，美国对这一地区的介入经常打着以共同应对如恐怖主义、跨国犯罪、贩卖人口以及毒品走私等非传统安全问题的旗号，② 目的是增强美国地区参与的合法性，避免引起地区国家的警惕。在战略上美国还积极向斯里兰卡靠近，2017 年美国航母对斯里兰卡港口进行了30 年来的首次访问，并举行了有史以来的第一次水上活动与联合训练演习合作。2018 年 8 月，美国第七舰队对斯里兰卡进行了港口访问，包括"斯坦尼斯号"航空母舰对亭可马里的访问。美国舰队与斯里兰卡海军进行了海上安全合作演习、医疗应急训练，同时美军利用斯里兰卡独特的地缘位置，尝试在印太地区践行"空中物流中心"（Air Logistic Hub）的理念，以便在美国及其盟友和人道主义组织需要时，斯里兰卡能迅速提供救援物资、设备以及其他物资等。③ 2020 年 2 月 4 日，在斯里兰卡独立日当天，美国国务卿蓬佩奥在祝贺声明中强调两国拥有共同的民主价值取向，并共同致力于促进印太地区的自由与开放，以确保和平、经济发展、安全与民主。④ 美国之所以极力拉拢斯里兰卡，很大程度上源于中国近年来在斯里兰卡的广泛参与，包括科伦坡港口城市项目、汉班托塔港等。

① U. S. Department of State, "U. S. Relations with Sri Lanka", July 8, 2019, https：//www. state. gov/u－s－relations－with－sri－lanka/.

② U. S. Department of Defence, "Indo-Pacific Strategy Report：Preparedness, Partnership and Promoting a Networked Region", June 1, 2019, p. 33.

③ Jeff Landis, "NAVSUP WSS Assists 7th Fleet with Logistics Hub in Sri Lanka", America Navy, September 24, 2018, https：//www. navy. mil/submit/display. asp? story_ id＝107160.

④ U. S. Department of State, "Sri Lanka's Independence Day", February 3, 2020, https：//www. state. gov/sri－lankas－independence－day－2/.

孟加拉国也是美国的重点支持对象，它是美国在亚洲除阿富汗和巴基斯坦以外的第三大援助接受国，美国主要通过援建基础设施、人员培训以及为滞留在孟加拉国的罗兴亚难民提供人道主义援助等方式进行。除此之外，自2019年以来美国加速了向孟加拉国"兜售"武器的步伐，双方正在就孟加拉国从美国进口 AH－64 阿帕奇直升机的军售事宜进行谈判，不过美方的前提是双方必须签署一个《整体军事信息安全协议》（GSOMIA），以确保孟加拉国能保护美国的机密军事信息。实际上这是美国军售的一个捆绑协议。另外美国还希望与孟加拉国签署一个《采购与跨服务协议》（ASCA），使双方可以在必要的时候向对方提供后勤交换服务，这将有利于未来美军在孟加拉湾地区或印度洋执行任务时从孟加拉国获得必要的后勤补给。① 实际上美国与斯里兰卡、泰国、印度等孟加拉湾沿岸国家也签署了相似的协议，其中泰国与美国于2012年就发表了共同声明建立了防务联盟关系。② 通过与地区国家签署军事协议，美国在整个孟加拉湾地区打造了广泛的军事合作网络。此外，美国实施"印太战略"以来，相对"放宽"了对外出售现代化军事装备的条件，在2017年12月发布的《美国国家安全战略》报告和2018年11月发布的《美国国防战略》报告中，美国都将对外军售作为巩固联盟和吸引新伙伴的重要手段。③ 推动地区国家的民主转型也是美国长期以来所追求的政治目标，例如自2012年以来，美国已向缅甸提供了近15亿美元以支持缅甸的民主转型、经济转型以及国内和平进程。④ 地处内陆的尼泊尔近年也成为美国防务伙伴的潜在培养对象，2018年6月两国展开了首次高级别

---

① Mir Mostafizur Rahaman, "Purchase of US Defence Hardware: Dhaka, Washington Closing in on Deal", The Financial Express, October 18, 2019, https://thefinancialexpress.com.bd/trade/purchase-of-us-defence-hardware-dhaka-washington-closing-in-on-deal-1571371673.

② U. S. Department of State, "U. S. Relations With Thailand", October 21, 2019, https://www.state.gov/u-s-relations-with-thailand/.

③ "Indo-Pacific Strategy Report: Preparedness, Partnership and Promoting a Networked Region", June 1, 2019, p. 22.

④ U. S. Department of State, "U. S Relations with Burma", January 21, 2020, https://www.state.gov/u-s-relations-with-burma/.

的防务对话。①

2. 打造地缘战略棋手——印度

"活跃的地缘战略棋手是有能力、有民族意志在其国境之外运用力量或影响去改变现有地缘政治状况以至影响美国的利益的国家。"② 地缘政治学家布热津斯基曾认为,印度对其邻国以及印度洋地区的地缘战略构想同美国在欧亚大陆没有利益冲突。③ 当前美国似乎正在践行当初布热津斯基的建议,将印度打造为这一地区的地缘战略棋手,利用印度对孟加拉湾地区小国的影响力来实现美国的战略利益。拉拢印度,将印度培育为美国在印度洋地区坚定的责任分担者是自奥巴马政府以来美国长期的一项对印政策。主张"美国优先"政策的特朗普上台后"变本加厉",强调盟友与伙伴的责任分摊而不是美国承诺。罗伯特·卡普兰(Robert D. Kaplan)曾认为,"对于美国和中国这两个竞争对手来说,印度向哪一边倾斜,可以决定 21 世纪欧亚大陆的地缘政治进程"④。现实政治也证明了美印两国走近背后的"中国因素",以防务合作为基石的美印关系不断升级。根据美国发布的《印太战略报告》,2016 年 6 月美国将印度列为"主要防务伙伴",旨在将两国的防务合作关系提升到美国最亲密盟友的水平。⑤ 2019 年 12 月,两国举行了第二届"2 + 2"(防长与外长)部长级对话,双方在政治上高层互访频繁,防务与安全合作不断扩大和深化,不同层次和不同领域的对话与协调机制密集开展或建立,并呈多元化发展之势。例如,2019 年 8 月美印举行了第四轮海洋安全对话,2019 年 9 月举行了网络安全对话,2019 年 11 月举行了空间联合工作组会议。此外,2019 年 5 月和 11 月美、日、印、澳就地区性和全球

---

① U. S. Department of Defence, "Indo-Pacific Strategy Report: Preparedness, Partnership and Promoting a Networked Region", June 1, 2019, pp. 35 - 36.

② 〔美〕兹比格纽·布热津斯基:《大棋局:美国的首要地位及其地缘战略》,上海人民出版社,2007,第 34 页。

③ 〔美〕兹比格纽·布热津斯基:《大棋局:美国的首要地位及其地缘战略》,上海人民出版社,2007,第 39 页。

④ 〔美〕罗伯特·卡普兰:《即将到来的地缘战争》,广东人民出版社,2013,第 230 页。

⑤ U. S. Department of Defence, "Indo-Pacific Strategy Report: Preparedness, Partnership and Promoting a Networked Region", June 1, 2019, p. 34.

性问题进行了交流。美印两国每年还定期举行双边或多边联合军事演习,例如 2019 年 11 月,美印首次举行了致力于人道主义救援和救灾合作的代号为"老虎凯旋"的三军联合演习。①

美印在防务合作上尽管依然保持着"结伴不结盟"的关系,但印度实质上已成为美国的"非协约盟友"。2020 年 2 月 24~25 日,特朗普执政以来首次对印度进行了国事访问,2 月 25 日两国发表了一份联合声明,将美印战略关系提升到了最高层次——全面的全球战略伙伴关系,重点强调了两国在印太地区的战略趋同,这标志着美印关系进入了新的阶段。美国将加大对印度出售高精尖武器的力度,目前双方正在谈判第三项基础军事协议——《地理空间基本交流与合作协议》(BECA),BECA 一旦签署成功,印度将可共享美国在地理空间情报方面的优势,有助于印度在边界地区提高其自动化硬件系统与武器的精准度。随着美印三个基础性军事协议②的签署和谈判,印度真正享有了美国的"非盟友"待遇。特朗普这次访印尽管没有完全达到其预期效果,但双方签署了价值约 34 亿美元的军售订单,并达成了几个谅解备忘录,以及就双边经贸、能源安全、太空合作以及地区和全球性问题展开了广泛讨论,③ 在一定程度上为美印双边关系的进一步提升创造了良好的政治气氛。尽管印度坚持不结盟战略,然而追求战略伙伴关系成为印度在对外关系中越来越明显的政策倾向。1997 年,南非第一个与印度确立战略伙伴关系,法国和俄罗斯分别于 1998 年和 2000 年与印度建立战略伙伴关系,而美国与印度的战略伙伴关系确立于 2004 年。特朗普此次对印国事访问的最大成果除了军售外,就是将两国关系提升至战略伙伴关系的最高阶段。从两国关系发展的历史规律来看,一旦双方在战略伙伴关系上升级,后续防务合作就会大幅提升,例如 2004 年美印确立战略伙伴关系后,两国实

---

① "Report 2019－20", Ministry of External Affairs, Government of India, pp. 181－182.

② 美印三个基础性军事协议分别是 2016 年 8 月签署的《后勤交换协议备忘录》、2018 年 9 月签署的《通信兼容与安全协议》以及目前还在谈判中的《地理空间基本交流与合作协议》。

③ The White House, "Joint Statement: Vision and Principles for the United States－India Comprehensive Global Strategic Partnership", February 25, 2020.

现了在民用核能方面的合作突破,美国甚至通过修改国内法专门为印度开了绿灯,同年两国还签署了有效期长达10年的防务合作框架协议。此后美国对印军售级别不断升级,规模不断扩大。尽管俄罗斯仍是印度的最大武器供应国,但美国2020年的财政预算中明确规定要支持伙伴国家摆脱对俄罗斯军事装备的依赖,[1] 强化双边安全关系以帮助伙伴国家从美国购买更多的国防产品和服务。[2] 因此,美国加速对印武器出口也将成为必然趋势,同时也符合美国对印度的利益诉求,企图让印度分摊在孟加拉湾地区甚至整个印度洋地区抗衡中国的部分责任。印度还成为继日本和韩国之后第三个获得美国给予战略性武器贸易授权地位(STA-1)的亚洲国家。[3]

此外,积极参与地区多边合作也是美国当前参与孟加拉湾地区事务的一种重要方式。与美国在亚太地区推行以双边合作为基础的传统"轴辐"战略不同的是,自"印太战略"推出以来,美国开始更加注重在印太地区的三边合作机制,尤其是在防务领域的三边合作,并积极鼓励其盟友和伙伴国家建立相互间的联系网络。例如"马拉巴尔"联合军演机制为美国在孟加拉湾地区增加"存在感"提供了平台。2007年9月,孟加拉湾举行了有史以来最大规模的"马拉巴尔"海军演习,美国2艘航母和印度1艘航母参加,此外还包括日本、澳大利亚和新加坡,目前该机制已从1992年的美印双边机制演变为美、印、日三边机制,日本于2015年正式成为永久性合作伙伴。另外,通过融资提高孟加拉湾地区国家的防务能力也是美国打造地区安全网络的一个重要方式。2019年,印度、孟加拉国、斯里兰卡获得了由美国国防部设立的海上安全倡议的支助,美国致力于在印太地区开展伙伴能力建设。此外值得注意的是,美国当前为印太地区"量身制作"的"蓝点网络"计划(Blue Dot Network)可能将在孟加拉湾地区引发新的"规则竞争"。该计划企图将这一区域的各国政府、私营部门、民间社会团体联合起

① The White House, "A Budget for a Better America (FY2020)", March 11, 2019, p. 73.
② The White House, "A Budget for a Better America (FY2020)", March 11, 2019, p. 74.
③ Vinay Kaura, "Securing India's Economic and Security Interests in the Indo-Pacific", Indian *Journal of Asian Affairs*, Vol. 31, No. 1/2 (2018): 42.

来，构建一个全球基础设施发展项目的统一认证标准，也就是建立以美国为主导的新的地区基础设施投资国际标准，从规则上进行霸权式领导，试图垄断对地区大型基础设施投资建设的统一审核标准，以实现所谓基础设施发展项目的市场驱动性、透明性和财务上的可持续性。① 这一计划提出的背景是中国"一带一路"项目在发展中国家的推进，因此具有极强的针对性和地缘竞争性。无疑孟加拉湾地区已成为美国未来战略重心地带，美国正在努力打造有利于实现其整个"印太战略"利益的联盟与伙伴关系网络，包括通过巩固与韩国、日本、菲律宾与泰国的联盟关系，强化与新加坡、新西兰、蒙古等的伙伴关系，以及在南亚地区落实与印度的主要防务伙伴关系和建立与斯里兰卡、孟加拉国、马尔代夫和尼泊尔的新伙伴关系，从而促进美国在整个印太地区关系网络的构建。

（二）印度：实施"轴辐"战略和强化对地区机制的主导权

孟加拉湾无论在印度的海洋战略还是对外政策中都具有重要作用。根据印度港口协会公布的数据，印度全国拥有 13 个主要港口，其中有 7 个位于孟加拉湾地区，全印第二大港钦奈港也位于印度东海岸。除此之外，印度还分布着一些非主要港口。② 因此孟加拉湾对印度的重要性不言而喻。根据印度 2015 年发布的《确保海洋安全：印度的海洋安全战略》报告，在地理范畴上印度的海洋利益从阿拉伯海和孟加拉湾地区延伸到了整个印太地区，甚至还包括大西洋的一部分。③ 这是印度在不断崛起的过程中致力于从过去"陆向"战略向"海陆复合型"战略转变的结果。从南非到印度尼西亚以北的印度洋地区都被印度视为主要海洋利益区，包括红海和整个波斯湾地区，而次要利益范围则覆盖了整个印太地区，延伸至非洲西海岸并涵盖地中海。印度的海外石油与天然气投资主要集中在孟加拉湾地区的孟加拉

---

① U. S. Department of State, "Blue Dot Network", https：//www. state. gov/blue – dot – network/.

② India Ports Association, http：//ipa. nic. in/sitemap. cshtml.

③ "Ensuring Secure Seas Indian Maritime Security Strategy", *Zadran Nacy*, October 2015, p. 28.

国、斯里兰卡和缅甸三国，尤其在斯里兰卡和缅甸。① 受根深蒂固的地缘竞争思维影响，印度对中国在这一地区的任何合作行为都保持了高度警惕，利用其实力优势对地区周边小国奉行"轴辐"战略，并在地区机制中积极发挥主导作用以增强地区影响力。不过印度的政策是一个动态变化的过程。印度外长苏杰生（Subrahmanyam Jaishankar）认为，对于处于不断变化和转型的外部环境，印度的对外政策应该充满灵活性，并能随机应变。②

1. 在"邻国优先"原则下奉行地区"轴辐"战略

"印度的安全关切与印度洋沿岸国家紧密相连"③，加强与区域内国家间的双边关系在印度看来是实现国家安全的重要途径之一，同时也是莫迪上台以来实行"邻国优先"政策的结果。在孟加拉湾地区，莫迪的"邻国优先"政策与"东向行动"政策正共同塑造着印度的地区参与模式和行为，体现为印度在孟加拉湾次区域奉行强化以双边伙伴关系为基础的"轴辐"战略。这种战略的优势在于它可以增加地区小国对印度的非对称性依赖，而非对称性依赖是权力的来源之一。印度国防部在其发布的《2018～2019 年度报告》中，提及孟加拉湾地区三个主要国家（孟加拉国、斯里兰卡和缅甸）多达40 次以上，远远超过了对其他南亚国家的提及，这说明当前孟加拉湾的这三个国家是印度地区政策的重心。莫迪推行的"邻国优先"政策尤其重视与周边邻国关系的发展，其第一任期刚上任就将不丹作为首访国。而与孟加拉国的领土边界、飞地交换等问题的解决也为印孟关系的发展扫除了障碍，印度积极向孟加拉国提供基础设施建设援助、增加贷款等。④ 2019 年两国高层互访密集，为双边关系的全面发展营造了良好的政治气氛，两国合作不断

---

① "Ensuring Secure Seas Indian Maritime Security Strategy", *Zadran Nacy*, October 2015, p. 28.

② "External Affairs Minister's Speech at the 4th Ramnath Goenka Lecture, 2019", Ministry of External Affairs, Government of India, November 14, 2019, https://mea. gov. in/Speeches - Statements. htm? dtl/32038/External_ Affairs_ Ministers_ speech_ at_ the_ 4th_ Ramnath_ Goenka_ Lecture_ 2019.

③ Ministry of Defence, Government of India, "Annual Report 2018 - 2019", p. 4.

④ "Challenges in India's Neighbourhood Policy", Ministry of External Affairs, Government of India, July 14, 2017, https://www. mea. gov. in/distinguished - lectures - detail. htm? 674.

深化。2019年3月印孟共同启动了4个在孟加拉国的发展项目，加强了两国边界地区的互联互通，创建了印孟CEO论坛以促进两国商界的交流。孟加拉国不仅是印度在南亚地区的最大贸易伙伴，还是印度最大的发展伙伴。在过去8年时间里，印度还向孟加拉国提供了80亿美元的贷款用于发展孟加拉国的公路、铁路、港口等基础设施，同时印度还在孟加拉国开展了80多个小型发展项目，而小型发展项目是印度对外发展援助的主要方式。① 印度与缅甸的关系也在不断加强。缅甸作为印度通往东南亚的"门户"，是印度"东向行动"政策和"邻国优先"政策的交汇点，② 对印度具有重要地缘战略价值。2019年5月莫迪第二任期宣布就职时，也邀请了缅甸总统温敏出席其就职仪式。对缅援助是印度发展印缅关系的一个突出特征，印度向缅甸援助项目达17.5亿美元，涉及关于实兑港港口项目、边界地区发展项目、若开邦发展项目的合作等，印度承诺将向若开邦提供2500万美元的发展援助。印度对缅甸丰富的油气资源投资兴趣浓厚，两国在油气资源方面也有广泛合作。两国的防务合作也不断深化。2019年7月，印缅签署了防务合作备忘录，在此框架下2019年9月两国海军开启了第一次海洋安全对话，两国防务部门也开始密切合作解决双方边界的反叛组织问题，印度还帮助缅甸培训军官，提升缅甸的综合防务能力。③

在孟加拉湾地区，斯里兰卡一直是印度对外关系中的"重头戏"，两国高层互访频繁、人文领域合作项目众多。2019年4月，斯里兰卡发生恐怖袭击，莫迪于6月对斯里兰卡进行了访问，成为恐怖袭击发生后首位到访斯里兰卡的外国领导人，足见印度对斯里兰卡的重视。为提升对斯里兰卡的软实力，印度积极通过贷款和援助的方式密切两国关系。斯里兰卡也是印度对外发展援助的主要接收国之一。2019年11月斯里兰卡总统访印时，莫迪宣布向斯里兰卡提供4亿美元的贷款，以促进斯里兰卡国内基础设施建设和经济发展，额外再提供5000万美元贷款用于斯里兰卡国内反

---

① "Annual Report 2019 – 20", Ministry of External Affairs, Government of India, pp. 40 – 42.
② "Annual Report 2019 – 20", Ministry of External Affairs, Government of India, p. 55.
③ "Annual Report 2019 – 20", Ministry of External Affairs, Government of India, pp. 55 – 57.

恐，还积极在斯里兰卡北部、东部地区以及内陆地区进行住房援助。[①] 印度共承诺向斯里兰卡提供 6 万套援建住房，部分住房已建成。[②] 加强与斯里兰卡在军事与安全方面的合作也是印度对斯政策的一个重要表现。两国不仅从 2013 年以来建立了双边联合军演机制，印度还正推动与斯里兰卡建立一个海洋研究协调中心，[③] 以强化两国的海上合作关系。另外，双方还在健康、教育、交通基础设施方面进行了大量合作。

总体来看，印度在这一地区采取了以强化双边伙伴关系为基础的"轴辐"战略模式，并以经济合作，特别是经济援助为主要手段，有别于美国此前在亚太地区推行的、以安全承诺为主要形式和以双边同盟关系为基础的"轴辐"战略。印度加强与孟加拉湾沿岸国家关系发展的步伐既有其国内发展的内在需要，也有出于对中国在孟加拉湾地区日益上升的影响力的担忧。在区域安全部署上，印度正紧锣密鼓地扩大和升级在安达曼－尼科巴群岛的军事设施，例如将群岛上的一个海军航空站直接升级为航空基地。而且莫迪政府正在酝酿一个针对安达曼－尼科巴群岛长达 10 年的扩建计划，旨在充分利用该群岛的地缘优势来提升印度在东印度洋的战略存在。印度战略界普遍认为印度早该在安达曼－尼科巴群岛打造强大的战略存在。

2. 强化对地区机制的主导权

强化对孟加拉湾地区机制的主导权是印度在该地区参与的一个主要表现。典型代表就是在印度的推动下，环孟加拉湾多领域经济技术合作倡议取得了实质性进展。正如前文已介绍的，在孟加拉湾地区，BIMSTEC 是目前连接南亚国家和东南亚国家的重要地区性机制，该组织包含了 5 个南亚国家

---

① "Translation of Press Statement by Prime Minister during State Visit of President of Sri Lanka to India", Ministry of External Affairs, Government of India, November 29, 2019, https://www.mea.gov.in/Speeches - Statements.htm? dtl/32126/Translation_ of_ Press_ Statement_ by_ Prime_ Minister_ during_ State_ Visit_ of_ President_ of_ Sri_ Lanka_ to_ India.

② "Annual Report 2019 - 20", Ministry of External Affairs, Government of India, p. 66.

③ "India Moves to Seek Closer Military Ties with Sri Lanka", Aljazeera, January 20, 2020, https://www.aljazeera.com/news/2020/01/india - moves - seek - closer - military - ties - sri - lanka - 200120062906351.html.

和 2 个东南亚国家，总人口约 16.7 亿，经济总量约 3.7 万亿美元。[①] BIMSTEC 的前身是 1997 年成立的孟印斯泰经济合作倡议（BIST - EC），致力于促进次区域经贸、投资、技术交流等领域的合作，同年缅甸加入，随后 2004 年尼泊尔与不丹正式加入后，该组织更名为 BIMSTEC。因此它成立的初衷是促进次区域国家间的经济合作，打破南亚与东南亚地区长期的"分离"状态，致力于实现孟加拉湾次区域的经济融合。然而从 1997 年成立到 2017 年的 20 年时间里，由于 BIMSTEC 受限于财力、人力资源以及互联互通不足等因素，[②] 该组织未能有效发挥促进地区经济融合的作用。不过作为地区的"领头羊"，印度态度的转变是关键。印度从过去对 BIMSTEC 缺乏"兴趣"转为积极引领的态度，主张通过定期举办高级会议的形式来激活 BIMSTEC 的功能，这主要源于停滞不前的南盟让印度不得不重新寻找替代机制，同时也与莫迪上台以来邻国政策的调整有关。[③] 2016 年 10 月，在莫迪的邀请下，BIMSTEC 成员国领导人齐聚印度果阿举行与金砖国家领导人的对话，实际上这也为 BIMSTEC 领导人会晤提供了机会，最后该组织的领导人集体发布了一份会议文件，强调："共同的地理接近、丰富的自然与人力资源、深厚的历史联系以及共同的文化传承为 BIMSTEC 促进地区的和平、稳定与繁荣提供了一个理想的平台。"[④] 值得注意的是，这份文件还强调了成员国寻求集体反恐的决心，"我们认识到有必要采取紧急措施，遏制和防

---

① "Keynote Address by Secretary（East）at the BIMSTEC Coastal Security Workshop"，Ministry of External Affairs，government of India，November 20，2019，https：//www. mea. gov. in/Speeches - Statements. htm？dtl/32068/Keynote_ address_ by_ Secretary_ East_ at_ the_ BIMSTEC_ Coastal_ Security_ Workshop_ November_ 20_ 2019.

② Constantino Xavier，"Bridging the Bay of Bengal：Toward a Stronger BIMSTEC"，Carnegie India，February 2018，p. 7，https：//carnegieendowment. org/files/CP_ 325_ Xavier_ Bay_ of_ Bengal_ INLINE. pdf.

③ Constantino Xavier，"Bridging the Bay of Bengal：Toward a Stronger BIMSTEC"，Carnegie India，February 2018，p. 11，https：//carnegieendowment. org/files/CP_ 325_ Xavier_ Bay_ of_ Bengal_ INLINE. pdf.

④ "BIMSTEC Leaders' Retreat 2016 Outcome Document"，Ministry of External Affairs，Government of India，October 17，2016，https：//www. mea. gov. in/bilateral - documents. htm？dtl/27501/BIMSTEC_ Leaders_ Retreat_ 2016_ Outcome_ Document.

止恐怖主义、暴力极端主义和激进主义的蔓延。我们决心采取具体措施在执法、情报和安全机构之间建立合作与协调"①。这与过去 BIMSTEC 只是定位于促进地区经济融合的单一功能有所区别，说明在印度的推动下 BIMSTEC 的功能日益多元化，并扩展到了安全领域。2018 年 8 月，BIMSTEC 第四届峰会发表了《加德满都宣言》，实现了环孟加拉湾多领域经济技术合作组织成员内政部长会议的机制化，其目的是进一步推动地区安全合作；9 月不仅举行了以反恐为主题的多边联合军演，还召开了首次陆军参谋长秘密会议。② 由此可见，安全议题已成为 BIMSTEC 的一项重要内容。当然这与孟加拉湾地区本身面临复杂的非传统安全问题有关，前文已有提及，在此不再赘述。

不过中国在整个孟加拉湾地区影响力的不断上升也是印度重新将注意力转移到这个地区的一个重要因素，对中国的担忧无论在印度官方层面还是学术层面都比较明显，例如泰米尔纳德邦中央大学的森加迪尔（T. Sengadir）教授就公开表示，中国在斯里兰卡影响力上升令印度感到担忧。③ 另外"东向行动"政策的实施也是促使印度在孟加拉湾地区提升影响力的一个重要因素，加强与东南亚地区的全方位互动和交流是印度的一个政策重点，而孟加拉湾地区则可以发挥桥梁和枢纽作用。随着印度政策的转向，环孟加拉湾多领域经济技术合作组织经成员间的合作开始迈出了实质性步伐，改变了过去低水平、松散的合作状态，逐渐发挥机制的有效性。例如 2019 年 11 月 7～8 日，在印度维沙卡帕特南首次召开了 BIMSTEC 港口会议，并达成系列成果，泰国西海岸拉农港口与印度东海岸的钦奈港口、维沙卡帕特南港口以及加尔各答港口签署了 3 个合作备忘录，使印泰之间的海上航行距离从以前的 10～15

① "BIMSTEC Leaders' Retreat 2016 Outcome Document", Ministry of External Affairs, Government of India, October 17, 2016, https：//www. mea. gov. in/bilateral – documents. htm? dtl/27501/BIMSTEC_ Leaders_ Retreat_ 2016_ Outcome_ Document.

② "Annual Report 2018 – 2019", Ministry of Defence, Government of India, p. 3.

③ "Challenges in India's Neighbourhood Policy", Ministry of External Affairs, Government of India, July 14, 2017, https：//www. mea. gov. in/distinguished – lectures – detail. htm? 674.

天缩短到了 7 天的时间，① 大大降低了两地的贸易成本。同时跨境安全与海上安全合作议题的重要性凸显，这是印度主导议程设置的结果，例如 BIMSTEC 新建立了国家安全会议机制，BIMSTEC 沿海安全研讨会等，加大了官方层面的安全合作力度，同时强化学术层面的交流以提供智力支持，各成员共同合作应对孟加拉湾地区的安全挑战。除了强化现有地区机制的功能外，印度还积极创建新的地区机制以增强印度的地区影响力和领导力。早在 2015 年 3 月莫迪访问毛里求斯时，就提出了"萨迦"倡议，致力于将印度洋打造为一个名副其实的"所有人共享安全与发展"（Security and Growth for All in the Region）的地区。在他看来，印度洋是印度对外政策的重中之重。"今天，我们 90% 的贸易额和 90% 的石油进口都通过海运进行，我们有 7500 公里的海岸线，1200 个岛屿，240 万平方公里的专属经济区。"② 这也是印度新印度洋政策的开端，为此印度致力于深化与印度洋上岛国和沿岸国家的经济与安全合作。

2018 年 6 月 1 日，莫迪在出席香格里拉对话会时勾勒了印度的印太愿景，即一个包含所有国家的自由、开放和包容的印太区域。③ 在这一背景下，为了加强印度在地区安全的主导作用，2018 年 12 月印度海军在古尔冈创建了"印度洋地区信息融合中心"（IFC - IOR），其主要目的是通过与涉及海洋安全相关的国家和多边国际组织建立联系和协调的方式，建立一个确保印度洋地区和平、稳定与繁荣的信息交流和共享平台。这是印度试图提供新的区域安全公共产品的一个尝试，为区域海洋安全合作搭建了一个海域信息实时分享的平台，孟加拉湾作为印度洋的重要组成部分，受非传统安全影响严重，因此这一机制的建立也将提升印度的地区主导作用。目前 IFC -

① "Keynote Address by Secretary (East) at the BIMSTEC Coastal Security Workshop", Ministry of External Affairs, Government of India, November 20, 2019, https：//www. mea. gov. in/Speeches - Statements. htm? dtl/32068/Keynote_ address_ by_ Secretary_ East_ at_ the_ BIMSTEC_ Coastal_ Security_ Workshop_ November_ 20_ 2019.

② "Prime Minister's Remarks at the Commissioning of Offshore Patrol Vessel (OPV) Barracuda in Mauritius", Ministry of External Affairs, Government of India, March 12, 2015, https：// www. mea. gov. in/Speeches - Statements. htm? dtl/24912/Prime_ Ministers_ Remarks_ at_ the_ Commissioning_ of_ Offshore_ Patrol_ Vessel_ OPV_ Barracuda_ in_ Mauritius_ March_ 12_ 2015.

③ "Annual Report 2018 - 2019", Ministry of Defence, Government of India, p. 5.

IOR 已与 15 个国家和 15 个海洋安全中心建立了合作关系，其合作网络正在不断扩大。IFC – IOR 在建立初期并不是采取实体办公模式，而主要采取虚拟化的信息交流方式，包括通过电话、传真、邮件与视频会议等方式进行信息的传输。① 从其官网发布的内容来看，主要涉及印度洋地区最新海上安全相关的信息、安全警告以及相关国家的海洋活动与合作等，无疑它有利于促进地区国家间信息的互联互通。此外，印度主导或参与其他系列区域性机制与多边活动，例如"米兰"（MILAN）多边海军联合演习、环印联盟（IORA）、印度洋海军论坛（IONS）等，也会间接将其影响力投射到孟加拉湾次区域。印度也开始积极拉拢地区国家组成多边联合军演以抗衡中国的影响力，使孟加拉湾地区的安全动态呈现多层次化，吉特·辛格认为，2019 年 9 月印度与新加坡和泰国三国海军举行的联合军事演习就是制衡中国在孟加拉湾地区影响力的表现。②

（三）日本：寻求与印度的战略协同和加大对地区的资源投入

较美国和印度而言，日本在孟加拉湾次区域的参与相对低调，主要从"低级政治"领域进行针对性的接触和合作。日本在孟加拉湾地区"长期经营"，因此也积累了一定的合作基础和地区影响力，在全球对外援助中日本一直做得比较出色，无疑增强了其软实力。总体来看，日本在孟加拉湾地区的参与是有针对性和选择性的，重点是通过向印度、缅甸、斯里兰卡和孟加拉国提供发展援助、基础设施建设投资、优惠贷款等方式来提高地区影响力。日本早在冷战时期就已在孟加拉湾次区域打下了广泛的合作基础。就当前来看，日印关系的不断升级为日本在孟加拉湾地区影响力的进一步拓展提供了有利条件。随着全球战略环境的变化、孟加拉湾地区重要性的上升以及日本国内对外政策的调整，日本近年在孟加拉湾地区的参与更加多元化，除

---

① Information Fusion Center – Indian Ocean Region, India Navy，https：//www. indiannavy. nic. in/ifc – ior/.

② Abhijit Singh, India, "Singapore & Thailand Navy Exercise is Delhi's Chance to one – up China in Bay of Bengal", Observer Research Foundation, September 21, 2019, https：//www. orfonline. org/research/india – singapore – thailand – navy – exercise – is – delhis – chance – to – one – up – china – in – bay – of – bengal –55702/.

了经济层面外，已加快了与地区国家的政治、安全合作步伐。

1. 利用经济优势寻求与印度的战略协同

随着全球和地区战略环境的变化，日本与印度正不断走向战略协同和战略趋同，这为日本扩大在孟加拉湾次区域的参与提供了有利条件。因为两国战略趋同有助于实现身份认同，避免一国对另一国的行为产生威胁感知，印度不但没有对日本在孟加拉湾次区域的经济和军事参与感到担忧，反而积极欢迎日本的地区性接触，从印度近年对日本在孟加拉湾次区域介入的态度来看尤为明显。2016 年，日本首相安倍晋三向莫迪建议两国共建一条"亚非增长走廊"，以促进地区基础设施建设和经济发展。2017 年 5 月 22～26 日，在第 52 届非洲开发银行峰会上，莫迪正式宣布了日印共同打造的"亚非增长走廊"计划，两国联手促进亚非地区的经济发展、互联互通以及相互合作。① 根据日本外务省公布的资料，在过去几十年的时间里，印度一直是日本最大的官方发展援助贷款接收国，德里地铁是这方面合作最成功的案例。日本还表示将通过对接印度的"东向行动"政策与日本的"优质基础设施伙伴关系"，致力于促进南亚与东南亚地区的互联互通。实际上，日印能实现战略协同并走向战略趋同，除了两国有制衡中国的共同战略需求外，双方在经济层面也具有很强的互补性。为促进莫迪政府所推出的"印度制造"与"印度技能"计划，日本利用其在制造业上的技能与实践优势，宣布未来 10 年将在日本－印度制造业研究所为印度培训 3 万名专业人才，帮助印度缓解人力资源不足的问题。② 两国在基础设施建设方面已有坚实的合作基础，日本此前与印度进行了德里－孟买工业走廊、钦奈港口基础设施建设以及专用运输通道升级等项目的合作。③

---

① "Jagannath Panda, Asia － Africa Growth Corridor（AAGC）：An India － Japan Arch in the Making"？Institute for Security and Development Policy, August, 2017.

② "Japan － India Relations", Ministry of Foreign Affairs of Japan, January 30, 2020, https：//www. mofa. go. jp/region/asia － paci/india/data. html.

③ "JICA's Cooperation adds Powerful Electric Locomotives for 'Western Dedicated Freight Corridor'", Japan International Cooperation Agency, September 15, 2017, https：//www. jica. go. jp/india/english/office/topics/press170915_ 02. html.

　　受印度邀请，日本早在 2014 年就积极在印度东北部地区进行基础设施项目的投资建设，包括道路兴建、农业援助、林业管理、水利系统的建造等。① 而利用日本的资金和技术优势来填补印度东北部地区基础设施建设投入的不足，是莫迪政府长期坚持的一项政策，使日本在这一地区的投资和经济参与不断扩展和深化，双边合作进行得如火如荼。据印度《经济时报》报道，日本将向印度东北部地区新投资约 1300 亿卢比，涉及供水与污水处理、路网升级、生物多样性保护、林业管理等多个项目，几乎覆盖了整个印度东北部地区。② 这些基础设施项目的建设主要通过日本政府的对外援助机构——日本国际协力机构（JICA）进行。另外，日本还接受印度的邀请，到安达曼－尼科巴群岛进行民用基础设施项目的投资，两国在该群岛共同合作建立了能源工厂，同时两国还共同参与了在斯里兰卡科伦坡港口的投资。除了经济互动频繁外，日印在安全领域的合作也不断增强，两国已建立了特殊的战略与全球伙伴关系，日印"2＋2"部长对话已实现机制化，2019 年11 月 30 日举行了首轮对话，莫迪表示印日关系是印度"东向行动"政策的基石。③ 可见，印度与日本正在实现战略上的趋同，印度的"东向行动"政策与日本的"亚非增长走廊"计划和"自由与开放的印太愿景"正走向战略对接。在两国关系不断升级的大背景下，日本在孟加拉湾地区的参与不仅不容易引起印度的疑虑，反而在印度看来有助于促进其国家利益的实现，因为日本的资金和技术不仅可以弥补印度国内发展的短板，还可以对中国在孟

---

① Ankit Panda, "India Invites Japan To Develop Infrastructure In Its Northeast", *The Diplomat*, February 1, 2014, https：//thediplomat. com/2014/02/india－invites－japan－to－develop－infrastructure－in－its－northeast/.

② Bikash Singh, "Japan to Invest around Rs 13000Cr in Various Projects in India's NE States", *The Economic Times*, June 17, 2019, https：//economictimes. indiatimes. com/news/economy/infrastructure/japan－to－invest－around－rs－13000cr－in－various－projects－in－indias－ne－states/articleshow/69757901. cms? from＝mdr.

③ "Foreign Minister and Defense Minister of Japan Call on Prime Minister", Ministry of External Affairs, Government of India, November 30, 2019, https：//www. mea. gov. in/incoming－visit－detail. htm? 32129/Foreign＋Minister＋and＋Defense＋Minister＋of＋Japan＋call＋on＋Prime＋Minister.

加拉湾地区的投资起到对冲作用。

2. 加大对地区的经济和安全支持

在以日印关系作为日本在孟加拉湾地区建立广泛的战略存在的基石的同时，日本还积极发展与孟加拉湾沿岸其他国家的关系，主要通过加强高层往来、增加发展援助与基础设施建设投入、强化地区军事存在等手段来扩大日本的地区影响力。例如2014年9月，安倍晋三成为14年来首次访问孟加拉国和24年来首次访问斯里兰卡的日本首相。日本还加大对孟加拉国的发展援助，推动环孟加拉湾工业园建设，重点参与在缅甸、斯里兰卡和孟加拉国的港口合作等。① 同时，日本还通过增加对地区国家的港口访问频率、提供武器装备、参与双边或多边军事演习等方式来增强军事存在。大卫·布鲁斯特研究发现，截至2018年以前的10年时间里，日本海军就对斯里兰卡港口进行了65次访问，并向斯里兰卡捐赠了海岸警卫队船只。日本的援助是对美国在印太地区承诺进行大规模基础设施建议的补充，可为孟加拉湾地区国家提供中国"一带一路"建设项目的替代选择。② 由此可见，地缘经济竞争的思维在这一地区正呈活跃之势。相对于日本在这一地区进行经济参与的优先历史和范围广度而言，其在安全层面的介入则没有那么活跃，保持了相对"低水平"参与的状态，尤其是与美国和印度在这一地区所存在的军事优势相对比。自2000年以来，日本海岸警卫队开始在孟加拉湾地区保持战略存在，与印度海岸警卫队定期举行演习。③ 日本还积极参与了由印美组成的"马拉巴尔"军事演习，2015年日本成为该机制的永久成员后"马拉巴尔"双边机制变为印美日三边机制。综上来看，日本在利用其经济优势保持在孟加拉湾地区广泛参与的同时，也开始积极在安全层面增强"存在感"和扩大影响力。实际上，日本在印度洋地区的主要利益是维护其海上能源通道的安

① 李益波：《日本全面渗透孟加拉湾地区》，《南亚研究季刊》2019年第2期，第92页。
② David Brewster, "Playing to Australia's Strengths in the Bay of Bengal", The Pacific Policy Society, August 28, 2018, https://www.policyforum.net/playing-australias-strengths-bay-bengal/.
③ David Brewster, "Japan is Back in the Bay of Bengal", Lowy Institute, September 10, 2018, https://www.lowyinstitute.org/the-interpreter/japan-back-bay-bengal.

全，这是由日本严重依赖从中东进行能源进口的现实所决定的。同时孟加拉湾作为人口稠密的次区域，也将为日本经济的发展提供广阔市场。另外，制衡中国在这一地区日益上升的影响力也是日本的战略目标之一，印度与日本在这方面已取得了一定的战略共识，这也是两国关系不断走近的重要背景因素之一。

孟加拉湾地区之所以越来越成为大国竞争的焦点，在一定程度上是由于部分国家存在地缘政治竞争的思维，对中国近年来在这一地区日渐上升的影响力反应过度，企图联合建立具有排他性的新地区经济与安全机制。中国目前在孟加拉湾地区的参与主要是区域经济合作与基础设施建设投资，例如孟中印缅经济走廊、中缅石油与天然气管道，以及中国与斯里兰卡、孟加拉国、缅甸等国的港口合作等。① 而在这些项目推进的过程中，出现了部分合作对象国由于国内政局变动与第三方因素"插足"导致合作项目受阻的情况，这又为一些存在地缘政治竞争思维的国家提供了利用矛盾的机会，进而加大了中国地区参与的困难。而"债务陷阱"依然成为印、美、日等国用来攻击中国在孟加拉湾地区进行基础设施建设投资和提供贷款业务的主要议题，日本的地区投资替代方案便顺理成章地获得了美印的认可。另外，日本对孟加拉湾地区安全存在的强化也部分出于遏制中国在地区战略存在上升的需要。实际上中国与孟加拉湾地区国家间的安全合作都是建设性的，根据中国国防部2019年7月发布的《新时代的中国国防》白皮书的统计数据，自2012年以来，中国分别与印度、斯里兰卡、泰国、马来西亚等孟加拉湾沿岸国家开展了联合演习或联合训练活动，有的已实现机制化。另外，中国还分别参与了在斯里兰卡、缅甸、尼泊尔、马来西亚等孟加拉湾地区国家的救灾活动或人道主义援助活动。② 可见，中国在孟加拉湾地区的非传统安全领域发挥了积极作用。

---

① Nitin Agarwala, Premesha Saha, "Is the Bay of Bengal Regaining Its Lost Importance?" *Journal of the Indian Ocean Region*, July 2, 2019, p. 5.

② 《新时代的中国国防》（白皮书），中华人民共和国国防部，2019年9月24日，http://www.mod.gov.cn/regulatory/2019 - 07/24/content_ 4846424. htm.

另外，就其他国家而言，澳大利亚由于长期聚焦于东盟地区和太平洋区域，在整个孟加拉湾几乎处于比较"边缘化"的状态，参与相对有限，也正因为如此，布鲁斯特建议作为没有地区"历史包袱"的澳大利亚应该利用其优势，在孟加拉湾奉行接触政策，① 以弥补澳大利亚长期以来对这一区域的忽视。另外，相较于印度和日本来说，澳大利亚几乎奉行了全面追随美国的对外政策，鉴于其在孟加拉湾现有地区影响力的有限以及对美实行追随外交，本报告未将其作为主要分析对象。此外，新加坡、印度尼西亚等国尽管也在孟加拉湾地区有一定的参与，然而这些国家在一定程度上并不是孟加拉湾地区地缘政治变化的关键变量，而且相对而言这些国家的对外政策追求的是一种在大国竞争中的"对冲战略"。

三 孟加拉湾地区地缘战略动态的基本特征

尽管不同大国在孟加拉湾地区的介入选择了不同的模式，但它们共同塑造了孟加拉湾地区地缘战略互动的一些基本特征，并间接影响了地区小国的对外战略选择。无论从目前孟加拉湾地区的参与主体还是涉及议题来看，都呈现了多元化的状态，这将使整个地区的地缘战略图景更加复杂化。在此背景下，本报告尝试在这一复杂的战略动态图景中归纳出以下三个基本特征，以便为我们观察孟加拉湾地区的整体战略态势提供一个基本思路。

（一）印美日在孟加拉湾地区"战略互补"趋势明显

随着中国在孟加拉湾地区影响力的上升，印、美、日三国在寻求构建排他性的地区经济与安全机制上形成了"战略共识"。本报告认为看似这一地区正在实现地区权力格局的多极化，但实际上正在形成以印美日为一方和中

---

① David Brewster, "Playing to Australia's Strengths in the Bay of Bengal", The Pacific Policy Society, August 28, 2018, https: //www. policyforum. net/playing – australias – strengths – bay – bengal/.

国为一方的竞争性格局，其中印、美、日三国在战略上正实现不断趋同，在优势上相互补充，因此本部分强调的"战略互补"是指印、美、日三国在战略趋同下利用各方优势实现"战略互补"。最明显的特征是印度具有地缘优势和主导地区的政治意愿，美国有军事优势，而日本有经济优势。由于三国都具有排斥中国地区参与的共同利益诉求，因此容易彼此身份认同，而不将任何一方的介入视为威胁。印度对美日两国在孟加拉湾地区的参与并未像对中国在孟加拉湾地区的参与那样充满疑惧，相反美日的介入在印度看来有助于实现平衡中国地区影响力的战略目标。

印美关系目前已提升为全面的全球战略伙伴关系，两国的防务合作将不断升级，印度欲借与美国合作之机加速其国防现代化，同时欲通过美国在孟加拉湾地区的军事援助抵消中国在孟加拉湾地区的军事影响力。然而印美的经贸关系却问题重重，特朗普 2019 年 2 月对印度进行国事访问并没有敲定双方期待已久的贸易协议，两国在关税问题、印度乳制品行业对美开放问题上依然有严重分歧，未来谈判任重道远。美国对外关系委员会资深研究员艾莉莎·艾尔斯（Alyssa Ayres）认为，中国发起的"一带一路"倡议在印度所有邻国都取得了重大进展，中国与孟加拉国、马尔代夫、尼泊尔、斯里兰卡等国关系的不断升温令印度感到焦虑。更糟糕的是，印度经济面临 11 年来最低的增长率和 45 年来的最高失业率，经济发展受限导致国防开支被压缩。[①] 而且受全球新冠肺炎疫情扩散的影响，印度国内经济面临进一步下滑的局面。在此背景下，美国在孟加拉湾地区的军事援助和日本在这一地区的发展援助和投资缓解了印度面临的困境，被印度视为制衡中国在孟加拉湾地区影响力的重要方式。美国布鲁金斯学会资深研究员坦薇·马丹（Tanvi Madan）通过研究印中关系发现，莫迪政府的对华关系特征是"具有印度特色的竞争性参与"，其善于借助美国、日本、俄罗斯、法国以

---

① Alyssa Ayres, "Democratic Values No Longer Define U. S. – Indian Relations", *Foreign Affairs*, March 11, 2020, https://www.foreignaffairs.com/articles/india/2020 – 03 – 11/democratic – values – no – longer – define – us – indian – relations.

及澳大利亚等国来平衡中国，并达到增强印度力量的目的。① 在当前世界经济遭遇逆全球化的时代，区域主义和次区域主义可能将获得新的发展机遇，孟加拉湾次区域目前的发展态势尽管有大国地缘政治博弈的结果，但也有印度寻求实现次区域一体化的动力。

（二）地区小国在大国间奉行"对冲战略"

随着孟加拉湾地区的大国地缘竞争态势日益激烈，地区小国的行为也将对大国间的战略互动产生直接影响。笔者研究发现，孟加拉湾沿岸小国倾向于在大国之间奉行"对冲战略"，以实现自身利益的最大化。而关于什么是"对冲战略"，目前国际关系学界并没有就其定义达成共识，对"对冲"概念的理解也比较模糊，以至于在使用中经常出现泛用的情况。就既有研究来看，郭清水（Cheng-Chwee Kuik）认为，对冲是国家在处于高风险和高度不确定性的情况下的一种战略行为，在此情形下国家通过追求多项相反和相互矛盾的选择以寻求抵消风险，这是在一个不稳定的国际环境中为确保国家的长期利益而做出的努力。② 该战略普遍被用于解释东南亚国家在中美之间的战略行为，然而南亚国家在中印之间的战略行为近年也越来越具有相似的特征。例如孟加拉国在国防装备采购上就奉行了"对冲战略"，为减少对中国武器进口的依赖，自 2019 年以来孟加拉国就开始与美国商谈购买美式军事装备的事宜。达卡大学教授德瓦尔·侯赛因（Delwar Hossain）认为，"孟加拉国似乎正在使其防务关系多样化"③，实质就是在中美之间奉

---

① Tanvi Madan, "Managing China: Competitive Engagement, with Indian Characteristics", Brookings, February 2020, https://www.brookings.edu/research/managing-china-competitive-engagement-with-indian-characteristics/.

② Cheng-Chwee Kuik, Smaller States Alignment Choices: A Comparative Study of Malaysia and Singapore's Hedging Behavior in the Face of a Rising China (PhD dissertation, School of Advanced International Studies, Johns Hopkins University, June 2010) p. 118.

③ Mir Mostafizur Rahaman, "Purchase of US Defence Hardware: Dhaka, Washington Closing in on Deal", *The Financial Express*, October 18, 2019, https://thefinancialexpress.com.bd/trade/purchase-of-us-defence-hardware-dhaka-washington-closing-in-on-deal-1571371673.

行"对冲战略"。

同样，斯里兰卡凭借其优越的地理位置成为大国竞相争取的"香饽饽"，这也为斯里兰卡带来了发展的"战略机遇期"，为此斯里兰卡在中印两国之间也奉行"对冲战略"，以实现微妙的平衡。斯里兰卡一方面希望获得中国的资金和技术支持其国内发展，改善斯里兰卡国内落后的基础设施状况，例如与中国合作进行汉班托塔港口建设以及国际机场建设等；另一方面又担心对中国形成过度依赖以及顾及印度的疑虑，所以同时也寻求来自印度的经济帮助。[1] 另外，在安全合作方面，斯里兰卡行为的反复无常也是一种对冲表现。例如自2014年开始，斯里兰卡允许中国的少数潜艇在科伦坡港口停靠，但2015年3月新政府上台后，又宣布无论哪国的潜艇都不能到斯里兰卡港口停靠；不久后斯里兰卡的态度又进行了180度的大转弯，宣布欢迎任何国家的船只访问斯里兰卡，包括潜艇在内。[2] 斯里兰卡反复无常的行为实质上是对印度压力的反应，它不断调整政策以减轻对印斯关系的影响，确保在中印两个大国之间同时获得好处。总之，"对冲战略"在地区国家中尤其是小国的对外行为中得到了普遍运用，因为它们可以利用大国的地缘竞争奉行两边平行接触的策略，从而避免在大国之间进行选边站队。"斯里兰卡、孟加拉国、缅甸和泰国都将自己定位为南亚政治中的独立角色"，[3] 倾向于奉行与所有大国接触的政策。

---

① Gauri Bhatia, China, "India Tussle for Influence as Sri Lanka Seeks Investment", CNBC, April 24, 2016, https：//www.cnbc.com/2016/04/24/global – opportunities – china – india – tussle – for – influence – as – sri – lanka – develops. html.

② Darren J Lim, Rohan Mukherjee, "Hedging in South Asia: Balancing Economic and Security Interests amid Sino – India Competition", *International Relations of the Asia – Pacific*, Vol. 19, 2019, p.516.

③ Abhijit Singh, "India, Singapore & Thailand Navy Exercise is Delhi's Chance to one – up China in Bay of Bengal", Observer Research Foundation, September 21, 2019, https：// www.orfonline.org/research/india – singapore – thailand – navy – exercise – is – delhis – chance – to – one – up – china – in – bay – of – bengal – 55702/.

（三）传统安全与非传统安全领域的竞争分化

正如前文所分析的，孟加拉湾地区当前依然面临传统安全与非传统安全问题，而大国地缘竞争的加剧在一定程度上又导致了地区安全问题的复杂化。例如部分国家对地区小国民主转型的间接干预凸显了传统安全问题的重要性，又如部分国家依然抱有地区霸权主义的心态，隐形干涉地区小国的对外交往行为或者在对方国家扶植亲己方势力，还出现了有的国家以提升地区小国"防务能力"和参与非传统安全治理为名行排挤其他域外国家势力之实，客观上加剧了地区安全形势的不稳定性。不过总体来看，作为域外国家而言，通过非传统安全领域介入的方式更容易让地区国家接受，因为它将为地区带来真正的和平与繁荣，正如上文提到中国在孟加拉湾地区对非传统安全问题的积极贡献一样。传统安全与非传统安全领域的竞争出现分化或者分野，因为传统安全领域的竞争不仅缺乏合法性和政治道义，而且容易招致地区小国的抵制和其他大国的反对，但是非传统安全领域的竞争其实是一种和平的、开放和合作式的竞争。在非传统安全领域，孟加拉湾地区的安全治理呈现"网络化"的发展趋势，参与主体既包括国家行为体；也包括非国家行为体，既包括域内国家，也包括域外国家。[1] 而且有研究认为近年来孟加拉湾地区的恐怖主义发展呈现上升势头，特别是在与中国经贸与投资合作比较多的缅甸、斯里兰卡和孟加拉国，它们都面临不同程度的恐怖主义与极端主义威胁。[2] 这为多边合作尤其是大国共同参与的合作提供了协同安全治理的机会，而且不容易引起大国之间的地缘政治竞争，因为非传统安全议题的合作并非"零和"游戏，而是在坚持命运共同体的原则下实现合作共赢。以非传统安全治理为目标的机制由于可以让集体受益，其在地区国家中的合法性更高，更容易获得认同，有利于塑造地区秩序，而且域外国家的参与也

---

[1] 刘思伟、戴永红：《孟加拉湾地区安全治理：模式变迁、驱动因素及现实困境》，《太平洋学报》2019年第12期，第55~59页。

[2] 傅小强：《孟加拉湾地区反恐形势变化的特点、影响与对策》，《南亚研究季刊》2019年第3期，第101页。

不容易激起其他国家的政治敏感性。不过尽管如此，在安全治理中，也有一些大国借治理之名谋求私利之实，[①] 这是地方小国尤为警惕的，避免沦为大国进行地缘政治竞争的工具。

四　几点建议

综上来看，由于美、印、日三国在孟加拉湾次区域正呈现"战略趋同"之势，未来中国在孟加拉湾地区的经济和安全参与面临来自印美日联合制衡的压力可能加大，地区战略环境总体上充满挑战，尤其是地区系统层面的。同时，地区小国国内政局的稳定情况也将为中国的地区参与带来不确定性。在此基础上，本文尝试提出几点简短的建议。第一，寻求与印度的地区合作，减少印方战略疑虑是关键。处理好中印关系是未来中国在孟加拉湾地区寻求改善战略环境的重点所在。印度享有地缘优势以及对孟加拉湾地区具有传统影响力，加之印度自身巨大发展潜力所带来的战略吸引力，因此印度成为美国、日本都极力争取的对象。对中国而言，处理不好与印度的关系，将客观上推动印、美、日三国的"战略趋同"，从而更不利于未来中国的地区性参与。同时，印度对孟加拉湾沿岸小国特别是斯里兰卡、孟加拉国等的影响力也是不容忽视的，正如前文分析指出，斯里兰卡对华政策的反复无常就与印度不无关系。因此为减轻战略压力，中国可主动寻求与印度合作扩大孟加拉湾地区事务的参与，例如两国合作在第三国进行基础设施投资建设。第二，理解地区小国的战略选择。孟加拉湾地区小国在大国地缘竞争中奉行"对冲战略"，避免在大国间进行选边站队，这并不妨碍中国在该地区利益的实现。如果这些国家放弃"对冲战略"而是选择彻底的"追随战略"或者"制衡战略"，鉴于相较于印度、美国而言，中国对它们的影响力更弱，从地区小国对外战略的成本与收益来看，它们更可能选择追随他国以及制衡

---

① 刘思伟：《大国博弈背景下孟加拉湾海上安全治理：新动力、困境与前景》，《南亚研究季刊》2019 年第 3 期，第 83 页。

中国的战略，其结果更不利于中国未来的地区参与。第三，积极参与地区多边机制建设。除了发展好与地区国家的双边关系外，要增强中国的地区影响力以及避免其他国家的敌意。中国应积极参与地区多边机制的建设，特别是在非传统安全领域贡献中国的力量，发挥建设性作用，以提高地区国家对中国的身份认同，增强中国参与地区事务的合法性。而且非传统领域活动的参与不容易引起其他大国的敌意，因为这有利于实现合作共赢。另外，机制对塑造地区秩序发挥着关键性作用，中国要成为孟加拉湾地区秩序的坚定维护者和贡献者，需要在地区机制建设中展现"正能量"。

B.8
"领导型大国"战略构想与印度推动
"环孟加拉湾多领域经济技术合作倡议"

冯传禄*

摘　要：　"环孟加拉湾多领域经济技术合作倡议"构成莫迪政府"印太"布局的关键性抓手之一，是其"领导型大国"战略构想在地区层面具体落实的一个重要举措。作为一个与"有声有色的大国"一脉相承的战略构想，莫迪提出的"领导型大国"与"新印度"一起构成了当代印度大国崛起的一体两翼。"领导型大国"战略构想为印度外交所带来的不限于外交风格的强硬、外交手段的灵活等一类显性变化，也不限于"不结盟"政策朝着"结伴不结盟"外交模式演进，而更重要的是新时期印度外交战略理念与外交范式上清晰可辨的战略现实主义"进化"。

关键词：　印度　"领导型大国"　"新印度"　"印太战略"

在莫迪政府的积极推动之下，"环孟加拉湾多领域经济技术合作倡议"（BIMSTEC）已呈双轮驱动之势，即多领域经济技术合作与区域安全合作协同推进，并有效结合了印度的地缘优势以及区域国家的现实需求；其成因主要与印度的"领导型大国"战略构想有关。

莫迪政府积极推动BIMSTEC，可以彰显印度"邻国优先"理念，增强

---

* 冯传禄，云南财经大学印度洋地区研究中心讲师。

对南亚及孟加拉湾的控局能力，响应美、日、澳的"印太战略"、对冲中国的影响并孤立巴基斯坦以及对接其国内"新印度"建设等，有"一石多鸟"的战略考量。BIMSTEC发展前景受到多方面制约，但已经在一定程度上显现出对孟中印缅经济走廊、"21世纪海上丝绸之路"的挤出效应乃至部分替代效应。推动BIMSTEC对印度有重大战略价值——BIMSTEC构成莫迪政府"印太战略"的关键性布局，是其打造"领导型大国"战略构想在地区层面具体落实的重要抓手。

本报告主要就印度推动BIMSTEC背后的"领导型大国"战略构想做出相关分析评估。作为一个与"有声有色的大国"一脉相承的战略构想，莫迪总理在第一任期内提出的"领导型大国"（a leading power），在本质上所体现的仍是关于印度的大国抱负、权力诉求及战略角色之定位。诚然，多年以来，许多战略学者结合尼赫鲁时代提出的"有声有色的大国"理念、"不结盟"政策以及印度悠久的战略文化传统，对于印度的崛起前景及战略角色已经有了诸多精辟分析，故而在很大程度上印度的大国抱负、权力诉求及战略角色等都不属于新的研究议题；不过，本报告将莫迪时代提出的"领导型大国"战略构想与外交范式作为一项研究议程。

首先，无论如何，莫迪构想的全球"领导型大国"战略，并非只是一个为了增强民族自豪感和国家凝聚力而提出的政治口号，事实上在现阶段充满变数的内外战略环境下，它以丰富的战略内涵和行动规划，对印度新时期的战略理念、外交范式、外交布局带来深刻影响，并对南亚格局、"印太"格局演变形成复杂效应，同时也对包括中印关系、美印关系、俄印关系等大国关系发展带来显著作用。其次，客观而言，无论是希望理解、洞察莫迪第一任期内印度外交行为的内在逻辑，还是企图展望、预判莫迪第二任期内印度外交的基本走势，抑或准备为跌宕起伏的中印关系的良性发展提出相关政策建议，对研究者而言，莫迪时代的"领导型大国"战略构想及其"进化"中的战略理念与外交范式，都构成关键性、不可不察的研究线索和咨政依据。最后，当前国内外研究者对于莫迪的"领导型大国"战略构想的解读仍然显得零散、碎片化，对"领导型大国"战略构想大多只是窥豹一斑而非全貌，至于其对印度、对周边国家、对国际体系既成的与潜在的战略效应尚且缺乏系统性分析的研究成果。

自印度独立以来，无论执政党和各界政府如何变化更迭，复兴印度、做"有声有色的大国"，始终构成其一以贯之的战略抱负。而鉴于印度盘踞南亚次大陆俯瞰印度洋，不仅有优越的地理位置，还有近乎大洲的国家疆域、超10亿级的人口基数、多年持续高速增长的经济表现①、核武器打击能力，以及强烈的民族复兴战略诉求，不少国外著名学者对于印度崛起的可能性以及其所扮演战略角色给予充分重视。如"文明冲突论"的创始人塞缪尔·亨廷顿（Samuel Huntington）则直接将印度界定为一个有着全球大国野心的"地区利维坦"（Local Levathen）。②

然而，正如有中国学者指出的，直到20世纪后期，中国学界对于印度、南亚地区与中国的战略关系，仍普遍认为："它（印度）所在的南亚次大陆作为一个地理上与东亚隔绝的独特单元，使其未来发展的战略空间主要是印度洋区域及其邻近外缘，而在一个很长的时期内，那里必定并非中国的战略关注重点。"③

显然，这"一个很长的时期"已经很快过去了；对中国而言，在当今时代，单单是"一带一路"倡议，就意味着南亚以及印度曾经在中国外交

---

① 根据联合国数据，2018年印度人口规模约为13.5亿人，这一规模仅次于中国的13.95亿；根据印度中央统计组织（CSO）及国际货币基金组织（IMF）的数据，2017年印度名义国内生产总值（GDP）为2.59万亿美元，成为世界第六大经济体，也是全球增长最快的新兴经济体；根据波士顿咨询集团（Boston Consulting Group）的报告，到2025年印度消费量将增加两倍，达到4万亿美元而成为世界第三大消费国；根据普华永道（PWC）的报告，印度将在2040年之前超越美国在买力平价上成为世界第二大国。See PWC, "The World in 2050: The Long View: How Will the Global Economic Order Change by 2050?" PWC Global, https://www.pwc.com/gx/en/issues/economy/the – world – in – 2050.html; Herpreet Kaur, Jagdeep Singh, "Indian Economy Developments (Special emphasis on Mr. Narendra Modi Era Developments)", *IBMRD's Journal of Management & Research*, Volume 8, Issue 1 (March 2019): 1–2.

② 宋德星、周建：《"做一个有声有色的大国"——"三维一体"的印度大国外交》，《唯实》2014年第9期，第90页。

③ 时殷弘、宋德星：《印度和平崛起问题及中美印三角关系》，《国际展望》2009年第3期，第12页。

全局中所处的边缘化位置，已然有了颠覆性的变化。与此相应，纳伦德拉·莫迪时代印度的外交战略和对外关系调整，已成为国内学者十分重视的研究议题，甚至当前中印关系研究俨然"显学"。如今，印度所在的南亚次大陆在地理上的隔绝性已经被彻底打破，而印度为自身未来发展界定的战略空间也远远超越了南亚地区及其邻近外缘——这些都在莫迪时代最新披露的"领导型大国"战略构想、"印太战略"、"海军战略"等对外宣示或政府文件中有直接体现。[1]

2015年2月，莫迪对印度外交官员发出了"帮助印度成为全球领导型大国，而不仅仅是一支平衡力量"[2]的政治动员，这也成为莫迪时代的"领导型大国"战略构想的首次公开提出；此后，莫迪政府围绕该战略目标，不断调整外交政策，巧妙地把握或制造各种机会，务实性地开展全方位外交，营造争当"领导型大国"的有利态势。

一 "领导型大国"战略构想的缘起及其理念

"领导型大国"战略构想是在2015年由印度总理莫迪正式提出的，它既是对"有声有色的大国"的继承，也是新时代背景下的对历史战略理念的超越。莫迪为印度外交提供了如何自我定位以及如何看世界的视角，为印度明确了如何更有利地处理同外部关系、如何优化战略环境的战略思路，同时，也对外发出了一种印度是强势国家、莫迪政府是强势政府的信号。总体而言，这一战略构想既是印度新时期的战略诉求，也是印度新时期的外交角色定位，同时这一推陈出新，进一步促使了新时期印度外交理念的进化、外交战略的调整、外交风格的改变。本部分将首先从"领导型大国"战略构想的提出及其战略角色内涵入手展开相关分析。

---

① 冯传禄、叶海林：《中国崛起与次要战略方向挑战的应对——以洞朗事件后的中印关系为例》，《世界经济与政治》2018年第4期，第106~128页。

② Indian Press Information Bureau, "PM to Heads of Indian Missions", Prime Minister's Office, February 7, 2015, http：//pib. nic. in/newsite/PrintRelease. aspx? relid = 115241.

（一）从"有声有色的大国"理念到"领导型大国"战略构想

一国外交战略调整理论上必定是为了适应国内外战略环境发展变化、力求国家利益最大化的战略选择，而这一过程深受决策者个人因素影响。已有的研究成果中，战略研究者们有一项基本共识就是："在大战略缔造中排除各种客观因素之外，人的主观观念特别是决策者的主观观念对于战略缔造具有相当重大的影响。"① 当然，也有学者补充："个人在外交政策中所扮演的角色取决于相关领导个人的人格魅力及其所在国家政治体系的性质——允许个人在多大程度上影响外交政策。"②

毫无疑问，莫迪时代"领导型大国"战略构想的提出，同样是个人、国家及体系层面的诸多因素共同作用的结果。不过，先后两次以超高的人气、压倒性优势胜选印度总理，意味着莫迪个人的政治威望、人格魅力、国内民意支持，以及强有力的塑造国内政治生态的手段，足够使其凌驾于印度国家政治体系而进行战略决策。最为直观的表现是，与前总理曼莫汉·辛格的"弱势"形成鲜明对照的"强势"风格，已经催生了所谓的"莫迪主义"。现阶段印度内外政策的走向在很大程度上取决于莫迪个人的战略理念、对内外形势的认知、执政风格及行为偏好。在这一点上，莫迪时代的情形与尼赫鲁时代的情形类似，此特点也是当今时代全球范围内"强人政治"的一种共性。理解这一特点，将有助于理解"领导型大国"战略构想的缘起。

2015年2月，莫迪发表了对印度驻外使团领导人的讲话，而其核心之意是当前国际环境为印度提供了大国崛起的战略机遇，印度要把握历史时机成为全球"领导型大国"。莫迪声称，当前世界正敞开怀抱拥抱印度，全球环境为印度提供了一个难得的机遇，印度正充满自信地前进；他呼吁印度政

---

① 宋德星：《现实主义取向与道德尺度——论印度战略文化的二元特征》，《南亚研究》2008年第1期，第1页。
② 〔美〕米林德·萨卡：《印度与孟加拉国：关系脆弱之链》，〔美〕苏米特·甘谷利主编《印度外交政策分析：回顾与展望》，高尚涛等译，世界知识出版社，2015，第81页。

府派驻世界各地的外交官们利用这一独特机会帮助印度在全球范围内发挥领导性作用，而不仅仅扮演平衡力量；敦促他们摒弃旧思维，迅速适应不断变化的全球形势。① 对此，皮尤研究中心 2016 年的一份评估报告指出："莫迪正是看到了当前美国在逐渐衰落，中国在亚洲的地位并不稳固，印度作为世界上最大的民主国家在不犯错的情况下有机会领导世界。"② 印度总理府随后发布的公告，就莫迪总理对新时期印度在全球事务中的作用与任务所具体提出的新判断、新要求，诸如"印度有重大责任帮助世界应对全球和平的新威胁""印度必须领导应对气候变化的斗争""利用当前的全球环境，让印度成为全球领导型大国"等，③ 有进一步总结。这些言论反映了印度"领导型大国"的"世界观"与"国际秩序观"——很明显，与其说印度所希望的是亚洲多极化进程成为现实，不如说印度是希望自身成为亚洲多极世界中的一极。这也是莫迪政府要与美国"印太战略"保持适当距离的原因——印度固然不希望中国强势崛起并主导"印太"地区，但也同样不希望美国卷土重来、挤压印度崛起的"印太"战略空间。

莫迪及其他政府官员关于印度成为全球"领导型大国"的言论，很容易让人想起印度政治话语体系中的另外一个著名表述——"有声有色的大国"。"有声有色的大国"是尼赫鲁在《印度的发现》一书中提出的，事实上也是战后尼赫鲁时代统领印度外交全局的战略目标。"印度以它现在的地位，是不能在世界上扮演二等角色的。要么做一个有声有色的大国，要么销声匿迹，中间地位不能打动我，我也不相信中间地位是可能的"④，这是尼赫鲁最为广为人知的言论。但是除了提出"有声有色的大国"理念外，尼赫鲁长达 16 年零 9 个月的执政生涯，本身也可谓"有声有色"。首先，他

① Indian Press Information Bureau, "PM to Heads of Indian Missions", Prime Minister's Office, February 7, 2015, http: //pib. nic. in/newsite/PrintRelease. aspx? relid = 115241.
② Bruce Stokes, "India and Modi: The Honeymoon Continues", Pew Research Center, September 16, 2016.
③ Indian Press Information Bureau, "PM to Heads of Indian Missions", Prime Minister's Office, February 7, 2015, http: //pib. nic. in/newsite/PrintRelease. aspx? relid = 115241.
④ 〔印〕贾瓦哈拉尔·尼赫鲁:《印度的发现》，齐文译，世界知识出版社，1956，第 57 页。

以"有声有色的大国"为独立后的印度凝聚国民共识和树立国家信仰，使追求世界大国地位成为印度的国家历史使命；其次，他以支持亚非民族独立运动、倡导第三世界团结、反对帝国主义并扛起"不结盟运动"大旗，使印度在二战后的国际社会中获得了超越国力匹配的国际地位和国际影响力；最后，他通过实施"不结盟"政策，使印度在冷战初期在经济建设和国力发展上获得了来自两大阵营的实实在在的好处。①

尼赫鲁政府之后的历届印度政府也都将印度外交战略的目标锁定为"有声有色的大国"，故而印度的"大国崛起"也成为国家独立后历届政府的施政纲领和印度几代政治精英的共同期待。在这种政治传统下，2014年莫迪在竞选总理之时的豪言"21世纪是印度的世纪"，充分揭示了他本身坚信印度应该成为世界一流大国的信仰；而从2015年开始，莫迪用"领导型大国"这一战略构想来描述当代印度的历史使命和渲染当代印度在全球格局中的光明前景。

显然，莫迪的"领导型大国"战略构想与尼赫鲁的"有声有色的大国"理念是一脉相承的。莫迪期望在历史经验借鉴中收获类似尼赫鲁在"有声有色的大国"方面的成就，即以"领导型大国"战略构想来增强民族凝聚力和树立国家信仰；以积极的外交行动收获超越印度当前国家实力所能支撑的国际地位和国际影响力；以独立自主和巧妙"借势"在当代大国博弈中左右逢源。与此同时，莫迪也清楚地看到，印度多年来未能实现成为世界一流大国目标的根本原因主要在于受制于国家综合实力的不足。所以在政策实践层面，莫迪寄望于大力发展经济，尽快提升国家综合实力，从而为"领导型大国"战略构想提供物质性支撑。同样重要的是，对外政策要尽可能褪去"理想主义"色彩，转向实用主义，而在硬实力不足且一时难以改变的情况下，通过软实力运用来弥补"硬赤字"是必要的政策选项。

---

① 宋德星：《莫迪执政以来的中印关系：战略动能与发展趋势》，《中国国际战略评论2018》（上），2018，第90页。

近几年，印度外交部发布的年度报告都清晰地显示了这一点。比如，2016 年 4 月印度外交部发布的《年度报告 2015～2016》正文首页即指出："印度日益在世界上扮演一个新的角色，作为一个自信、有说服力、崛起中的大国，愿意在全球舞台上占据一席之地并有能力履行职责。我们不再满足于仅仅对国际发展做出反应，而是经常采取行动，甚至首创和发起倡议。就印度本身而言，世界明显承认印度有潜力成为领导型大国，具有区域和全球视野的行动决心和决定性领导（能力）。""印度的声音在有关全球治理改革、气候变化、多边贸易谈判、互联网治理和网络安全以及跨国恐怖主义等问题的全球辩论中发挥了突出作用。""印度首次概述了印度洋地区的全面愿景，重点关注所有沿岸国家的安全和增长，并承诺利用不断增长的印度能力应对印度洋海盗、走私、环境恶化和自然灾害等共同威胁。"①

一言以蔽之，从"有声有色的大国"理念到"领导型大国"战略构想，通过推陈出新，莫迪政府要让印度外交进一步迈向灵活、务实的战略现实主义，以尽快提高印度的国际地位和提升印度的战略影响力。

（二）"领导型大国"的战略角色内涵

"领导型大国"的本质在于权力诉求以及战略角色转变。新时期里，"领导型大国"的战略构想的提出不仅印证了莫迪本人的雄心勃勃，而且揭示了当代印度渴求国际体系中的大国地位与体系身份，渴求拥有相关结构性权力，希望从国际规则的遵守者转变为国际规则的制定者，希望从国际议题、议程的接受者和参与者变为议题、议程的设置者和决策者这一类角色扮演之愿景。"领导型大国"战略构想的提出，意味着印度将基于多元国家身份转向多重战略角色；也意味着假以时日，印度要成为全球多极化格局中的重要一极。

其一，国际政治方面，莫迪治下的当代印度不再满足于在国际权力博弈

---

① Policy Planning and Research Division，"Annual Report 2015－16"，Ministry of External Affairs，April，2016，p. i.

中扮演"平衡力量""摇摆国家"的角色，而是基于当代国际权力体系的崛起国身份，要致力于成长为全球新的领导者，成为多极化国际格局中的重要一极。"领导型大国"的身份诉求，已经对莫迪政府的外交心态和外交行为产生显著影响。当前印度积极在大国关系中纵横捭阖，同时围绕着获得重要国际组织如联合国安理会、核供应国集团中的核心地位和成员身份而奔走，并在各种国际场合彰显印度的大国姿态和民族抱负。急于获得世界大国的承认和尊重，在某些情形下印度乃至不惜违背、对抗世界霸主的意愿，比如对美国的伊朗石油进口禁令的抵抗、对美国提高对印贸易关税的反制；再比如印度在洞朗地区与中国展开了长达 72 天的对峙，表明印度对其所认为的进入了自身势力范围的中国，也会坚定地展示强硬的一面。

其二，经济事务方面，莫迪治下的当代印度基于新兴经济体身份以及印度在近年来世界经济整体颓势中相对优秀的表现，并不甘当国际经济中的中庸参与者，也不甘愿被中国远远甩在身后。莫迪常常拿印度经济的高速增长与大多数国家的低迷相对比，声称在其治下印度有希望成为"全球增长与稳定的支柱"；[①] 不满足于当前全球第六大经济体的地位，莫迪进而提出了印度在建国百年即 2047 年之时要成为全球第三大经济体的宏伟目标；[②] 同时，尤其值得重视的是，在中国积极投入"一带一路"建设的背景下，印度并不甘愿成为一个"追随者"，而是在近几年迅速地推出了一系列由自身主导的战略规划、战略倡议。比如，旨在加强与南亚、东南亚邻近国家的机制化合作的"环孟加拉湾多领域经济技术合作倡议"和"孟不印度尼西亚次区域合作"（Subregional Cooperation between Bangladesh, Bhutan, India and Nepal, BBIN）；旨在加强与东盟经济联系与安全合作的升级版的"东向行动政策"（Act East）；旨在拓展在中东、印度洋岛国、非洲尤其东非地区的政

[①] Modi, "India Can Become A Pillar of Global Growth, Stability", *The Hindu*, Nov. 15, 2015, http：//www. thehindu. com/news/national/modi – india – can – become – pillar – of – global – growth – stability/article7880738. ece.

[②] Herpreet Kaur, Jagdeep Singh, "Indian Economy Developments（Special emphasis on Mr. Narendra Modi Era Developments）", *IBMRD's Journal of Management & Research*, Volume 8, Issue 1（March 2019）：1 – 2.

治、经济及安全存在和影响力的"西联战略"（Link West）；旨在打造绕过巴基斯坦促进俄罗斯、伊朗、印度、阿曼及中亚国家互联互通的"国际南北运输走廊"（International NorthSouth Transport Corridor，INSTC）；旨在大力促进印非间贸易投资联系，扩大印度在非洲影响力的与日本联手推动的"亚非增长走廊"（AAGC）计划；旨在挖掘印度洋地区文化纽带、打造印度洋地区安全与繁荣共同体的"季风计划"（Mausum Project）；旨在打造印度洋地区安全与繁荣共同体的"萨迦"倡议；等等。

其三，国际秩序及全球性问题治理方面，当代印度不再满足于成为规则和议题的被动接受者，而是致力于成为相关规则、议题、议程的积极制定者、发起者、推动者。比如，在网络安全领域，莫迪希望印度在互联网时代信息安全领域这场"没有硝烟的战争中提供创新和可靠的解决方案"，推动自身成为全球软件行业领导者。[①] 在国际反恐与打击跨国犯罪方面，莫迪认为印度也应该"在危机时刻拯救全人类和世界"，要扮演领导型角色。[②] 可见，以全球最大的民主国家身份自居，莫迪治下的当代印度不再满足于偏安南亚一隅，而是致力于成为全球范围内的积极行动者，要成为全球治理的核心力量，在网络安全、国际反恐、国际维和、气候治理、人道主义援助、自然灾难救助等方面发挥更大的作用，更多地扮演领导型角色。

尽管之前的历史进程中，印度的大国梦一直是镜花水月，但当代莫迪政府提出的"领导型大国"理想不仅是丰满的，其相关战略理念也是相对成熟和有所依托的。

二 "领导型大国"外交范式的战略现实主义"进化"

当代印度外交因为莫迪提出的"领导型大国"战略构想而有了更大的战略视野和更加"奋发有为"战略意识；更重要的是"领导型大国"战略

---

① Amanda llodge，"Narendra Modi Wants India to Lead the Fight against Cyber Terror"，*The Australian*，July，2015．

② "PM Modi's Speech at the Community Address in Wembley Stadium"，November 14，2015.

构想也为印度带来了影响深远的外交范式上的相关"进化"。当代印度外交范式上的"进化"并不限于外交风格的强硬或外交手段的灵活,"不结盟"不再是印度外交的绝对原则;"领导型大国"外交范式的"进化"更主要地体现在以下三个方面。其一,"领导型大国"战略构想的提出对于印度大国崛起有着深远的战略意义;其二,"领导型大国"战略构想为印度外交战略设定了具体战略要求与战略路径;其三,"领导型大国"战略构想为印度外交布局带来了深刻变化并呈现新的战略特征。也正因如此,"领导型大国"战略构想无论如何不仅是莫迪第一个任期内印度外交的全局性指导,也将是莫迪第二个任期里的全局性指导;印度争当全球"领导型大国",不仅构成我们理解莫迪第一个任期内外交行为的关键,也是我们理解莫迪第二个任期内印度外交战略调整以及对外关系发展的主线。

(一)"领导型大国"与"新印度":印度大国崛起的一体两翼

在 2015 年"领导型大国"战略构想提出之后,莫迪政府在 2017 年又为印度提出了一个建设"安全、繁荣和强大"的"新印度"的宏伟蓝图,寄望于通过打造"新印度",为"领导型大国"提供坚实的国内根基,同时提升"领导型大国"的可信度与说服力。

2017 年 6 月 3 日,莫迪出席在俄罗斯圣彼得堡国际经济论坛时第一次向外界披露了建设"新印度"的战略构想;在 2017 年 8 月 15 日的印度独立日演讲中,他再次详细阐释了"新印度"的宏伟蓝图。此后,在 2018 年莫迪的新年致辞中,"新印度"的战略内涵得到进一步丰富,其中最令人瞩目的是莫迪政府为印度经济发展在关键节点设定了具体目标。

随着"领导型大国"与"新印度"先后浮出水面,包括国际、国内两个大局的当代印度大国崛起的大战略基本成型;"领导型大国"与"新印度"相辅相成,构成了印度谋求大国崛起的"一体两翼",构成了当代印度国家大战略的总纲要。这一总纲要的具体内涵在于,印度的大国崛起构成了总的战略目标,实现这一目标的战略路径在国内层面体现为建设"新印度";在国际层面体现为打造全球"领导型大国"。

在莫迪的宏伟蓝图中，国内"新印度"建设的具体政策与措施包括三个方面：一是经济建设"三步走"；二是军事能力建设；三是国内体制改革与腐败治理。

首先，"新印度"经济建设将分三步走：第一个阶段性目标是在印度独立建国 75 周年时，即 2022 年，实现国内基本脱贫、农民收入翻番的目标；第二个阶段性目标是建国 85 周年时，即 2032 年，国民生产总值实现再翻一番，而这要求印度经济增长保持 GDP 年均 8% 左右的增速；第三个阶段性目标是在印度独立 100 周年之际，实现印度经济总量进入世界前三名，建成"伟大印度"。[1] 其次，在军事能力建设方面，当前莫迪政府一方面加大了对国外先进武器的进口；另一方面提出了武器国产化、本土化的战略要求。根据英国智库国际战略研究所（International Institute for Strategic Studies，IISS）2019 年发布的一份报告，莫迪时代的印度已成为全球最大的军火进口市场，并且到 2019 年为止印度军队维系着 140 万现役人员的规模，仅次于中国和美国；[2] 有大约 130 ~ 140 个核武器可置于输送阵列系统（包括中程导弹IRBMS）[3]，早在 2009 年第一艘能够携带核武器的核动力潜艇已经下水服役。[4] 最后，在国内政治经济体制改革与腐败治理方面，正如莫迪在 2017 年第二届"瑞辛纳对话"上发言所强调的，印度人民选择了他，他及时选择了变革，内外变革将成为印度的新常态；[5] 总的看来，莫迪政府建设"新印度"的关键措施在于大刀阔斧地改革、一心一意促进发展。比如，全印度

[1] Herpreet Kaur, Jagdeep Singh, "Indian Economy Developments (Special emphasis on Mr. Narendra Modi Era Developments)", *IBMRD's Journal of Management & Research*, Volume 8, Issue 1, (2019): 1 – 7.
[2] International Institute for Strategic Studies (IISS), *The Military Balance 2018*, London: IISS, see Bajpai, Kanti, and Byron Chong, "India's Foreign Policy Capacity", *Policy Design and Practice*, (2019): 3.
[3] Kristensen, H. M., and M. Korda, "Indian Nuclear Forces 2018", *Bulletin of the Atomic Scientists*, 74 (6): 361.
[4] "PM Launches INS Arihant in Visakhapatnam", *The Times of India*, July 26, 2009.
[5] Modi, Narendra. "Inaugural Address by Prime Minister at Second Raisina Dialogue," *Ministry of External Affairs*, New Delhi, 17 (2017).

国内统一的商品和服务税（GST）法案于 2017 年 3 月 29 日获得通过，2017 年 7 月开始生效；这标志着莫迪政府推动印度税收制度发生变革的战略意志得到了实现。GST 作为间接税征收，从原材料，商品和服务的每个销售点征收，覆盖全行业和最后终端消费者；[①] 这项改革被认为对印度统一国内市场、增进政府财政收入以及削减企业的经营成本有重大意义。[②] 再比如，印度总理莫迪提出印度在 2024 ~ 2025 财年要成为 GDP 5 万亿美元的国家（2019 年 5 月大选时提出），而印度财政部部长西塔那曼 2019 年 7 月 5 日在提交 2019 ~ 2020 财年的财政预算报告时指出，截至 2019 年 3 月，印度的 GDP 已经达到 2.7 万亿美元，该财年结束时将达到 3 万亿美元；而要实现莫迪提出的让印度在 2024 ~ 2025 财年成为 GDP 达到 5 万亿美元的国家，接下来 5 年里每年印度 GDP 增速要在 8% 以上。[③]

不仅如此，此前莫迪政府密集提出"印度制造""数字印度""技能印度""初创印度""智慧城市"等一系列发展规划，为印度经济寻找新动力和增长点，期望通过制造业和服务业的双轮驱动，将印度建成制造业大国、服务业大国、现代化强国；此外，莫迪政府着力改善国内基础设施建设（这与中国"要想富、先修路"的理念有异曲同工之处），高度重视招商引资和技术引进，推出了一系列举措以提升印度吸引投资的能力和改善营商环境。相关措施已初显成效，2017 年印度营商便利指数排名比 2016 年跃升 30 名，进入了全球"百强"；[④] 2018 年，洛伊研究所发布的亚洲电力指数（Asia Power Index）中，印度电力指数已经上升至美国、中国和日本之后的

① Herpreet Kaur, Jagdeep Singh, "Indian Economy Developments (Special emphasis on Mr. Narendra Modi Era Developments)", *IBMRD's Journal of Management & Research*, Volume 8, Issue 1, (2019): 3.

② Chaudhury A., "A Critique of the Discrepancies of India's GST System and Propositions to Stabilize India's Tax Regime", *Journal of Taxation and Regulatory Framework*, 1 (2) (2019): 22.

③ Bhattacharya R, Chakravartti P, Mundle S., "Forecasting India's Economic Growth: A Time - Varying Parameter Regression Approach", *Macroeconomics and Finance in Emerging Market Economies*, (2019): 1 - 24, https://www.tandfonline.com/action/showCitFormats? doi = 10.1080%2F17520843.2019.1603169.

④ 李莉：《印度大国崛起战略新动向》，《现代国际关系》2017 年第 12 期，第 19 ~ 21 页。

第四位。①

笔者认为，一方面，鉴于"领导型大国"这一战略构想是大国崛起战略全局的核心组成部分，再联系到莫迪的"21世纪将是印度的世纪"的豪言壮语，"领导型大国"战略构想的提出对于印度自身的重大战略价值是不言而喻的；另一方面，对于新时期印度外交政策的基本走向的研判，"领导型大国"战略构想构成了理解莫迪第一个任期、展望莫迪第二个任期里的印度外交战略及对外关系调整的关键线索，更是新时期推动中印关系发展不可不察之新事态。

（二）"领导型大国"的战略要求与战略路径

正如前文提及，本质上，"领导型大国"是一个关于权力诉求以及战略角色转变的概念，而在身份属性上，"领导型大国"是一种相对于客体的"对象角色"。所以战略要求上有两大主要考量：一是被大国承认（居首要的联合国五大常任理事国的承认）；二是能够对小国形成控制（居首要的是对南亚邻国的掌控）。

为适应上述战略需求，莫迪政府主要依赖于通过对外提升实质性的战略影响力与寻求利益交集，来为印度追求被承认的大国地位与作为国际领导者的身份认同。具体而言，获取大国承认的主要外交策略在于印度要利用大国关系中的矛盾与竞争，通过动态的平衡外交，寻求与主要大国间的战略与利益的契合；而欲增强对小国控制，需要能对周边小国发挥实质性的战略影响力，印度需要灵活使用恩威并重手段，且在硬实力不足的约束下以软实力运用来弥补"硬赤字"。②

莫迪政府的这些战略理念已经在外交实践中有所体现。从莫迪第一任期内印度外交整体情势来看，莫迪政府对外政策的主动性和进取性明显增强，印方与外界的互动更加充满张力。在大国关系方面，莫迪政府的对华外交使

① Lowy Institute, "Asia Power Index", https：//power. lowyinstitute. org/.

② Ashley J. Tellis："India as a Leading Power", *Publications Department of Carnegie Endowment for International Peace*, pp. 1 - 15, https：//CarnegieEndowment. org/pubs.

中印关系在莫迪第一个任期里的发展呈现高开低走、急速下滑、触底反弹、逐渐回暖的戏剧性变化；而处理美印关系时，莫迪政府一方面在防务合作上与美国取得了历史性突破，另一方面在对俄罗斯军购以及对伊朗石油采购等问题上又不惜触美国之逆鳞，以表明印度不是一个任人揉捏的"香蕉共和国"①；至于周边外交、"印太"外交，莫迪政府先后提出、升级的一系列战略规划、战略倡议，比如"邻国第一"政策、"东进战略"、"西联战略"、"国际南北运输走廊"建设、"萨迦"倡议、"环孟加拉湾多领域经济合作倡议"等，可谓"战略构想层出不穷、战略区域全面覆盖"；在国际组织与多边外交上，莫迪政府在国际舞台上围绕谋求联合国安理会常任理事国地位、核供应国集团正式成员身份以及参与国际反恐、气候治理等全球性治理等事务，也可谓一派繁忙、长袖善舞。

可见，在莫迪第一个任期里，印度外交的战略布局、外交范式有了诸多"奋发有为"的变化；而印度外交一切"乱花渐欲迷人眼"表象背后，有着一条贯穿其中的战略逻辑主线，那就是为了成为全球"领导型大国"而积极争取大国承认以及增强对小国的影响力与控制力。

"领导型大国"绝非只是作为一个号召性、象征性的概念。为让印度早日真正成为全球"领导型大国"，落实大国承认与小国控制的战略要求，莫迪政府设计了从巩固南亚地区的霸主地位（控制直接周边）到"印太"大国（影响扩展的周边）再到成为全球多极格局中的重要一极的战略路径，希望在南亚、"印太"、全球层面全方位地发挥更大战略影响力。②

在一个既定的明确的战略目标下——成为全球"领导型大国"，莫迪政府认识到首要的任务在于巩固南亚地区的霸主地位；③ 其次要有更广阔的海

---

① "香蕉共和国"（Banana Republic），有贬称的意味，通常指美洲和加勒比海的小国家，它们的经济体系属于单一经济（经济作物通常是香蕉、可可、咖啡等）、拥有不民主或不稳定的政府，特别是指那些拥有广泛贪污和强大外国势力介入的国家。

② 楼春豪：《印度的"印太构想"：演进、实践与前瞻》，《印度洋经济体研究》2019年第1期，第27页。

③ Rajeev Ranjan Chaturvedy, "Modi's Neighborhood Policy and China's Response", *Issues & Studies*, (2019): 2.

洋战略视野，经营周边要从经营南亚进一步提升为经营"印太"的"大周边"；① 最后，在国际体系层面，需要在保持战略自主性的同时，实施"借势"战略，利用大国对印度的期望、利用大国间相互矛盾，为印度获取大国崛起的资源与机遇。这些考量也正是莫迪在对印度驻外使节的讲话中称当前全球环境为印度提供了战略机遇并敦促印度外交官们要"摒弃旧观念，迅速适应新形势，抓住战略机遇期，力助印度成为全球领导型大国"的根本原因。

（三）"领导型大国"外交布局的"同心圆"结构

2014～2019 年，上述"领导型大国"的战略逻辑和实现路径已经落实在外交布局的调整上了。首先，印度战略视野有明显扩展，外交布局也在莫迪时代第一次真正具有了全方位的外交布局的战略意味。其次，印度的外交布局在特征上有两个明显特征：一是"同心圆"结构；二是"远交近控"战略特征。印度的外交布局，旨在利用和塑造对己有利的外部环境，实现顺势而为、借势而进、造势而起、乘势而上的战略图谋，反映了战略现实主义的进化与成熟。出于历史的惯性，莫迪第一任期里为印度打造的外交布局及其核心特征都必将在第二个任期延续发展。

印度全方位外交布局突出体现在以南亚为战略重心，实施"邻国优先"的外交政策；并以"泛印度洋视角"来勾画其大周边外交蓝图，以东进、北联、西望、南控全方位的地缘政治经济布局实施"扩展的周边"外交；② 同时，在国际体系层面，巧妙地对美国、中国、俄罗斯、日本等国推进总体平衡的大国外交。过去几年里，随着"领导型大国"战略构想的提出，印度外交加大了战略投入，也更加"有声有色"；莫迪政府在南亚外交、东南亚外交、中亚外交、西亚外交、非洲外交等各外交场域都有出彩表现，采取了

---

① Jagannath Panda, "The Asia – Africa Growth Corridor: An India – Japan Arch in the Making", (Institute for Security and Development Policy, 2017).

② S. D. Muni, "Modi's 'Neighbourhood First' Initiative", *Modi and the World: (RE) Construction Indian foreign Poliy*, (2017): 117–137.

一系列外交、军事和经济措施，也收获了不小成绩，可谓"四处出击""奋发有为"。不过，莫迪执政之前，印度在诸如东南亚、中亚、西亚和非洲等地区的外交并不十分活跃，20世纪90年代便提出的面向东南亚的"东望政策"（Look East）、面向中亚地区的"国际南北运输走廊"建设等数十年均无建树、碌碌无为；而印度之前对西亚、中东国家的外交甚至可以说一直是印度外交的一块短板，中东错综复杂的地缘关系和安全风险让印度望而却步；过去在西亚印度主要的合作对象是伊朗，但伊朗与其他中东国家的关系长期不睦，无法成为印度进军中东的跳板。然而，莫迪时代开启后，印度对这些外交传统上的不活跃地带的外交关注度迅速提升、外交行动日益活跃，譬如升级版的"东进战略"、重新拾起的"国际南北运输走廊"建设，以及"西联"战略、"亚非经济增长走廊"计划，均成为引人注目的外交亮点。莫迪政府在南亚以及其他"印太"空间的外交活动，无论是出于拓展国家利益和外交空间的目的，还是像一些分析所认为的是为了抗衡中国的"一带一路"，它带来的一个十分重要的现实效应就是，印度在莫迪时代第一次真正具有了全方位的外交布局的战略意味。

从地缘层面观察，印度全方位的外交布局整体呈现"同心圆"结构，即以南亚为中心，以圈层形态向外辐射影响力；与此同时，印度对不同圈层的战略关切度和战略资源投入意愿其实并不相同，在不同地区的战略目标以及所运用的战略手段、外交策略也不一样。

印度在南亚地区所执行的是积极的、排他性的外交政策，甚至不屑于隐藏自己在南亚地区的霸权目标，具有明显的主宰者心态，必要时甚至敢于突破国际法和国际规则的限制，使用各种手段。印度在南亚"大周边"的地区板块付诸的外交精力有所增加，外交活动也更为活跃。尽管外交声势浩大，但真金白银的投入却仍旧有限，有雷声大雨点小之嫌。莫迪政府在"大周边"地区更多的考虑在于要以较小的战略成本投入来收获较大的战略利益。换言之，在东南亚、中亚、西亚、非洲，虽然印度外交活跃度也很高，但就战略目标和战略资源配置而言，战略目标有限，战略投入不大，印度的"大周边"外交因此表现出具有很强的机会主义性质。

印度在由近及远的不同圈层设定了不同战略目标，资源投入和力量投射意愿也呈现逐步衰减特征，这既是受到"硬实力"的限制所致，也反映了印度外交的战略现实主义转向。

（四）"领导型大国"的"远交近控"

除了战略视野扩展以及"同心圆"结构外，当"大国承认"与"控制小国"考量与相关国家的地位结合起来时，莫迪政府的外交布局表现出了十分明显的"远交近控"的特征。

"近控"主要是指印度积极增强对南亚地区国家以及印度洋利益区的"控局"能力，并且将抵御中国影响力扩散作为"近控"的一个重要考量。一直以来，印度南亚霸主的主要威胁来自巴基斯坦，主要挑战在于小国的离心倾向，不过现阶段印度认为中国正日益深入自己势力范围，对自身南亚霸主地位构成威胁，而且也观察到随着中国进入南亚，南亚小国对印度的离心倾向更加明显了。[①] 众所周知，印度有"控局南亚"的先天优势；对印度而言，要成为"领导型大国"，还需要增强控制周边小国的能力，并且要以坚决的行动意志体现出来；同时维护南亚霸权的外交实践，需要增加应对中国因素的新内容。

从政策实践来看，莫迪政府治下的印度，为维护南亚霸主地位，"近控"方面致力于做好三件事：第一，对巴基斯坦实施削弱与打压政策，积极进行军事斗争和国际孤立；第二，对其他南亚国家实施"邻国优先"政策，政治拉拢与经济控制并举；第三，对进入自认为的南亚势力范围的中国实施包括积极战略防范、开展有限合作、寻求平衡手段及牵制方案的综合性应对措施。

相对于"近控"而言，"远交"主要是指印度与大国的动态的"平衡外交"。"领导型大国"需要国际社会的承认，尤其需要大国承认，而要获得

---

① Rahul Roy - Chaudhury，"India's Perspective towards China in Their Shared South Asian Neighbourhood：Cooperation Versus Competition"，*Contemporary Politics*，24.1（2018）：98 - 112.

大国承认，印度必须要对世界大国的战略利益、诉求或安全进行考虑，形成一些明显作为支持力量或牵制力量的战略资源，发挥实质性的战略影响力。从整体来看，在与美国、中国、俄罗斯等域外的世界性大国打交道过程中，莫迪政府自始至终关注以下几点。第一，积极发展同主要大国的有差异的战略伙伴关系，排除同大国发生战略对抗，强调印度不可阻挡的崛起前景和对多极化世界的特殊作用，不仅力求稳定和扩展与美国为首的西方发达国家的关系，也注意维系和发展与中国、俄罗斯的战略关系。第二，以"最大的民主国家"自居，积极与主要大国共同参与全球治理，在大大小小的国际事务上始终不忘彰显印度的大国地位与保持战略自主性，体现日益强大印度对国际社会的日益重要的治理功能和大国责任。第三，在政治、经济、军事等不同层面，寻求与不同的主要大国的不同的战略与利益的契合，纵横捭阖，以最大化印度的战略利益，助推印度崛起。

当然，"远交近控"的成因中也有战略文化历史传承的因素。"远交近控"体现出当代印度对周边外交和大国外交的综合性战略思维，而这种综合性战略思维可以追溯到古印度考底利耶的"曼陀罗"地缘政治思想；从这个意义上讲，今天的莫迪政府的"领导型大国"战略构想，至少有一部分是向印度外交传统思维的回归。

三 基本结论及"领导型大国"前景展望

（一）"领导型大国"战略构想：莫迪时代印度的外交战略

作为莫迪第一个任期内基于有利的国际形势及国内经济发展所提供的物质性条件而为印度设计的新的战略角色、新的战略目标、新的战略构想，"领导型大国"也成为莫迪时代印度外交战略的最为显耀的一道标签。首先，"领导型大国"在莫迪执政后对内、对外讲话中屡屡出现，在2015～2016年、2016～2017年、2017～2018年印度外交部年度工作报告中连续出现，以及在2015年"海军战略"、2018年"印太"构想中被反复提及，并不是偶然现象。其次，无论是解读莫迪第一任期内的相关外交报告，军方的海军战略规划、项目倡议、关于印太的香会讲话，与相关国家的联合声明等，还是观察莫迪第一任期内"东进战略"、"西联"战略、"国际南北运输走廊"建设、"邻国优先"政策等的推进，都有诸多证据显示，印度政府对如何从地区性大国到世界性强国，有了明确的战略路径设计，对需要面对的挑战、风险、应对策略，有了清晰的认知和整体思路。再次，"领导型大国"一经推出后，也并未停留在理念层面，而是迅速地进入战略实践层面。比如 2015 年提出"领导型大国"的战略概念后，莫迪政府先后以联合国安理会常任理事国身份、核供应国集团正式成员国身份，向中国提出支持要求，并以中国的反馈评判中国是否承认、尊重印度的大国地位。在未能如愿得到中国支持立场的情况下，印度在边界问题上向中国展示了强硬姿态，无畏与中国对峙。印方的这些动态背后，无一例外都有"领导型大国"的心态在发生作用，尤其是洞朗对峙的发生。在一定程度上，可以说，这是印度在现实问题上遭遇挫折后维护大国尊严的一种反应。

印度前驻华大使、印度外交部长苏杰生（Subrahmanyam Jaishankar）对莫迪第一任期内的印度外交进行了总结。事实上，莫迪政府依据变化了的内外形势，在"领导型大国"战略目标的确立、战略任务的排定、战略路径的选择、外交策略的优化、战略关键的把握和战略禁忌的规避，无不体现出"战略性"及"进化性"。[1]

虽然迄今为止莫迪政府的官方文件中并没有"领导型大国"外交战略的提法，但是将相关战略规划描述为"vision"（"构想"或"愿景"），而不是界定为"strategy"（战略），是印度政府的常规做法，比如印度外交部2016 年 4 月发布的年度报告中首次概述的印度"在印度洋地区的全面愿景"（a comprehensive vision for the Indian Ocean region）；与此同时，莫迪时代里那些与"领导型大国"关联的印度外交理念、外交布局、外交风格、外交

---

[1] Rekha Dixit, "India's Foreign Policy Underwent Paradigm Shift under Modi：Jaishankar", *The Week*, April 24, 2019, https：//www. theweek. in/news/india/2019/04/24/India - foreign - policy - underwentparadigm - shift - under - Modi - Jaishankar. html.

效应、外交政策、外交实践所体现出的"战略性"是清晰可辨的,而其外交范式的"进化"或"调整"也是毋庸置疑的。正是从这个意义上讲,莫迪时代印度外交战略就是"领导型大国"外交战略,是新时期印度外交的全局性指导,也因此构成研究者理解莫迪时代印度外交战略及对外关系调整的关键线索——这也是本报告的基本结论。

具体而言,"领导型大国"与"新印度"构成了印度大国崛起战略的一体两翼;"领导型大国"核心战略的要求在于获取大国承认与增强对小国控制。获取大国承认的主要外交策略在于印度要利用大国关系中的矛盾与竞争,通过动态的平衡外交,寻求与主要大国间的战略与利益的契合;而欲增强对小国控制,印度需要能对周边小国发挥实质性的战略影响力,要灵活使用恩威并重手段,且在硬实力不足的约束下要以软实力运用来弥补"硬赤字";印度争当全球"领导型大国"的战略路径设计为从巩固南亚地区的霸主地位到成为"印太"关键战略体,再到成为全球多极格局中的重要一极;与此相应,印度的外交布局在莫迪时代第一次真正具有了全方位外交布局的战略意味,并形成了"同心圆"结构与"远交近控"两大明显特征。

正如前文提及,随着印度国内大选结束,莫迪政府当前的工作重心重新从竞选回归正常施政。众所周知,莫迪在古吉拉特邦执政期间的各项改革,也是经历了第一个任期中的提出计划、发动宣传、广泛、动员组织安排等铺垫,在第二个任期内才显现成效,并带来了经济上所取得的巨大成就。因此,莫迪在第一个任期内围绕"领导型大国"形成的一系列战略构想,经过国内组织动员与国际造势,第二个任期将是莫迪政府实现这些战略构想的关键时期。为此,中国的研究者以及政策制定者对莫迪政府第一个任期内形成的"领导型大国"相关核心理念、战略规划要引起充分的重视。

(二)"领导型大国"战略愿景的制约因素

印度人的等级社会观成为他们认识世界的基础;印度有着强烈的"天定命运"意识,这一点与其他大国类似,比如美国的"天命论"。美国人自认为是上帝的选民而美国是上帝垂青的山巅之城,所以要用光芒四射的

"基督教美德"去照亮世界，成为世界的典范。因此，印度的"领导型大国"的抱负并不难理解。相对而言，印度的"领导型大国"外交战略的发展前景，才是影响重大的问题。研究中，对于印度"领导型大国"外交战略的发展前景，需要结合印度面对的制约因素来考察，以便得出公允、客观的结论。

此前，阿什利·泰利斯在《印度作为领导型大国》一书中指出，莫迪政府正在开发印度巨大的潜力，一旦实现，莫迪让印度成为一个强国的雄心将成为现实，印度外交政策的第三个时代将会开启，而它的权重和偏好将决定全球体系演变的结果。然而印度"领导型大国"外交战略的发展前景因为面临的相关制约因素，并不容印度政府盲目乐观。印度目前扩张国力的能力受到许多阻碍，包括过度监管的经济，能力不足的国家战略，负担沉重的国家—社会关系，跨国和社会合理化的有限，所有这些都在印度历史上持续存在。未来，印度是否成为一个强国，取决于它是否有能力在多个领域获得成功，包括在提高经济绩效方面，更广泛的区域一体化，有效的军事能力投射与明智的政策相结合，以及适应其人民的各种诉求成功维持国内民主。阿什利·泰利斯同时还指出，即使印度设法进行了必要的诸多改革以实现相关目标，许多分析表明它将是未来几十年的最弱的主要一极，因为其地理位置接近强大的中国。于是，阿什利·泰利斯建议，印度要成为"领导型大国"，印度政府必须在国内完成必要的结构改革，创造出高效的产品和要素市场，政府需要将其活动转向生产更好的公共产品，同时在整个印度社会建立一个促进创新和合理性的制度框架；需要提升国家执行与监管能力；此外要巩固与美国的战略关系，让美印关系成为印度全球抱负的战略支柱。①

客观而言，在阿什利·泰利斯关于印度"领导型大国"愿景面对的制约因素及其应对建议中，除了地位接近中国将弱化印度的论断并鼓吹要让美

---

① Ashley J. Tellis, *India As A Leading Power*, Vol. 4. (Carnegie Endowment for International Peace, 2016), pp. 1 – 2.

印关系成为印度全球抱负的战略支柱外，其余的分析不无道理。

事实上，自身实力与内外环境，尤以国家硬实力、国内治理难题及国际环境的不确定性，构成了"领导型大国"战略愿景的主要制约因素。

第一，就国家硬实力而言，此前的许多关于印度的大国抱负研究的成果，主要结论便在于印度的大国雄心受制于综合国力，印度的战略目标与战略能力之间的不匹配。比如中国学者宋德星指出："印度不仅在国际体系中还远不是真正意义上的主导型大国，其在印度洋地区也不是主导型秩序塑造者，甚至在南亚次大陆也无法实现有效的霸权控制。"[①]

目前为止，国际社会甚至对印度是否是一个世界性大国的回答也还有很大分歧，这一现实归根结底是印度的硬实力不足所导致的；而国际社会尤其是周边国家对印度大国地位、整体实力的不认同，会影响与印度合作的信心，会影响印度的大国崛起进程。

在笔者看来，当前印度确实并不具备构成全球"领导型大国"的基础性条件，国际社会其实有理由对印度"领导型大国"抱负甚至对其是否是一个世界性大国报以怀疑。何为全球"领导型大国"？一般而言，作为全球"领导型大国"，其身份特征包括：体系地位居顶级层级，是国际秩序的维护者和国际规则的制定者，是世界经济的驱动引擎，是国际安全的中流砥柱。然而截至目前，在体系层面，印度仍然是国际体系的追随者而不是体系秩序与国际规则的制定者；在地区层面，印度对地区安全及区域经济繁荣的贡献还殊为有限；在双边层面，印度与中国的差距还在不断拉开。所以，至少目前，印度并未构成全球政治经济的"领导型大国"。

未来，国内物质性条件能否支撑莫迪的大国雄心，以及作为物质性条件基础的经济增长都不确定。过去印度投资都是建立在国内财政赤字扩大基础上的，为此印度政府首席经济顾问苏布拉曼尼亚在 2019 年 7 月 4 日提交审议的《印度 2018～2019 年经济调查》报告中指出，印度要在 2025 年实现 5

---

① 宋德星：《莫迪执政以来的中印关系：战略动能与发展趋势》，《中国国际战略评论2018》（上），2018 年 9 月，第 91 页。

万亿美元的 GDP，在接下来的几年里，印度的经济增速必须持续达到 8% 或以上。① 然而国内方面，如复杂的国内民族问题、社会治理难题、国内财政赤字、国内发展落后的现实等，都增添了印度经济崛起的不确定性。

第二，尽管莫迪时期印度的强势外交在国际舞台上表现得异常抢眼，但国内和国际环境的限制性作用也同样明显，国内治理难题及国际环境的不确定性直接影响着"领导型大国"目标的实现进程。

首先，深化国内改革与高涨的民族主义对莫迪政府而言是双刃剑。莫迪总理两次胜选，都是高举民族主义旗帜以争取民众支持；即便国内高人气可以看作莫迪政府对民族主义调动的成功，但如果民众期待与现实出现巨大落差，民族主义就很容易滑向反面。其次，全球化时代国际经济大环境使印度必须把经济外交置于优先地位，发展外向型经济，然而国内脆弱的民族产业、缺乏竞争力的印度产品，又让印度不得不对民族产业援以保护主义；与此同时，随着莫迪政府对外开放程度的日益提升，印度经济与全球其他经济体的联系愈加密切，但国际经济波动、金融危机对印度的影响也越来越大。再次，印度外交系统在组织层面上存在相当大的弱点。最近，新加坡国立大学李光耀公共政策学院亚洲与全球化中心学者甘地·巴伯（Kanti Bajpai）及拜伦·从（Byron Chong），结合印度外交服务部（IFS）和外交部（MEA）的优势和劣势，从个人、组织和系统三个层面对印度外交政策体系的政策能力进行评估，发现印度外交系统在组织层面上存在许多弱点。这些弱点包括 IFS 官员的能力，收集和处理信息的基础设施，MEA 的国际组织，与合作伙伴和公众沟通程度。② 最后，领导型大国以大国崛起为根本目标，决定了印度政府的经济优先的执政理念，同时也决定了印度需要一个良好的周边环境为经济持续健康发展提供坚实基础；然而印巴关系长期不睦，而当

---

① Bhattacharya R, Chakravartti P, Mundle S., "Forecasting India's Economic Growth: A Time - Varying Parameter Regression Approach", *Macroeconomics and Finance in Emerging Market Economies*, (2019): 1 - 24, https://www.tandfonline.com/action/showCitFormats? doi = 10.1080%2F17520843.2019.1603169.

② Kanti Bajpai, and Byron Chong, "India's Foreign Policy Capacity", *Policy Design and Practice*, (2019): 1 - 26.

前两国安全困境更有升级风险。

第三，或许也是最重要的一点就是国际体系演变尤其是大国关系的深刻调整所带来的不确定性，增加了印度外交的难度和风险；而倘若在大国博弈中应对不当，印度全球"领导型大国"愿景将很难实现。特朗普因素已使中美关系竞争乃至对抗色彩日益明显，美俄在环印度洋相关地区的军事对抗已摆上台面，美伊（朗）关系也日益紧张，未来印度的大国平衡外交是否仍有实施的战略空间，正在成为备受关注的焦点问题。

对中国学者而言，尽管中印关系当前有回暖趋势，但因为中印关系在莫迪第一个任期内的跌宕起伏、戏剧性变化，仍有充分理由去跟踪考察印度对华外交姿态的调整是否只是战术上的权宜之计抑或战略性的立场改变；同时，注意到当前美国在印度对伊朗石油进口问题上、印度对俄罗斯军购问题上以及在贸易逆差的问题上对印度施压，而美印关系出现较大下滑，所以中国学者也有必要就未来印度如何处理同美国的关系，两国的防务合作何去何从等予以跟踪关注。总之，鉴于目前莫迪外交2.0已然开启，研判新时期"领导型大国"战略构想下印度外交政策走向已是刻不容缓。在心理层面，我们没理由轻视印度的大国雄心和外交调整，不过与此同时也没有必要对印度"领导型大国"战略构想过分紧张或焦虑。毕竟，很难想象一个尚不能有效塑造国内社会的国家能够很好地扮演"领导型角色"，也很难想象一个周边安全还存在重大挑战的国家能够成为全球"领导型大国"，何况外部因素如大国博弈、全球经济环境不佳等也将对印度的"领导型大国"战略愿景带来直接影响。

B.9
澳大利亚对环孟加拉湾地区的
安全关注与战略布局

段皓文*

摘　要： 近年来，环孟加拉湾地区已成为中国、美国、印度等各大国
战略的交汇点，而基于各种原因，澳大利亚也逐渐表现出了
对该地区的关注。在澳大利亚的关注重点中，既涉及中、美、
印、日等大国博弈所带来的环孟加拉湾地区传统安全博弈问
题，也有基于澳大利亚特殊地缘和区域内动荡所引发的非传
统安全问题。针对这些安全关注，澳大利亚开始在广泛的范
围内积极寻求国际合作。当前，澳大利亚正在一系列双边和
多边合作机制中稳步建立它在该地区的战略存在。

关键词： 澳大利亚　环孟加拉湾地区　国际合作

在过去几年中，印度洋地区的战略重要性持续上升，而当我们进一步观
察该地区各次区域的战略形势发展时并不难发现，相对于长期处于热点的西
印度洋地区（波斯湾、亚丁湾沿岸）而言，以环孟加拉湾地区为核心的东
印度洋地区在全球战略博弈当中的地位和重要性上升的幅度更加明显。美国
领导的"印太战略"、中国提出的"一带一路"倡议、印度提出的"东向"
政策和"萨迦"（SAGAR，印度洋地区共同安全与繁荣）倡议，都在环孟加

---

* 段皓文，云南财经大学印度洋地区研究中心讲师。

拉湾地区出现了战略交会，澳大利亚方面也提出了自己的"向西看"（Look West）政策。从某种意义上讲，就印度洋地区内部而言，孟加拉湾方向正在成为双边和多边国际交往与博弈的战略前线。

地理上，孟加拉湾本身面积超过217万平方公里，它从斯里兰卡一直延伸到印度东部海岸，在孟加拉国和缅甸下弯，并在泰国、马来西亚向南直通新加坡，到达印度尼西亚苏门答腊岛的北部海岸，囊括了欧亚大陆东半部诸多重要的海上航线。对于南亚、东南亚以及几乎所有进行相关过境贸易的国家而言，环孟加拉湾地区的稳定从国家安全和经济增长的双重意义上讲其重要性都毋庸置疑。

具体到澳大利亚而言，其特殊的地理和地缘政治位置又使得其在环孟加拉湾地区的安全关注和相应布局体现出了一定的自身特色。一方面，从广义的印度洋地区概念上讲，澳大利亚毫无疑问是重要的区域内大国，它在印度洋上拥有超过14000千米的海岸线、388万平方千米的专属经济区和202万平方千米的大陆架延伸区。[1] 这使澳大利亚在印度洋地区，尤其是东印度洋区域上有着与其他类型域内大国同质化的安全诉求，也因此澳大利亚在美国领导下的"印太战略"四方机制中表现颇为活跃，包括其近年来在本地区中大幅强化与印度、日本的政治和军事合作。从它一系列的动作中我们不难看出，澳大利亚正在努力成为东印度洋区域积极的安全公共产品供给者，并在此过程中进一步试图按照自己的议程来塑造该区域的国际关系格局，加入该区域的政治权力博弈。另一方面，在狭义的环孟加拉湾地区，澳大利亚作为次区域的域外国家，其主要关注点并不完全是传统安全领域。当然，一个稳定而繁荣的环孟加拉湾地区在澳大利亚看来自然也和它的国家利益契合，但它之所以做出这一判断更多的是基于它对本国西部海域所面临的非传统安全威胁的认知。此外，澳大利亚对环孟加拉湾地区作为其海上运输通道的连

---

[1] Sam Bateman & Anthony Bergin, "Our Western Front: Australia and the Indian Ocean", March 12, 2010, https://www.mysciencework.com/publication/show/our-western-front-australia-and-the-indian-ocean.

接性问题（Connectivity）也愈加敏感。[①] 基于以上观察，澳大利亚在环孟加拉湾地区的关注和布局大致可以从传统安全与非传统安全两个层面来划分，前者包括澳大利亚与本地区国家（如斯里兰卡、孟加拉国、缅甸等）和域外大国（如美国、中国、日本、印度等）基于各自安全利益的战略合作与博弈，后者在澳大利亚看来则主要指该地区内部动荡、环境恶化及发展紊乱所带来的低政治层面（经济、社会、人文领域）的风险与威胁。

一 澳大利亚对环孟加拉湾地区战略地位的基本认知

环孟加拉湾地区的历史沿革可谓跌宕起伏。早在近代国际关系开端之前，该地区海湾周围的国家就通过文化和商业联系在了一起，而来自中国中央王朝官方和民间的船队也曾一度频繁往来于这片海域，而在此之前该地区已成为印度教、伊斯兰教、佛教的交汇点。[②] 17 世纪欧洲殖民体系扩展到该地区后，随着列强的涌入，对殖民地的竞争也日益迫切。除英国人外，法国人和荷兰人等都在海湾附近建立了据点，来自西方的炮舰和商人频繁出入。随着殖民统治的进一步发展，环孟加拉湾地区一度成为农产品出口地，商业也得以扩展。从这一角度来看，殖民时代进一步加强了海湾各地区之间的联系，但随着英帝国在全印度洋地区内霸权的确立，环孟加拉湾地区在战略上逐渐变成了一个相对封闭的区域。第二次世界大战爆发，印度洋作为"不列颠内湖"的地位被日本侵略者打破了，但尽管日本帝国主义重新提醒世界环孟加拉湾地区持久的战略意义，沿海地区在战后不久又再次走向边缘化。冷战期间，美国与苏联之间的对抗主要集中在大西洋、欧洲和东北亚，印度洋及环孟加拉湾地区的战略显著性在不断下降。在去殖民化运动风起云

① Anasua Basu Ray Chaudhury & Rakhahari Chatterji, "Maritime Order and Connectivity in the Indian Ocean: The Renewed Significance of the Bay of Bengal", *Journal of the Indian Ocean Region*, Vol. 15, No. 3 (2019): 241 - 244.

② Suchandra Ghosh, "Crossings and Contacts across the Bay of Bengal: A Connected History of Ports in Early South and Southeast Asia", *Journal of the Indian Ocean Region*, Vol. 15, No. 3 (2019): 281 - 290.

涌的时代，对主权和经济前景敏感的区域内新独立国家将自给自足置于对本地区国际贸易的依赖之上，印度、缅甸和南亚各国的内向经济取向也使这些国家很少关注该区域作为海上交通要道的战略意义，孟加拉湾逐渐成为国际政治战略层面的"死水"。整个环孟加拉湾地区只有马六甲海峡仍然作为欧亚大陆两半之间海上运输主动脉而得到关注。① 直到 1985 年南亚区域合作联盟（SAARC）的成立，成员国之间才重新燃起了一个新时代互联互通的希望。而 1997 年建立的"环孟加拉湾多领域经济技术合作倡议"（BIMSTEC）也标志着环孟加拉湾地区重新融合的开始。

澳大利亚在进入 21 世纪后也逐渐开始意识到环孟加拉湾地区的战略重要性，并最终在中国、日本、美国等多方博弈的体系压力下开始付诸行动，以表示自身对该地区的战略关注与诉求。2017 年 4 月，印度总理莫迪和时任澳大利亚总理马尔科姆·特恩布尔于在德里举行会议时，共同发出了致力于促进印度对太平洋和平与繁荣的承诺。但澳大利亚国内长期存在的印太合作机制的批评者说，印度洋的空间太大，无法进行实际合作。而为印度和澳大利亚之间的印太合作提供实质性帮助的一种方法就是确定特定的次区域，例如孟加拉湾地区。② 毕竟从宏观的地理上来看印太地区，孟加拉湾就在中间，与中国南海的水域一同连接两个大洋。

澳大利亚学者认为，当前，环孟加拉湾地区已再次成为国际格局中的战略热点。尽管美国仍然是印度洋和太平洋的主导力量，但中国有望改变沿海地区的地缘政治。中国已经制订了基础设施发展计划，将中国西南部与孟加拉湾连接起来，并努力确保通过马六甲海峡的重要海上通信线的安全。习近平主席全面而积极的"一带一路"倡议很大一部分汇聚在孟加拉湾地区。中国的计划不仅限于基础设施，还加强了与孟加拉湾沿岸国家的安全和军事合作。在澳大利亚看来，汉班托特港的发展意味着中国在关键位置的马尔代

---

① C. Raja Mohan, Ankush Ajay Wagle, "Returning to the Andaman Sea", January 1, 2019, https://carnegieindia.org/2019/01/01/returning-to-andaman-sea-pub-78132.

② David Brewster, "Australia and India: The Indian Ocean and The Limits of Strategic Convergence", *Australian Journal of International Affairs*, Vol. 64 (2010): 554.

夫岛链中掌握了战略影响力层面上的优势。①

印度方面敏感地拒绝了中国的"一带一路"倡议，并意识到环孟加拉湾地区作为其内陆和海洋连接的经济走廊的潜在战略意义。就其本身而言，印度正努力制订自己的计划，以开发孟加拉湾地区的基础设施。而当印度在南亚区域合作组织的南亚区域论坛上感到沮丧后，印度正试图振兴这个已有20年历史的 BIMSTEC，以加快发展所谓的"环孟一体化"进程，为此它近年来还进一步加强了对孟加拉国和斯里兰卡的战略关注，以促进孟加拉湾的基础设施发展。②

当然，印度意识到其经济和政治资源有限，并已寻求与其他大国合作以推进孟加拉湾地区的经济发展。日本在促进地区基础设施建设方面具有丰富的经验，并有与中国竞争影响力的战略考虑，因此热情很高。为了推进这一事业，新德里还必须引进澳大利亚，而堪培拉已经在为沿海地区国家提供发展援助。③ 双边和多边安全合作也是莫迪和特恩布尔概述的印太伙伴关系的重要组成部分。继 2015 年在孟加拉湾进行第一次双边军事演习之后，双方很快将军事交流作为次区域双边关系发展的重点。当应对整个印度洋 - 太平洋，尤其是孟加拉湾地区不断发展的局势时，新德里和堪培拉开始看到他们与日本三边交往的价值。莫迪和特恩布尔的联合声明中专门强调了第三国的合作，两国总理欢迎澳大利亚、印度和日本之间继续和深化三边合作与对话。他们同意投资与第三国进行三边磋商，以增进区域和全球的和平与安全。

在战略一级层面，澳日印三方合作的一大目标领域可能是孟加拉湾和印度洋东部的岛屿领土的发展。印度方面多次强调了对安达曼 - 尼科巴群岛的承诺和相关的发展战略定位。尽管新德里目前还不愿对合作伙伴开放这些岛

---

① Benjamin Schreer, "Why US - Sino Strategic Competition is Good for Australia", *Australian Journal of International Affairs*, Vol. 73 (2019): 437.

② Anasua Basu Ray Chaudhury, P. Basu, & S. Bose, "India's Maritime Connectivity: Importance of the Bay of Bengal" (New Delhi Observer Research Foundation, 2018), p. 43.

③ 黄梅波、沈婧:《澳大利亚对外援助政策改革及其借鉴意义》,《国际经济合作》2016 年第 8 期，第 39 页。

屿以进行军事合作，但迅速发展的地区局势可能意味着三方在这一环孟加拉湾地区特定区域的安全合作迟早会实现。同时，印度已经开始考虑经济合作，以积极的态度吸引了日本在这些岛屿上开展基础设施建设工作，同时也邀请了澳大利亚参与该岛链的经济转型。

澳大利亚也在与美国、日本和印度合作，讨论出于战略目的的科科斯岛和圣诞岛的发展。岛屿领土的协调发展将在很大程度上消解新德里和堪培拉之间在地理距离上的战略合作障碍。分担开发岛屿基础设施的费用和共享以这些岛屿为基点所获得的信息可以极大地提高印度和澳大利亚的国家海域感知（MDA）能力，并使两国能以有限的海军力量在更大范围的印度洋地区发挥影响力。美、日、印、澳四方还致力于发展印度洋小国的海上能力，希望以共同能力建设的方法为四国在印度洋－太平洋中心的孟加拉湾建立牢固的海上战略支点。①

早在20世纪90年代末，澳大利亚国内就开始出现了针对印度洋地区的"向西看"政策大讨论，虽然时至今日该政策的具体内容仍然有一定程度的模糊性，但就最近几年澳大利亚在东印度洋方向的行动上来看，环孟加拉湾地区在其整体的国家战略层面上已经得到了高度重视。② 对澳大利亚而言，环孟加拉湾地区既是其在美、日、印、澳四方机制中与中国竞争影响力的重要舞台，同时也是在印度洋地区新的国际力量变化动态中重新定位澳大利亚战略诉求和国家利益的重点区域。

二　澳大利亚在环孟加拉湾地区的传统安全国际合作

作为"西方前哨基地"（Western outpost），澳大利亚人对即将到来的全球秩序变化其实颇为敏感。尽管现代澳大利亚远不只是英语或欧洲文明国

---

① David Brewster, "Talk Is Not an Outcome for the 'Quad'", January 31, 2018, https：// www. policyforum. net/talk－not－outcome－quad/.

② Kevin Rudd, "Australia's Foreign Policy Look West", *Journal of the Indian Ocean Region*, Vol. 7, No. 1（2011）：135.

家，但堪培拉的决策者深深地扎根于他们想象中的英国文化和政治渊源，扎根于战后时代由美国领导的盎格鲁－撒克逊文明圈中，堪培拉的决策者们在很长一段时间里似乎已经失去了方向，一直把自己想象成一个安全、自由、繁荣和"西方"的存在。直到最近几年，在特朗普执政期间，美国可能抛弃战略盟友，而疲弱的英国退出涣散的欧盟，意味着澳大利亚有可能独自面对发生在印度洋和太平洋上的重大国际秩序变迁。

澳大利亚最初曾设想通过建立亚太经合组织和东盟区域论坛来建立所谓的"国际安全空间"。但很快他们的思维又转向另一意识——亚太时代已经过去，澳大利亚要关注的是"印太"时代。澳大利亚使用"印太思维"不仅可以维持与美国的"旧"关系，而且随着印度的崛起，该战略还使两国之间的关系呈现更多可能，这一战略设计使澳大利亚有可能超越相互矛盾的中美和中日关系各方，进而在东南亚和南亚各国心中树立起可靠而积极的形象。澳大利亚学界的主流观点认为印太地区成为全球化时代世界战略和经济重心是不可避免的历史趋势，而现实且有利于澳大利亚的路径实际上是多极化和确保区域的开放性，因为"对于任何霸权而言印太地区都太大、太多元了，因此这一区域和印太概念本身其实最适合把中国崛起整合到新的地区和世界秩序之中"。事实上，澳大利亚的"印太战略"并不主要为对抗或遏制中国而存在。当然，澳大利亚所观察到的该地区的各国类似海军军备竞赛的现实确实令它警觉，但其推广和发展"印太思维"的根本动因更多的还是来自其外部大环境正面临的重大变化，其中既包括各相关大国综合实力的消长，也包括对以美国为首的西方伙伴们缩减在相关区域安全承诺的担忧。①

随着力量对比的不断变化和不确定性的日益增加，在澳大利亚的"印太战略"伙伴们那里，保守派领导人诉诸文明政治，提出了类似"使（白人）美国和（印度教）印度再次变得伟大"或"从战后的宪政限制中重塑

---

① 关于澳大利亚对"印太"概念的界定，详见笔者在上一年印度洋地区蓝皮书中的论述。段皓文：《澳大利亚印度洋战略的新发展》，朱翠萍主编《印度洋地区发展报告（2019）》，社会科学文献出版社，2019，第280~283页。

日本"之类的政治口号。而夹杂在其中的"印太战略"也难免具备了某种20世纪初地缘政治的隐喻,即结成针对中国的抗衡联盟。在此情势下,澳大利亚国内实际上在近几年也出现了右翼势力抬头的现象,其中也不乏对中国的猜忌和敌意。然而,尽管纠缠不断,澳大利亚的政策决策者们还是认为自己很大程度上只是亚洲权力斗争的外部因素。这也就意味着澳大利亚并不完全是为了打击中国才转向对包括环孟加拉湾地区在内的印度洋地区的总体关注,更不意味着澳大利亚在这一地区的安全关注和投入必然造成中澳关系的对立。

当然,国家战略的转变通常还是会带有滞后性和路径依赖的特点,这让以美、日、印、澳四方机制为基础平台的澳大利亚"印太战略"不得不考虑关于如何引导和塑造中国在该地区的存在。在澳大利亚战略学界的语境中,这些考量更多地又与其"基于自由规则的秩序"的辩护有关。值得注意的是澳大利亚2013年和2016年《国防白皮书》和2017年《外交政策白皮书》,都以"普遍受益的秩序"的概念为讨论前提。① 这种以美国主导联盟体系为特征的秩序已经固执地存在了70年,澳官方的这种观点无视了这70年中以美国为首的西方国家为"捍卫"韩国、越南和印度洋-太平洋其他地方的"自由秩序"而进行的惨淡收场的尝试,甚至某种意义上都没关注到冷战早已结束,而美式的冷战思维也已经过时了。在部分场合,澳大利亚重新承诺传播"我们的价值观"和捍卫"我们的生活方式",以及通过在澳大利亚以外的地方使用强制手段,一定程度上讲都是基于过去帝国主义基础的那种普遍主义。从这个意义上讲,澳大利亚主导的秩序观与冲突的美国、日本和印度的普遍主义并没有完全不同,并且可以很容易地自我肯定其试图扩大各自势力范围的合理性。这便意味着在澳大利亚看来,其外围水域的动荡性、复杂性和危险性都在不断增强,而对抗性思维暂时也就不能被完全抛弃了。

---

① Australian Government, *2017 Foreign Policy White Paper*, Canberra, 2017, p. 43, https://apo. org. au/sites/default/files/resource – files/2017 – 11/apo – nid120661. pdf.

基于上述立场，澳大利亚总体上仍然认可在印太范围内需要参与到如"四国安全对话（Quad）"这类的排他性论坛中以确保自身的安全利益，而环孟加拉湾地区正是此类国际机制需要关注的重点。具体而言，今天的澳大利亚人愈加感到脆弱和受到（主要来自中国的）传统威胁，因此与美国（以及和新西兰等五眼联盟其他国家）结盟关系的强化不仅对于领土保卫本身，而且对于在地缘政治博弈上保持澳大利亚的地位都至关重要。① 此外，为确保在环孟加拉湾地区这一印太地缘中心区域的战略存在和话语权，澳大利亚也非常愿意与印度这一域内强权寻求进一步的合作可能；日本由于其高度的参与热情和技术、经济部分的优势，成为澳印、美澳关系中颇受欢迎的第三方。当然，除四方机制内的合作外，澳大利亚也正在探索与域外其他利益攸关方（如法国）关系的发展。

（一）"四国安全对话"机制下澳大利亚在环孟加拉湾地区的行动方向

"四国安全对话"机制下澳大利亚的合作伙伴日本、印度和美国近年来大大增加了对在东印度洋澳大利亚附近地区进行安全合作的承诺。鉴于包括主要的海上运输通道（SLOC）在内，最繁忙的东西方运输路线都非常靠近孟加拉湾，因此，这个海洋空间在全球地缘政治中的重要性不可低估。近年来，中国的崛起在环孟加拉湾地区的总体格局演变中起着至关重要的作用。一方面，在亚洲范围内，中国的崛起为该地区新的双边、多边和区域性机制建设打开了空间；另一方面，在"四国安全对话"中，中国的强势存在也促使美国、日本和澳大利亚等主要域外大国的政策转变，它们开始共同强调在印度洋地区范围内有利于航行自由和所有当事国遵守国际海事法的"自由秩序"。

鉴于这一海洋空间带来的机遇和挑战，"四国安全对话"的一大关注点

---

① David Brewster，"Playing to Australia's Strengths in the Bay of Bengal"，August 29，2018，https：//www.policyforum.net/playing－australias－strengths－bay－bengal/.

在于设法保障环孟加拉湾地区各利益攸关方之间的连通能力。在印度，外交界开始思考如何使"四国安全对话"与寻求印度港口主导型发展的"萨迦"倡议项目相辅相成，实现寻求"共同成长"的愿景。而美、澳、日这些非环孟加拉湾地区大国也表示关切，因为它们的经济状况取决于位于该区域的海上运输通道的自由，其战略安全取决于维持该地区的以"四国安全对话"国家为主导的力量均势。因此，美国、澳大利亚和日本已接受印度凭借其在印度洋中部的地理位置在该地区所拥有的日益重要的地位。印度和美国等几项对话机制，亚洲对话（2010）、印度－日本－美国三方对话（2011年）和澳大利亚－印度－日本三方对话（2015年）已经建立。① 印度，美国和日本之间也存在三方战略伙伴关系的深度机制建设。而自2018年以来，"四国安全对话"的重点放在保持印度洋－太平洋的现状和增强海洋指挥力上。实际上，它旨在促进印度和澳大利亚重新安排其现有的指挥结构和机队安排，并启用《地理空间基本交流与合作协议》（BECA），使美国能够与印度共享敏感数据。如此一来，在美、日、印、澳的共同关注下，曾经被视为"死水"的孟加拉湾正在迅速转变为地缘战略和地缘经济海洋空间，而随着局势的加剧，孟加拉湾将是未来几年"四国安全对话"机制建设与合作的重要平台。

值得注意的是，作为印度洋地区的一部分，孟加拉湾现在将如何发挥重要作用，成为"印太战略"四方机制的关注重点。孟加拉湾有望成为地缘战略门户，印度可以通过该地带将其影响范围进一步扩展到印度洋东部，这也正是印度"东进战略"的主要着力点。考虑到这一事实，印度正在以安达曼－尼科巴群岛为核心的环孟加拉湾地区持续增强该国连通性方面的新兴潜力，其中也包括在战略宣传和在提供人道主义援助和救灾方面的持续输出。

日本正在大大提高其在海湾地区的参与度。例如，在过去10年中，

---

① William Choong, "The Return of the Indo－Pacific Strategy: An Assessment", *Australian Journal of International Affairs*, Vol. 73（2019）: 416.

日本海军对斯里兰卡进行了 65 次港口访问，仅次于印度海军。2018 年，东京宣布向斯里兰卡捐赠了海岸警卫队船只，此外还向孟加拉国和缅甸提供了更多援助。日本的军事援助是其在环孟加拉湾地区 2000 亿美元的庞大投资中的一部分，日方资本正用于在整个环孟地区建设基础设施，从而为各国提供"一带一路"倡议的替代方案。为达目的，日本的此类投资条件通常较为宽松，并在孟加拉湾地区的几个重大项目上直接与中国竞标。

华盛顿也意识到了该地区的重要性。2019 年 8 月，国务卿蓬佩奥宣布了一项 3 亿美元的一揽子计划，以帮助建立印太合作伙伴的海上安全能力。其中包括针对孟加拉湾的一项具体计划。该计划的重点是提供设备以增强孟加拉国和斯里兰卡的国家海域感知能力。[①]

澳大利亚也发挥自己的优势，在该地区扮演越来越积极的角色。相较于美、日、印、中，环孟加拉湾地区的许多国家更欢迎澳大利亚成为一个有益的合作伙伴，很大一部分原因在于它们与澳大利亚发展关系是没有历史包袱的。由此，澳大利亚在一定程度上还发挥了协调"四国安全对话"其他三国与印度尼西亚、缅甸、孟加拉国、斯里兰卡等环孟加拉湾地区国家之间战略的功能。例如，以澳大利亚颇具优势竞争力的 MDA 系统为基础，澳大利亚—印度—印度尼西亚的海上合作正在稳步展开。

从"四国安全对话"的总体战略定位方向上看，2018 年和 2019 年两届"瑞辛纳对话"（又被戏称为"印度版香格里拉对话"）在对待中国的态度上发生了重大转变。2018 年的"瑞辛纳对话"整个主题就是批评和攻击中国，在美、加、澳、印等各国与会代表发言中，有的称中国是"破坏性力量"、有的讲中国快速发展是对"自由开放秩序"的重大威胁，类似言论林林总总，美国方面甚至还借此提出在东印度洋地区建立多国联合的快速反应部队以应对"中国威胁"。但在 2019 年的"瑞辛纳对话"上，各国的对话强硬

---

① Nitin Agarwala & Premesha Saha, "Is the Bay of Bengal Regaining Its Lost Importance?", *Journal of the Indian Ocean Region*, Vol. 15, No. 3 (2019): 337.

表态都有程度不一的软化，关于"四国安全对话"，美国印太司令部司令戴维森称，"自由开放的'印太战略'并非针对中国的遏制性战略"，"我们并非要求人们在美国和中国之间选边站"。① 这一表态与前一年形成鲜明对比。一种可能性是美、日、印、澳四方机制虽然最初是以针对中国为基础的共同利益所建立的，但各方都开始逐渐认识到，保持对华良性接触而非选择与中国全面对抗才是实现印太地区合作的理性选择。具体到澳大利亚而言，虽然时常有聒噪的对华挑衅声音传出，但就澳大利亚最高领导层的表态来看，它们对于中国的立场很难说是对抗性占据主流。

（二）澳大利亚与域内国家在环孟加拉湾地区的合作

印度无疑是环孟加拉湾地区最为重要的域内国家，因此澳大利亚对印度的重视不仅是基于"四国安全对话"机制的安排，也是其深度融入该区域权力结构安排的必然选择。

2018年的"瑞辛纳对话"在某种程度上可以被看作新一轮澳印关系发展的标志。澳大利亚、印度、日本和美国的四名海军领导在新德里的舞台上并肩站立，似乎宣告着澳印之间合作的新时代的来临。此后，从在阿拉伯海的联合海军行动到在达尔文、堪培拉停靠的印度军机，都在见证着这一关系的发展。除了四个海军领导人共享舞台的强大象征意义之外，澳大利亚海军司令蒂姆·巴雷特海军上将的讲话也进一步表明了澳大利亚的态度。

巴雷特的讲话在很大程度上反映了澳大利亚式的实用主义，以及其急于实现更实质性成果的一种心态。确实，澳大利亚和印度在过去10年中花费了很长时间互相交谈，以使他们的战略观点更加契合。这当然是必不可少的步骤，但并不是具有实质意义的结果。巴雷特称，印度和澳大利亚之间现在拥有"大量论坛"、"大量安排"和"在设计和执行方面相对简单的大量演

---

① 胡博峰：《印度版"香会"今年没高调批中国，美军官声称："印太战略"并非针对中国》，《环球时报》2019年1月11日，第2版。

习"。而根据他的说法，这些机构、组织和安排的大量存在是管理不善或缺乏统一性的表现，最终影响了澳印双边军事合作的深度，"就像要求同一国家派遣同一艘船进行如此多的演习以至于耗尽燃料一样"①。

澳大利亚敏锐地意识到它必须使用有限的资源来发挥最大的作用。澳大利亚和印度的国防关系长期处于讨论之中（并且越来越多地具有善意），其合作的实质性内容也在增加。其中包括以及形成机制的澳大利亚—印度演习（AUSINDEX），自 2017 年以来已经进行了三次，尤其是 2019 年 3 月举行的演习，正值印巴海上对峙的敏感时期，澳大利亚成为第一个出场为印度站台的大国，② 这也在很大程度上打消了印度海军最初对于在前往澳大利亚的漫长旅程中使用宝贵的船期和燃料所持的谨慎态度。印度空军在 2018 年年底首次参加了澳大利亚首届一指的多边空中演习（Exercise Pitch Black）。这实际上仅仅是两个空军之间日益实质性接触的开始，此后这两国空军越来越多地使用共同的军事平台和基础设施以实现战术性合作。

澳印进行实际合作的一个重大契机是在印度洋建立国家海域感知系统。所谓海域感知系统，指的是一套海上安全监测情报系统，它涉及有效观察和识别与海事领域相关的任何可能影响安全、经济或环境的事物（主要针对海上舰艇），其核心是创建一个共同操作界面（COP），将从许多来源和组织中获取的数据和情报汇总，然后将其交叉对比并融合成一个可供许多用户访问的连贯情报链，最终帮助决策者根据共享、可靠和值得信赖的信息做出决策并采取行动。③ 现在，人们普遍认识到，增强海域感知能力是改善海事安全的重要组成部分，而这只有通过合作才能实现。印度海域感知能力的主

---

① Asha Sundaramurthy, "The China Factor in India – Australia Maritime Cooperation", *Asian Affairs*, Vol. 51, No. 1 (2020): 170.

② India Defence Consultants News, "AUSINDEX – 19: Bilateral Maritime Exercise between Indian And Australian Navies", April 14, 2019, http://indiadefence.com/ausindex – 19 – bilateral – maritime – exercise – between – indian – and – australian – navies/.

③ David Brewster, "Give light, and the Darkness will Disappear: Australia's Quest for Maritime Domain Awareness in the Indian Ocean", *Journal of the Indian Ocean Region*, Vol. 14, No. 3 (2018): 297.

要缺陷之一是其监视印度洋东部所谓的海上"阻塞点"的能力。印度侦察机可以使用安达曼－尼科巴群岛的基地轻松监测马六甲海峡，但要监测穿越印度尼西亚群岛的其他关键通道则要困难得多。使用地理位置优越的科科斯群岛等岛屿领土或达尔文等大陆的机场，澳大利亚在地理位置上可以更好地监视这些海峡。美国空军长期以来一直使用科科斯群岛和达尔文港，而日本很快也被邀请使用达尔文港进行演习。当前，印度 Ｐ－８ 海上巡逻机对达尔文港的使用（与澳大利亚空军使用的海上监视飞机相同）也是澳大利亚与印度合作伙伴关系的有力标志。同样重要的是，这将为两国空军在地面和空中协同工作提供许多实际机会。由此可以看出，对于澳大利亚和印度的国防关系而言，为共同的目的而合作的渠道、方式和平台并不匮乏。①

澳大利亚与印度的安全合作不仅是两国的共同目的，而且是扩大多边海域感知系统建立和共享安排网络的基础。他们最重要的潜在第三伙伴是印度尼西亚。鉴于其经济和军事规模，印度尼西亚是东南亚安全领域最重要的国家，其在印度洋东部的地理位置使其成为澳大利亚共享海域感知系统的天然伙伴。尽管印度和澳大利亚是四国集团的成员，但它们并不一定要四国一组；相反，通过使用"四国安全对话"中建立的共享评估系统，它们可以寻找有能力和志趣相投的四方机制以外国家，与其他地区国家（包括印度尼西亚）进行互动，以实现特定的战略目标（例如海域感知系统共享）。

澳大利亚与印度尼西亚的总体关系曾一度动荡不安，但在 2018 年新的双边协议中得到了重新定义，并在过去两年中迅速发展，甚至在 2019 年年中还出现了共同举办 2034 年世界杯的讨论。2019 年，印度与印度尼西亚的关系也得到了新的《全面战略伙伴关系协议》的推动。印度致力于发展印度尼西亚的萨邦港，总理莫迪公开强调了两国的共同海事利益。认识到它们自然的互补性，这三个国家的海军于 2018 年首次在西澳大利亚州的弗里曼特尔港召开会议，开始就区域安全进行磋商。

---

① David Brewster, "Australia's Second Sea: Face our Multipolar Future in the Indian Ocean", *Australia Strategic Policy Institute Report*, (March 2019): 32.

在澳大利亚看来，澳大利亚—印度—印度尼西亚的海上合作将产生三个特别的好处。首先，它将汇集稀缺的海军和海域感知系统资源（包括沿海监视雷达共享到正在航行的船只监测），使其成员国能够从超出其单一国家能力的合作中获利。其次，这些汇集的资源将覆盖整个印度洋东部的关键地域，从安达曼－尼科巴群岛一直延伸到印度尼西亚群岛，再到澳大利亚大陆。这最终可能允许三边伙伴将共同的海域感知系统融合在一起，例如，对特定目标船只进行越区切换跟踪。最后，共享的资源或设施将代表多个国家的共同利益，因此，任何试图威胁或干扰海域感知系统网络任何元素的潜在侵略者（暗指中国）都将面临挑衅多个地区性国家而不是一个单一国家的困境。换句话说，澳大利亚寄希望于通过海域感知系统的多国合作建立起一套类似集体安全的机制。[①] 当然要完全实现这一潜力，需要建立信任和信心，这将需要数年时间，而鉴于每个国家的能力各不相同，进展将很缓慢。但是，在共享海域感知系统上开展合作恰恰是在特定领域拥有共同利益的区域内各国在以孟加拉湾地区为中心的印度洋东部开展的具有战略意义的活动。

（三）澳法关系：澳大利亚与域外其他利益攸关方的合作探索

准确来说，目前澳大利亚在环孟加拉湾地区的主要合作伙伴还是以"四国安全对话"机制内其他国家和域内沿岸各国为主。但一些新的态势表明堪培拉所想在该区域拉拢的伙伴并不止于这一范围，澳大利亚和法国的双边关系因为各种因素具备成为本地区重要国际关系的潜力。

法国过去10年的外交政策发展显示出对其海上利益的重新重视。法国正在全球范围内重新审视战略，包括将重点放在印太地区，当然法国仍然是将太平洋作为优先事项。与澳大利亚加强关系，特别是在南太平洋合作方面，是这种政策扩展的重要表现。

---

① 韦红、姜丽媛：《澳大利亚－印度尼西亚海上安全合作：动因、现状与影响》，《和平与发展》2019年第6期，第108～125页。

2018 年 12 月，堪培拉宣布法国国有公司 DCNS 获得澳大利亚有史以来最大的国防合同——耗资 530 亿澳元建造 12 艘"短鳍梭鱼级"潜艇，与此同时，法国也有很多人谈论与澳大利亚建立新的战略伙伴关系。但是现实主义者会把当时的法国国防部长关于建立新伙伴关系的承诺视为商业过程的一部分。法国方面的报道强调了该项目在法国创造的 4000 个工作岗位以及超过 80 亿欧元的政府采购收入，该项目也将为澳大利亚提供了 2800 个新工作岗位。截至 2019 年 10 月，这些承诺基本得到了兑现。

但总体而言，法国总统马克龙对推动法澳在东印度洋地区安全合作实际行动仍然很少。他在 2017 年年底之前发布了一份新的《国防白皮书》，该白皮书详细阐述了新的双边关系和战略背景。马克龙在 2017 年 3 月关于国防的施政演讲、2017 年时任国防部长西尔维·古拉德部长在香格里拉对话中的讲话以及 2018 年新任国防部长弗洛伦斯·帕利对法国参议院的声明均提供了进一步加深法澳安全合作联系的建议。在这一系列表态中，尽管马克龙专门提到在亚太地区"追求与澳大利亚（和印度）的战略伙伴关系"，但这三人都还是以欧洲为重点。古拉德提到印度洋和太平洋，强调了朝鲜半岛和中国南海可能的威胁。与此同时，帕利提到了中国在海上的活动，重申了法国在南海法理问题上不采取任何立场的政策。她强调法国尊重联合国海洋法的航行自由原则，并在法属船只过境时行使这种自由。[1]

法国是第一个承认与澳大利亚战略伙伴关系的欧洲非同盟国家。两国在 2013 年发布了战略伙伴关系白皮书，法国尤其强调与澳大利亚建立太平洋伙伴关系的重要性。一系列广泛的政策文件显示了法国战略思想的进取性。法国 2009 年《国家海洋战略》承认其渴望"重返其历史性的海洋角色"，重点是海洋资源与海外资产保护。到 2013 年，此类文件确定了与印度和澳大利亚的重要伙伴关系。2016 年 12 月，随着历史性潜艇合同的宣布，法国参议院报告《澳大利亚：法国在新世界中的角色》再次提到"印太"。在南

---

[1] Denise Fisher, "France and Australia: A New Strategic Partnership in the Asia - Pacific?", October 30, 2017, https://www.policyforum.net/france - australia - new - strategic - partnership - asia - pacific/.

太平洋，法国作为有权根据其领土主权追求利益的国家的战略前景已得到巩固。在21世纪的最初几年里，法国官员会说，除了在那里（南太地区）的法国公民出事之外，在那里没有任何战略设计。今天，它的领导人和政策文件已经公开地承认来自其南太地区领土的战略利益。这些利益包括作为联合国、欧盟和北约领导国家以及作为美国盟友的多重身份，法国在海洋事务中保持全球影响力。鉴于其广阔的专属经济区，法国的存在进一步证明了法国在南太平洋（仅次于美国和澳大利亚）成为地区性海洋强国的可能性。①

所有这些利益都以一种法国的自我认知观念为出发点，即地区国家希望法国在不确定的时代作为西方盟友出现。这种战略前景是在该地区复杂性和竞争日益加剧的背景下发展出来的。2018年11月在法属新喀里多尼亚举行的独立公投再次证明了这一复杂性，法国对该地区的主权兴趣再次被激起。法国在整个南太平洋地区的总部主要位于努美阿，在新喀里多尼亚有1800名军事人员，法属波利尼西亚有1000名人员。法国的航母每年在这一区域执行一次训练任务。在就一系列协议制止了新喀里多尼亚的内战之后，法国努力参与更具建设性的地区机制建设。在大多数情况下，法国在太平洋上的此类活动严重依赖澳大利亚和新西兰。从1989年开始，法国一直是太平洋岛屿论坛的对话伙伴，在澳大利亚和新西兰的支持下，法国领地新喀里多尼亚和法属波利尼西亚于2016年获得了的会员资格。自1992年以来，法国参加了澳新两国安排下的区域海上监视、渔业保护和紧急行动合作。法国和其法属领土是太平洋共同体秘书处和太平洋机构区域组织理事会的成员。它与澳大利亚、新西兰和美国一起参加四方对话和国防部长会议，并积极参与南太平洋地区国家国防演习，包括两年一度的南苏克罗伊演习。

南太平洋上的密切合作，特别是在国防领域，是澳大利亚与法国伙伴关系的核心。尽管到目前为止，法国方面都指出其政策着力的优先级是在南太平洋方向，但我们看到了法澳两国通过在南太平洋的系统性功能领域合作所展现出来的默契与亲密，这也意味着澳大利亚有机会更好地利用这一战略伙

---

① 王禄禄：《论法属波利尼西亚对法国的战略意义》，硕士学位论文，外交学院，2016，第23页。

伴关系将法国拉入实际的印太全地区性建设。当然，关于如何在印太地区发挥法澳关系的优势，当前在澳大利亚国内政策讨论中还没有系统性共识，还有待进一步观察。

三 澳大利亚在环孟加拉湾地区的非传统安全国际合作

对澳大利亚而言，包括斯里兰卡、孟加拉国、缅甸和马尔代夫等国家的环孟加拉湾地区既存在巨大的经济机会，又存在许多安全隐患。这些威胁中有许多是在海洋领域的非传统安全威胁，包括不受管制的人口流动，毒品和武器走私以及海盗行为。其中一些可能对澳大利亚产生重大影响。为消除此类隐患，澳大利亚正积极与区域内利益攸关方探索合作的可能。

从功能性专业领域上看，澳大利亚在环孟加拉湾地区的非传统安全关切范围比较广泛，包括政治或自然灾难所引发的非法移民、非法捕捞、海上民事管理和应对可能的恐怖主义扩散等。其中渔业资源非法、无管制和未报告捕捞（IUU 捕捞）在孟加拉湾地区颇具代表性。许多印度洋国家（包括孟加拉国和斯里兰卡等）高度依赖捕鱼作为收入来源，鱼也是这些国家动物蛋白的主要来源。然而，这种供应受到过度开发的威胁，特别是 IUU 捕捞。2016 年，联合国粮农组织估算全球 IUU 捕捞的价值为 100 亿～230 亿美元，其中对印度洋地区报告的 IUU 捕捞比例的估计值高于世界上任何地区。由于世界人口增长、全世界鱼类资源减少以及该地区相对缺乏执法安排，未来印度洋 IUU 捕捞问题可能大幅增加。此外，气候变化的影响可能使 IUU 捕捞的影响扩大。法国一项关于印度洋鱼类资源的研究记录了其中很少有生物生活的两个"死区"，一个位于阿拉伯海，另一个位于孟加拉湾，面积大约 6 万平方千米。该研究警告："巨大的生物多样性和地球物理危机正在如此规模地展开，它同时涉及许多国家和数千万人。"[1]

---

[1] Amitav Ghosh, "Bay of Bengal: Depleted Fish Stocks and Huge Dead Zone Signal Tipping Point", *The Guardian*, February 1, 2017, http://amitavghosh.com/blog/? m=201702.

对于在印度洋没有大型近海捕捞船队的澳大利亚而言，IUU捕捞除了本身造成的生态环境威胁外还具有更广泛的非传统安全威胁。一方面，非法渔船也经常促成其他威胁。走私鱼类的船只也可能经常走私毒品、武器和运送非法人员，使用相同的路线和组织。另一方面，更令人担忧的是，印度洋渔场的掠夺，特别是与海洋变暖相结合，可能会产生严重的经济影响，并破坏环孟加拉湾沿岸各国的稳定。这对孟加拉湾沿岸国家、印度洋小岛国和印度尼西亚等大型邻国来说是一个重大问题，也可能波及泛区域内相邻的澳大利亚。IUU捕捞可能产生深远的影响。大约10年前非法渔民对索马里渔场的破坏是贫困的当地渔民联合起来并转向海盗的一个关键原因。美国国家情报委员会曾提出，印度洋渔业的压力可能破坏各国的内部稳定性。孟加拉国内部安全局势以及印度与孟加拉国、印度与巴基斯坦、印度与斯里兰卡等关系都有可能受到相应影响。

澳大利亚积极推动与印度洋金枪鱼委员会等渔业组织签署了南印度洋渔业协定，以建立和实施可持续捕捞配额。澳大利亚还与法国谈判创新性的海上安排，以扩大两国在印度洋各自专属经济区和领海的渔业执法范围。澳大利亚军方开始同意法国船只在澳大利亚管辖范围内执行澳大利亚法律，反之亦然。这可以为澳大利亚与印度尼西亚等邻国的渔业执法合作提供有用的模式，通过有效扩大国家机构的影响力来应对非传统安全威胁。

与应对非法捕捞相呼应，澳大利亚还十分关注发展环孟加拉湾地区沿岸各国海上民事执法能力。在过去10年或更长时间里，澳大利亚成功地制定了一整套政策，以发现和应对印度洋上的民事安全威胁。其中一些原则当前正在扩展到环孟加拉湾地区，包括提高执法能力和加强协调与信息共享。澳大利亚皇家海军（RAN）在这方面发挥了重要作用，同时澳大利亚也尽可能地利用澳大利亚边境部队（ABF）加强民间海岸警卫机构之间的合作。①

传统上，海军一直负责维持海上秩序，这仍然是他们角色的重要组成部

---

① Christian Writh,"Anchoring Australia in Asia", June 27, 2018, https：//www.policyforum.net/anchoring－australia－asia/.

分，但自 20 世纪 90 年代以来，东印度洋地区出现了建立与传统海军分离的民事海上警务机构的趋势。这种分离有很多动因，包括加强对海上活动的监管，这使海事执法变得更加复杂，需要更专业的知识支持。更重要的是，海岸警卫队的船只可能比战舰更适合在政治敏感的情况下工作，而且它们通常价格便宜得多。孟加拉湾的民用海上安全挑战类型特别适合海岸警卫队的执法。关键是相对于使用海军可能涉及的昂贵的高端设备，多部门联合的警务执法所需花费的成本要低廉得多。对于并不富裕的环孟加拉湾沿岸各国而言，能够实现"少花钱多办事"自然是一大利好。另外，对于有着高度主权敏感的环孟加拉湾沿岸各国而言，许多国家对于看到其他国家海军在海岸附近作业也持谨慎态度。例如，缅甸对 2008 年纳尔吉斯气旋后国际社会提供援助的猜疑。

在过去几年中，隶属警务部门的澳大利亚边境部队已与印度、斯里兰卡和孟加拉国同行进行了大量合作，2017 年时澳大利亚边境部队的船舶"海盾号"（Ocean Shield）还访问了印度。长期以来，澳大利亚边境部队在环孟加拉湾地区都有进一步参与，包括多国联合演习、培训和帮助对象国的能力建设。近年来，基于澳大利亚对人口走私的担忧，澳大利亚边境部队与斯里兰卡和孟加拉国进行了更多的接触，并考虑将澳大利亚边境部队的区域参与范围扩大到马尔代夫。这些合作在一定程度上确实对该地区的海上非法活动起到了打击作用。

结　论

总体而言，"印太战略"已成为澳大利亚对外政策的主要纲领和参考理论。当前澳大利亚"印太战略"在印度洋方向上的主要落脚点正是孟加拉湾。澳大利亚对环孟加拉湾地区的关注以及在该地区的布局有着复杂的内外动因，包括对中国的防范思维、对盟友美国可能的"抛弃"的恐惧、对地区发展带来的经济机会的渴望以及在迅速变化的地区格局中实现澳大利亚非传统安全利益的诉求。以此为出发点，澳大利亚在传统安全和非传统安全领域积极以美、日、印、澳四方机制为基础，积极尝试与次区域内外各国的功能性合作及沟通机制建设。从行为方式上看，在环孟加拉湾地区似乎澳大利亚更愿意以多边机制来实现自己的存在，并在表面上更倾向于淡化"遏制"中国的色彩。就目前的情势而言，至少在应对非传统安全领域，澳大利亚在环孟加拉湾地区发挥了积极的建设性作用。

尽管当前中澳关系的主要互动仍然位于太平洋方向，但随着中国"一带一路"倡议的不断深化和澳大利亚在"印太战略"下具体政策的逐步完善，未来两国在印度洋地区的交集将会逐渐扩大。其中澳大利亚在环孟加拉湾地区的存在加强，对中国而言可谓机遇与挑战并存。一方面，从地区的总体安全环境上看，澳大利亚对环孟加拉湾地区的关注，尤其是在非传统安全方面的投入的确会对该地区的总体稳定做出一定积极贡献，能在一定程度上缓解中国在这一泛周边区域可能面对的非传统安全压力，甚至不排除未来中澳两国就环孟加拉湾地区稳定实现某种功能性合作的可能；另一方面，澳大利亚在环孟加拉湾地区的投入从整体上而言也是与美国主导的"印太战略"和"四国安全对话"高度配合的战略行为，虽然澳大利亚方面时常有意识地淡化这一"伙伴"体系针对中国的隐含目标，但客观上并不能排除澳大利亚相关行动可能造成中国"一带一路"倡议在该地区推进困难的潜在风险。其中既包括澳大利亚以多边形式在该地区军事存在的加强，也包括它与美国、日本配合在环孟加拉湾地区推广与"一带一路"倡议形成竞争的经济方案的可能。当然，根据中澳双边关系整体性上的起伏波动，澳大利亚在环孟加拉湾地区的存在对于中国和该地区内各国政治互信的发展也可能产生消极影响。

附 录

Appendixes

B.10
2019年印度洋地区大事记

胡文远*

1月

1日　中国国家主席习近平与美国总统特朗普互致贺信，热烈祝贺两国建交40周年。

6日　马来西亚国家元首穆罕默德五世宣布辞职，这是马来西亚首位在任内宣布辞职的国家元首。

24日　阿卜杜拉·苏丹艾哈迈德·沙阿当选为马来西亚第16任国家元首。

30日　缅甸中央银行发布通告，宣布增加人民币和日元为官方结算货币。缅甸先前批准的官方结算货币包括欧元、美元和新加坡元。

---

* 胡文远，云南财经大学印度洋地区研究中心助理研究员，世界经济专业博士研究生。

2月

15 日 印度取消对巴基斯坦的最惠国待遇。

15 日 中国国家主席习近平在人民大会堂会见来华进行新一轮中美经贸高级别磋商的美国贸易代表莱特希泽和财政部长姆努钦。习近平指出，中美关系是当今世界最重要的双边关系之一。两国在维护世界和平稳定、促进全球发展繁荣方面拥有广泛共同利益、肩负着重要责任。保持中美关系健康稳定发展，符合两国人民根本利益，也是国际社会的普遍期待。

18 日 缅甸实施"一带一路"指导委员会召开首次会议，委员会主席、国务资政昂山素季在会上表示，"一带一路"建设对缅甸乃至整个东南亚地区都有益。

20 日 中国国家主席习近平在人民大会堂会见伊朗伊斯兰议会议长拉里贾尼。

22 日 中国国家主席习近平在人民大会堂会见沙特王储穆罕默德。习近平指出，中国支持中东人民的和平诉求，支持地区国家的变革转型努力，赞赏沙特为维护地区和平、稳定与发展所做出的积极努力，愿同沙方共同探索"以发展促和平"的中东治理路径，通过共建"一带一路"，加强区域发展合作，筑牢地区和平稳定根基。双方要共同鼓励、支持各方通过对话协商，以政治途径解决热点问题。双方要促进中东反恐合作，加强去极端化国际合作，防范极端思想渗透蔓延。

26 日 中国国家主席习近平在人民大会堂会见斯里兰卡时任总统西里塞纳。

27 日 巴基斯坦三军新闻局说，巴空军当天清晨在巴基斯坦领空击落两架通过克什米尔印巴实际控制线侵入的印度空军战机，并抓获了一名落在巴控克什米尔地区的印度空军飞行员。

3月

12 日 伊朗总统鲁哈尼带领的代表团与伊拉克政府发布联合声明。两国将在多个领域建立伙伴关系，并推进友好与合作继续向前发展。声明称，伊拉克珍视伊朗在打击恐怖主义方面的协助，伊朗也是第一个为伊拉克提供后勤与咨询的国家。伊朗赞扬伊拉克不参与美国对伊朗制裁的决定，坚决支持伊拉克的政治进程及其在维护国家主权、领土完整及打击恐怖主义方面采取的措施。两国将坚定地打击恐怖主义及跨界有组织犯罪活动，尽一切努力消除恐怖主义的威胁。

27 日 印度试射一枚反卫星导弹，击落一颗近地轨道卫星。印度总理莫迪称，这项试验是印度在太空领域的"重大突破"。

28 日 中国国务院总理李克强在海南博鳌出席博鳌亚洲论坛 2019 年年会开幕式，并发表题为"携手应对挑战 实现共同发展"的主旨演讲。来自五大洲 60 多个国家和地区的 2000 多位政界、工商界代表和智库学者参加。

4月

1 日 隶属印度内政部的"印藏边境警察部队"将指挥部正式从昌迪加尔前移至中印边境的列城并投入使用，"以应对中国在该地区不断强化的军事建设"。

9 日 中巴自贸协定第二阶段谈判第十一次会议在北京举行。

12 日 中国—中东欧国家合作机制在克罗地亚迎来了新成员希腊的加入，从"16＋1"扩容到"17＋1"，希腊在 2018 年成为首个与中国签署共建"一带一路"合作谅解备忘录的欧盟成员国。

21 日 斯里兰卡接连发生 8 起爆炸，地点包括首都科伦坡等地的 4 家酒店、3 处教堂和 1 处住宅区。爆炸袭击造成 250 多人遇难。

22 日 亚洲基础设施投资银行（亚投行）宣布，批准科特迪瓦、几内亚、突尼斯和乌拉圭为新一批成员。至此，亚投行成员达到 97 个。

26 日 中国国家主席习近平在北京国家会议中心出席第二届"一带一路"国际合作高峰论坛开幕式，并发表题为"齐心开创共建'一带一路'美好未来"的主旨演讲。

5月

4 日 泰国国王玛哈·哇集拉隆功加冕典礼在曼谷大王宫举行。

14 日 中国国家主席习近平在人民大会堂分别会见柬埔寨国王西哈莫尼、斯里兰卡总统西里塞纳、新加坡总统哈莉玛、亚美尼亚总理帕希尼扬。

15 日 中国国家主席习近平在北京国家会议中心出席亚洲文明对话大会开幕式,并发表题为"深化文明交流互鉴 共建亚洲命运共同体"的主旨演讲。

18 日 澳大利亚议会选举投票结束,在野党工党领袖比尔·肖滕承认败选,意味着现任总理莫里森赢得连任。

21 日 印度尼西亚选举委员会正式公布 2019 年印度尼西亚总统选举结果,现任总统佐科·维多多以 55.5% 的得票率赢得选举,击败了对手普拉博沃。

31 日 中国国家主席习近平同马来西亚最高元首阿卜杜拉互致贺电,庆祝两国建交 45 周年。

6月

5 日 美国总统特朗普宣布,正式取消给予印度的普惠制待遇。

5~7 日 中国国家主席习近平应邀对俄罗斯进行国事访问并出席第二十三届圣彼得堡国际经济论坛。访问期间,两国元首签署联合声明,宣布发展中俄新时代全面战略协作伙伴关系,实现两国关系与时俱进、提质升级,成为此访最重要政治成果。

11 日 泰国国王玛哈·哇集拉隆功颁发御令,正式任命巴育为泰国新一任总理。

28 日 二十国集团领导人第十四次峰会在大阪举行。中国国家主席习近平出席并发表题为"携手共进,合力打造高质量世界经济"的重要讲话。

7月

2 日 澳大利亚央行行长劳伊(Philip Lowe)宣布连续第二个月降息,将澳大利亚官方现金利率下调 0.25%~1%。这是自 2012 年以来的首次连续降息。此举意在刺激经济增长从而拉动失业率下滑与工资上涨。

5日 我国主导的首个国际航标协会标准"VTS用户指南模板"于近日生效，这标志着我国在国际海事领域标准化方面取得了新突破。

6日 中国良渚古城遗址在阿塞拜疆巴库举行的世界遗产大会上获准列入世界遗产名录。至此，中国世界遗产总数已达55处，位居世界第一。

8日 伊朗政府宣布，伊朗已经突破伊核协议关于3.67%浓缩铀生产丰度的限制。

8月

6日 新加坡国际调解中心与中国国际经济贸易仲裁委员会签署合作谅解备忘录，同意在国际调解培训等领域进行合作。

8日 巴基斯坦总理伊姆兰·汗主持召开国家发展委员会首次会议，讨论中巴经济走廊建设面临问题及解决路径，并批准《中巴经济走廊管理机构章程》。

16日 "'一带一路'绿色投资原则"（GIP）第一次全体会议在京举行，来自中英两国政府机构、GIP签署机构、国际组织等的150多名代表出席。GIP是2018年中英经济财金对话的重要成果，已得到全球30多家大型金融机构的签署认可。

19日 由中国电力国际发展有限公司和巴胡布电力公司合资建设的胡布1320兆瓦电站项目通过调试测试，开始商业运营。该项目为中巴经济走廊重点能源项目，投资额达20亿美元。

27日 中国—缅甸中医药中心在缅甸第二大城市曼德勒揭牌，中心旨在推动中医药与缅甸传统医药共同发展。

9月

7日 第三次中国—阿富汗—巴基斯坦外长对话在巴基斯坦伊斯兰堡举行。中国国务委员兼外长王毅、阿富汗外长拉巴尼、巴基斯坦外长库雷希出席。三国外长同意通过"阿人主导、阿人所有"的和解进程，推动阿富汗实现持久和平稳定，同世界银行等国际金融机构合作开展三国互联互通项目，并通过了三国合作打击恐怖主义谅解备忘录首批落实项目清单。三国外长同意 2020 年在中国举行第四次三方外长对话。

23 日 中缅投资合作工作组会议在缅甸首都内比都举行，会议围绕编制中缅经贸合作五年规划展开，双方就切实推动双边港口、铁路、公路、电网等领域重大项目合作、加强资金融通、以发展合作带动民生改善、充分发挥滇缅合作潜力等议题进行了交流，达成多项共识。

10月

15 日 中共中央政治局常委、国务院副总理韩正在重庆会见新加坡副总理王瑞杰并共同主持中新双边合作机制会议。双方一致同意加强"一带一路"框架下互联互通、金融支撑、三方合作、法律司法等重点领域合作，加大对"陆海新通道"建设投入，与时俱进开展区域发展战略合作。

17 日 中国商务部部长钟山与毛里求斯驻华大使李淼光分别代表两国政府在京签署了《中华人民共和国政府和毛里求斯共和国政府自由贸易协定》。该协定是中国商签的第 17 个自贸协定，也是中国与非洲国家的第一个自贸协定。

21 日 第三届中国—太平洋岛国经济发展合作论坛在萨摩亚首都阿皮亚举行。国务院副总理胡春华在开幕式上宣布了中国进一步支持太平洋岛国经济社会发展的 8 项举措，并与建交岛国领导人共同见证签署《中国—太平洋岛国经济发展合作行动纲领》。

23 日 国家发展改革委副主任宁吉喆会见澳大利亚维多利亚州州长安德鲁斯，双方就推进共建"一带一路"合作进行深入交流并达成重要共识。会后，双方签署《中华人民共和国国家发展和改革委员会与澳大利亚维多利亚州政府关于共同推进"一带一路"建设框架协议》。

11月

4 日 中国和新西兰宣布正式结束两国之间的自由贸易协定升级谈判。

中新自贸协定升级谈判对原有的海关程序与合作、原产地规则及技术性贸易壁垒等章节进行了升级，新增了电子商务、环境与贸易、竞争政策和政府采购等章节。双方还在服务贸易和货物贸易市场准入、自然人移动和投资等方面做出新的承诺。

4 日 巴基斯坦西南部城市瓜达尔举行 30 万千瓦燃煤电厂、中巴法曲尔中学扩建等项目奠基仪式。瓜达尔 30 万千瓦燃煤电厂项目由中交产业投资控股有限公司与天津能源投资集团有限公司联合投资开发。中巴法曲尔中学由中国和平发展基金会捐赠，2016 年竣工并投入使用，扩建后学校将于 2020 年 10 月前投入使用。

5 日 厄瓜多尔经济财政部证实，厄瓜多尔已正式加入亚洲基础设施投资银行，成为该行第 75 个正式成员国和首个正式加入该行的拉美国家。此系厄瓜多尔首次加入亚洲地区金融机构。厄瓜多尔经济财政部表示，厄瓜多尔被亚投行正式接收为成员国，体现了国际社会对厄瓜多尔"经济繁荣计划"的信任和支持。厄瓜多尔可从该行获得贷款、信贷担保及该行理事会批准的其他形式的融资支持。

18 日 尼泊尔总理奥利在首都加德满都举行特别仪式，庆祝中国能建葛洲坝集团承建的上崔树里 3A 水电站顺利发电。该水电站能够满足尼泊尔国内约 8% 的电力需求。

12月

1 日 《中华人民共和国政府和巴基斯坦伊斯兰共和国政府关于修订〈自由贸易协定〉的议定书》正式生效。议定书对原自贸协定中的货物贸易市场准入及关税减让表、原产地规则、贸易救济、投资等内容进行了修订，并新增了海关合作章节。

2 日 第三届中国国际进口博览会商务论坛在澳大利亚悉尼举行，近百名政商代表参加论坛，多家澳企现场签约参展。

10 日 中巴经济走廊拉合尔轨道交通橙线项目建设完成，系巴基斯坦首条城市轨道交通项目。该项目位于巴基斯坦东部旁遮普省首府拉合尔市，于 2015 年 9 月动工，总投资约 16 亿美元。

22 日　"一带一路"国际合作高峰论坛咨询委员会第二次会议在中国北京举行，会议讨论了落实第二届高峰论坛成果、推进高质量共建"一带一路"等议题。

B.11
2020年1~5月印度洋地区大事记

胡文远*

1月

6日　中国国家主席习近平在人民大会堂同基里巴斯总统马茂会谈，共同见证两国签署共建"一带一路"谅解备忘录等文件，要将"一带一路"倡议同"基里巴斯20年发展规划"相对接，拓展务实合作。

11日　中国国家电网公司承建的缅甸北克钦邦与230千伏主干网连通工程竣工仪式在缅甸实皆省瑞博市举行。缅甸电力与能源部部长吴温楷、实皆省省长敏奈，中国驻缅甸大使馆经商参赞谭书富出席仪式。

13日　由中国政府援助的中国—马尔代夫眼科中心揭牌仪式在马尔代夫胡鲁马累医院举行，马尔代夫总统萨利赫、中国驻马尔代夫大使张利忠出席仪式并致辞。

14日　由中国驻马来西亚大使馆主办、马来西亚"一带一路"委员会承办的"2020中国影视节"启动仪式在吉隆坡会展中心举行，马中政商人士、社团领袖、影视演员等500余人出席启动仪式。马对华特使陈国伟、中国驻马大使白天出席仪式并致辞。

15日　中国中央广播电视总台主办的中缅"一带一路"合作媒体圆桌会在缅甸仰光举行，70多位中缅两国媒体人士出席。圆桌会上还举行了缅文图书《习近平和"一带一路"》首发式。

22日　第四届"一带一路"达沃斯论坛在达沃斯举行，论坛由清华大

---

* 胡文远，云南财经大学印度洋地区研究中心主力研究员，世界经济方向博士研究生。

学、国家发展和改革委员会国际合作中心等主办，聚焦高质量发展和消除贫困等议题。"一带一路"达沃斯论坛 2017 年 1 月创立，每年达沃斯世界经济论坛年会在瑞士举行。

2月

2 日 中国国家主席习近平致函中非合作论坛非方共同主席国塞内加尔总统萨勒，祝贺中非合作论坛成立 20 周年。习近平强调，中方愿同非洲各国携手努力，全面落实论坛北京峰会成果，推动中非全面战略合作伙伴关系取得更大发展，构建更加紧密的中非命运共同体。

3 日 中国建设银行（马来西亚）有限公司、中国建设银行纳闽分行与多家马来西亚当地企业签署数字银行合作备忘录，进一步推动两国在"一带一路"倡议下的发展合作。

13 日 2020 年缅甸专属经济区海洋与生态联合科学调查启动仪式在缅甸仰光迪拉瓦港举行，缅甸和中国的 30 余名科研人员联合开展多学科综合科考。

23 日 由中铁第一勘察设计院承担全线咨询监理的斯里兰卡南部高速公路延长线全线通车，标志着中国勘察设计企业走向海外咨询领域的"第一大单"圆满完成。该项目全长 96 公里，咨询监理合同费用 9000 万美元。

24 日 亚洲基础设施投资银行宣布捐赠 100 万美元，用于支持中国抗击新冠肺炎疫情的防控工作。

25 日 由中泰两国企业建设运营的孟加拉国达卡国际机场高架快速路项目举行协议签署仪式。项目全长近 20 公里，为双向四车道，从机场纵穿达卡市老商业区至达卡市南部，连接吉大港公路。项目总投资 12.63 亿美元。

25 日 中国广州地铁集团联合体与巴基斯坦旁遮普省公共交通管理局签订巴基斯坦拉合尔轨道交通橙线运营及维护服务合同，2020 年 6 月上旬开通商业运行，这是广州地铁首次走出国门获得境外地铁运营项目。拉合尔轨道交通橙线全长 25.58 公里，是巴基斯坦首条地铁，也是"一带一路"

框架下中巴经济走廊第一个轨道交通项目，全线采用中国标准、中国技术、中国装备。

3月

3日 亚洲基础设施投资银行宣布批准2亿美元贷款用于孟加拉国首都达卡及该国西部地区电网扩建项目，该项目由亚投行与亚洲开发银行共同提供融资，将帮助孟加拉国实现到2020年为工业部门提供不间断供电、2021年为该国所有人口提供电力接入的目标。目前孟加拉国仍有22%的人口无法用电。

10日 马尔代夫胡鲁马累1700套房建项目举行开工典礼。马尔代夫计划部部长穆罕默德·阿斯拉姆、住建部部长阿米纳斯·阿斯法参加典礼。该项目位于马尔代夫胡鲁马累岛，由11栋建筑组成，总共1700套住房，由中国电建承建并协助马方融资，资金来源为中国银行。

16～17日 巴基斯坦总统阿里夫·阿尔维对中国进行正式访问。访问期间，双方签署《中华人民共和国农业农村部与巴基斯坦伊斯兰共和国国家粮食安全与研究部关于加强植物病虫害防治合作的谅解备忘录》等多项合作协议和谅解备忘录，并发表关于深化中巴全天候战略合作伙伴关系的联合声明。巴方强调，中巴经济走廊作为"一带一路"倡议的标志性项目具有重大意义，巴方成立中巴经济走廊事务局，以加快推进中巴经济走廊项目建设。

17日 中国哈尔滨电气国际工程有限责任公司与马来西亚产能环球生物科技有限公司在北京签订马来西亚吉打州9000kg/h打叶复烤项目总承包合同。合同内容主要包括项目设计、供货、施工、调试和移交等。

23日 2020年澜湄合作专项基金缅甸项目合作协议签约仪式在缅甸首都内比都举行。中国将向缅甸提供670余万美元澜湄合作专项基金，助力缅甸发展农业、教育、信息技术等领域共22个惠民项目。中国驻缅甸大使陈海出席签约仪式并致辞。

24日 中国北京城建集团收到由孟加拉国民航管理局签发的"孟加拉

国希莱特奥斯玛尼国际机场扩建项目（一期）"中标通知书，标的金额约 18
亿元人民币。项目总建筑面积约 6 万平方米。

26 日 中国葛洲坝集团国际工程有限公司与孟加拉国发展公司签署孟
加拉国达卡南城项目工程总承包框架合同。主要工作内容为在总占地面积约
460 公顷的区域内，分五期建设一座综合城镇，其中包括住宅楼、医疗康复
中心、教育场所、商业会展中心及社区公共和娱乐服务设施等。项目合同金
额 20.34 亿美元，约折合人民币 144.01 亿元。

4月

1 日 中国外交部副部长罗照辉同新加坡外交部常务秘书池伟强共同主
持中新应对新冠肺炎疫情视频联席会议。双方在会后发表联合声明称，要确
保两国政府间项目和其他重点项目顺利推进，持续深化"一带一路"合作，
通过中新"陆海新通道"进一步加强中国西部地区和东南亚的贸易往来。

7 日 "凯歌号"油船在斯里兰卡汉班托塔港完成卸船。这是汉班托塔
国际港口集团 2017 年年底正式运营后接卸的首艘燃料油船舶，标志着该港
正式启动燃料油加油业务。

13 日 中国国家主席习近平同印度尼西亚总统佐科互致贺电，庆祝中
国与印度尼西亚建交 70 周年。习近平指出，建交 70 年来，双边关系取得长
足发展。近年来，两国关系定位不断提升，合作领域不断拓展，共建"一
带一路"成果丰硕，给两国人民带来福祉，为地区和全球的繁荣稳定做出
重要贡献。佐科表示，在全面战略伙伴关系框架下，双方秉持合作精神，必
将推动两国不断发展，为地区和世界和平、稳定与繁荣做出贡献。

14 日 中国国务院总理李克强在京出席东盟与中日韩（10＋3）抗击新
冠肺炎疫情领导人特别会议，就 10＋3 抗击疫情合作提出三点倡议：一是全
力加强防控合作，提升公共卫生水平；二是努力恢复经济发展，推进区域经
济一体化；三是着力密切政策协调，抵御各类风险挑战。会后发表了《东
盟与中日韩抗击新冠肺炎疫情领导人特别会议联合声明》。

16 日 亚投行宣布将原定 50 亿美元危机恢复基金扩大到 100 亿美元，

执行时间初定为 18 个月，主要为紧急公共卫生需求提供资金支持。

26 日　由中国电建承建的雅万高铁项目 3 号隧道贯通，这是该项目继瓦利尼隧道、5 号隧道之后贯通的第三条隧道。雅万高铁于 2018 年 6 月全面开工，项目全长 142 公里，总工期 36 个月，全线设计隧道 13 条。

5月

1 日　世界卫生组织表示，确定新冠病毒源自自然界。

18 日　中国国家主席习近平在第 73 届世界卫生大会视频会议开幕式上发表题为"团结合作战胜疫情，共同构建人类卫生健康共同体"的致辞。习近平强调，中国坚持以民为本、生命至上，始终本着公开、透明、负责任态度，始终秉持构建人类命运共同体理念，既对本国人民生命安全和身体健康负责，也对全球公共卫生事业尽责。

19 日　巴勒斯坦停止履行与美国和以色列达成的所有协议，以及基于这些协议的所有义务，其中包括安全义务。

24 日　世卫组织已启动"获得抗击新冠肺炎工具加速器"国际合作倡议，以加速新冠肺炎疫苗、诊断和治疗工具的研发、生产和公平分配。

Abstract

In recent years, the geo – strategic environment of the Indian Ocean has been undergoing a relatively significant change. In the Indian Ocean region, India is not only attempting to consolidate its dominant position in the South Asian subcontinent, but also playing an active role as a provider of net security in the Indian Ocean, and striving for a unique influence in the Indian Ocean region as well. At the same time, the strategic game among external powers, including the United States, China, Japan and Russia in the Indian Ocean region is intensifying, and each country is in various ways exerting influence on the Indian Ocean region in diverse degrees. Among them, the United States, an external power, is the largest variable influencing the strategic environment of the Indian Ocean and has been the dominant force in the Indian Ocean since the end of the Second World War. India, the regional power, is not only geographically located in the center of South Asia, but also accounts for 75, 63 and 80 percent of the population, area and GDP of the entire South Asian region respectively. India with "elephant size", is geographically located in the center of Indian Ocean on three sides and surrounded by other South Asian countries, which makes India not only viewed the South Asian subcontinent as its natural sphere of influence, but also, to some extent, regarded the Indian Ocean as its "backyard". At present, the international situation is undergoing unprecedented changes along with the COVID – 19 spreading indiscriminately around the world, the strategic rivalry between China and the United States is on the rise. In this regard, the situation in the Indian Ocean region is characterized by the following dynamics.

Firstly, India's strategic posture to the world in the Indian Ocean has become more open, with only China being excluded. A noteworthy movement is the expansion of India's strategic focus from an emphasis on the East Indian Ocean around the Bay of Bengal to the West Indian Ocean and Arabian Sea. In the

Eastern Indian Ocean, India is increasing the scale and frequency of naval exercises and attempting to establish a coastal radar surveillance system. In the Western Indian Ocean, the India is striving for a greater influence through making its efforts on one hand to improve its relations with the Gulf States, on the other hand putting its emphasis on deepening its relations with Seychelles, Mauritius, Comoros, Madagascar and other Indian Ocean island states. Also, India joined the Indian Ocean Commission (IOC) as an observer on March 6, 2020. Moreover, in the face of tremendous domestic pressure to fight the epidemic during the COVID - 19, India's Prime Minister Modi took the initiative to convene the SAARC countries' video conference in order to discuss how to jointly response COVID - 19 and build up an emergency fund, Of course, India also offer lots of assistance to a number of countries, particularly South Asian countries and the Indian Ocean island States.

Secondly, the United States-led "Indo - Pacific" strategy and the "Quad Security Dialogue" (Quad) tend to accelerate. Countries including Japan, India and Australia have, to varying degrees, responded positively to the Trump administration's strategic vision for the "Indo - Pacific", which was formally launched in late 2017. Each country's strategic objective of using the "Indo - Pacific" concept to redress their own disadvantage, to great extent, are consistent, and their respective strategic aspirations as well as the means of implementing strategic objectives are different but also related. However, India, Japan and Australia are different in their efforts to accommodate the US strategy, with Japan sparing no effort to cooperate with the US and Austria actively playing the role as pawn, while India chose to be selective in its intervention. In the context of the "Quad Security Dialogue", India has in the past opposed any militarization of the group of four in order not to anger China. Meanwhile, Australia has the same concerns. But compared with the previous attitude of not wanting to overstimulate China, both India and Australia have recently, to varying degrees, shown a certain degree of interest in the Quad.

Thirdly, defense cooperation between India and the United States has reached a new level recently. Defense cooperation is the greatest support for the strategic relationship between India and the United States and a political stabilizer of the bilateral relation. From Washington's point of view, strengthening defense cooperation with India will not on only gain economic benefits, and promote the development of the U. S. defense industry, but also create more employment opportunities. From New Delhi's perspective, U. S. – India military cooperation can not only contribute to India's defense modernization through access to advanced technology and weaponry, it could also help boost India's military capabilities, enhance its ability to fight against Pakistan, and moderate its security concern through creating a believed or credible threats for dealing with China's rising influence in South Asia and the Indian Ocean region.

Fourthly, the security situation in the Indian Ocean region remains hardly optimistic but generally manageable. The overall security situation shows a steady and improving trend, but is still not optimistic since 2019. First, as India has unilaterally revoked the "special status" of the Indian – occupied Jammu and Kashmir region, and redistricted it as two Union Territories of Kashmir and Ladakh. This bold decision not only brought about turmoil in Jammu and Kashmir, but also tensions between India and Pakistan started to heat up. At the same time, this has also become a trigger for the Sino – Indian conflict. Second, the U. S. – Iran conflict has been escalated, with the U. S. and Russia competing around Iran in the Middle East. In 2020, the first major event to come into view in the Middle East was Qasem Soleimani, the Iranian commander, was killed by a US air strike at Baghdad airport on January 3rd, who was considered Iran's number two figure, which led to mutual threats and Retaliatory action between Iran and the United States. Against the backdrop of escalating US – Iran tensions, the US has increased its military deployment in the Gulf in order to deter Iran. This has led Iran to seek cooperation with Russia, another country constantly under severe Western sanctions, which makes the U. S. – Russian relationship around Iran are having overt and covert struggle. Third, the security situation in South – East Asia is generally stable, but there are still exist some potential security problems. In the South – East Asia, security problems are mainly manifested in three aspects: the first is that the internationalized and organized illegal activities such as the Security problems caused by smuggling, drug trafficking and illegal migration are significant. In particular, there is an increasing number of illegal migrants, a considerable proportion of whom originate from or pass through East Asian waters, and there is a growing problem of drug smuggling in the region. To a large extent, crime is closely linked to the sea. The second is that the existing historical problems have resulted in to religious and ethnic conflicts, which have made some countries' nationalities more vulnerable. The third is that the potential terrorist threats are gradually surfacing.

As a whole, the United States is gradually undergoing a strategic adjustment, on the one hand, to reduce its "hard engagement" in the Indian Ocean region, and on the other hand, to increase its "Soft control" to the Indian Ocean region. The fierce strategic rivalry between the United States and Russia in the Middle East as well as the strategic competition between China and India in the Indian Ocean are reshaping the geopolitical landscape in this region. Although the Indian Ocean is a secondary strategic area for China, it is part of China's strategic periphery, especially it is around the Bay of Bengal, which is China's immediate neighbor. In the coming years, the Bay of Bengal and the Andaman Sea will play a more prominent role in India's maritime strategic calculations, which means that with the development of '21st Century Maritime Silk Road, China and India's strategic competition in the Bay of Bengal will also tend to become a normalization. Further, the influence of COVID – 19 on the international strategic landscape will also be unprecedented, and great power's Strategic competition in the Indian Ocean has been intensifying.

Contents

Ⅰ General Reports

Abstract: The strategic region from the Indian Ocean to the Pacific is shaping, thanks to "Indo-Pacific" has shifted from conception to strategic practice. The United States intends to not only increasethe "hard power" but also enhance its "soft power" in the Indian Ocean. India not only values the Bay of Bengal in the East Indian Ocean, but also strives to increase its presence in the West Indian Ocean. It goes without saying that the Middle East, the Africa and the South Asia in the Indian Ocean are the turmoil and conflictareas in the world, and traditional and non-traditional security threats are emerging one after another. At the same time, the fierce competition between the United States and Russia in the Middle East and the strategic competition between China and India are reshaping the geopolitical landscape in the Indian Ocean. Meanwhile, the impact of the COVID −19 on the international order will also be unprecedented.

Keywords: COVID −19; Indian Ocean; Indo-Pacific Strategy; Quad

Abstract: Based on a brief review of the 70 − year history of Sino-Indian relations, this article focuses on the impact of identity cognition deviation on the bilateral interaction process. It is believed that the identity recognition deviation between China and India is mainly represented by the international status, strategic role imagination as well as the expectation on the results of the bilateral interaction. It further discusses the different effects of identity recognition deviation on China and India, and what kind of the optimal and sub-optimal prospects can be made.

Keywords: Sino-Indian   Relation;   Identity   Imagination;   Cognition Deviation

II   Sub − reports

Abstract: In terms of traditional security, the United States is still the main strategic actor in the Indian Ocean region and is actively developing relations with its traditional allies and new strategic partners. India is actively developing its own military forces, especially naval forces, in order to seek for a dominant role to a certain degree in the Indian Ocean. Countries like China, Japan, Australia, the United Kingdom, as well as France have also put their emphasis on the strategy of the Indian Ocean. In terms of non-traditional security, the Indian Ocean region are still facing severe terrorist threats. the piracy is now basically extinct in East Africa, but there is a rising trend in Southeast Asia. The security situation in the Indian Ocean region is generally stable and tends to develop well.

Keywords: Indian Ocean; Traditional Security; Non-traditional Security

B. 4　Indian Ocean Regional Cooperation Mechanism-Present Status of Development, Challenges and Prospects　*Yang Yishuang* / 091

Abstract: The Indian Ocean region is a region with great economic potential and development potential, but also with many problems in regional public governance. The development of regional cooperation mechanisms in this region is relatively lagging behind. Although in recent years, in order to cope with economic, social or political needs, the Indian Ocean region's international cooperation mechanism has made some progress, but in the context of lagging economic foundation, increasing external geopolitical pressure, new governance issues and internal contradictions, the development of this regional cooperation mechanism still faces various challenges.

Keywords: Indian Ocean Region; Regional Cooperation; Regional Public Governance; International Cooperation Mechanism

B. 5　Status and Dynamic Characteristics of Economic Development in Indian Ocean　*Li Yanfang* / 117

Abstract: This report takes 36 countries along the Indian Ocean as the research object, and uses the main economic and trade indicators of the region's macroeconomic, international trade, and international investment development status to support the political, social, and environmental feasibility of sustainable economic development. A dynamic analysis of the characteristics of economic and trade cooperation in the Indian Ocean region. The countries around the Indian Ocean are mainly important participants in the joint construction of the "Belt and Road". The analysis of the development level of the region / country, the development commonality and differences can provide a reference for China and these countries to deepen economic and trade cooperation.

Keywords: Indian Ocean Region; China; Economic Development; Economic Cooperation; The "Belt and Road"

III Special Reports

Abstract: No doubt, this expanding outreach of India into Indian Ocean and its joining the Indo-Pacific discourse has been influenced, at least partly, by China's ambitious Belt and Road Initiative but official India has not presented its efforts in terms of such competition. This is because of India has become increasingly aware of the glaring asymmetry between China and India owing to China's growing economic and military leverages. To redress this asymmetry, India has sought to front load its historic, cultural, ethnic and linguistic ties with Indian Ocean countries. Both sides have begun to appreciate their expanded role and even begun to explore new avenues for better coordination and cooperation — a trend that has been further strengthened by their fight against the COVID −19 pandemic.

Keywords: "COVID −19"; Indian Ocean; China-Indian Relation; Geo-Politics

Abstract: At present, the geopolitical and Geo-economic competition in the bay of Bengal region is becoming increasingly fierce. In addition to China, three major powers — the United States, India and Japan — have different pattern of engagement in this region. The U. S. "arms" small regional countries with economic and security assistance, and nurtures India as a Geo-strategic chess player to share regional responsibilities; Under the principle of "Neighbor First" policy, India pursues a regional "spoke" strategy and strengthens the dominance of regional mechanism. Then Japan has used its economic advantages to seek strategic synergies with India, at the same time, Japan also strengthens economic and security support for countries in the region. The growing engagement of the U. S. , India and Japan in the bay of Bengal region is driven by a "strategic consensus" against China. On this basis, this paper finds that the Geo-strategic dynamic in the bay of Bengal presents three basic features: the trend of "strategic complementarity" among the United States, India and Japan in the bay of Bengal is strengthening; Regional small countries pursue "hedging strategy" among major powers; Competition differentiation between the traditional security area and non-traditional security area is obvious. In view of the adverse Geo-environment that China may face in this region in future, this paper finally attempts to provide a few brief Suggestions to promote China's participation in the bay of Bengal region in future.

Keywords: The Bay of Bengal; Major Powers' Engagement; Strategic Convergence; Hedging Strategy

B. 8   The Strategic Conception of "leading Power" and India's Promotion of BIMSTEC   *Feng Chuanlu* / 207

Abstract: BIMSTEC constitutes the key layout of Modi's " Indo-Pacific Strategy" and is an important starting point for its strategic concept of building "a leading power" . As a strategic conception inherited from "a big country with voice and colour", Moody's "a leading power" and "a new India" together constitute the two wings of the rise of contemporary India's great powers. The strategic conception of "a leading power" has brought about not only explicit changes in Indian diplomacy, such as the toughness of diplomatic style and flexibility of diplomatic stature, or the evolution of "non-alignment" policy towards a diplomatic model similar to China's "partnership and non-alignment", but also more important changes in Indian diplomatic strategy concept and foreign policy in the new era. The paradigm of intersection presents a distinct "evolution" of strategic realism.

Abstract: In recent years, the Bay of Bengal region has become the strategic intersection of China, the United States, India and other major powers. For various reasons, Australia has gradually shown its concern for the security and stability of this region. Among the concerns of Australia, there are not only the traditional security mechanism construction in the Bay of Bengal region brought about by the politic game between China, the United States, India and Japan, but also the non-traditional security issues caused by Australia's special geographical position and the international environmental turmoil in the region. According to these security concerns, Australia began to actively seek international cooperation in extensive scope, including strategic coordination with the three other partners in QUAD, and constructive dialogue and functional cooperation with coastal nations in the Bay of Bengal region, and even start to explore cooperative possibility with other stakeholders outside the region (e. g. , France) . At present, Australia is steadily building its strategic presence in the Bay of Bengal region through a series of bilateral and multilateral cooperative institutional arrangements.

Keywords: Australian National Strategy; Order in the Bay of Bengal; International Cooperation

Ⅳ   Appendixes

社会科学文献出版社

皮 书

智库报告的主要形式
同一主题智库报告的聚合

✤ 皮书定义 ✤

皮书是对中国与世界发展状况和热点问题进行年度监测，以专业的角度、专家的视野和实证研究方法，针对某一领域或区域现状与发展态势展开分析和预测，具备前沿性、原创性、实证性、连续性、时效性等特点的公开出版物，由一系列权威研究报告组成。

✤ 皮书作者 ✤

皮书系列报告作者以国内外一流研究机构、知名高校等重点智库的研究人员为主，多为相关领域一流专家学者，他们的观点代表了当下学界对中国与世界的现实和未来最高水平的解读与分析。截至 2020 年，皮书研创机构有近千家，报告作者累计超过 7 万人。

✤ 皮书荣誉 ✤

皮书系列已成为社会科学文献出版社的著名图书品牌和中国社会科学院的知名学术品牌。2016 年皮书系列正式列入"十三五"国家重点出版规划项目；2013~2020 年，重点皮书列入中国社会科学院承担的国家哲学社会科学创新工程项目。

中国皮书网

（网址：www.pishu.cn）

发布皮书研创资讯，传播皮书精彩内容
引领皮书出版潮流，打造皮书服务平台

栏目设置

◆ **关于皮书**

何谓皮书、皮书分类、皮书大事记、
皮书荣誉、皮书出版第一人、皮书编辑部

◆ **最新资讯**

通知公告、新闻动态、媒体聚焦、
网站专题、视频直播、下载专区

◆ **皮书研创**

皮书规范、皮书选题、皮书出版、
皮书研究、研创团队

◆ **皮书评奖评价**

指标体系、皮书评价、皮书评奖

◆ **互动专区**

皮书说、社科数托邦、皮书微博、留言板

所获荣誉

◆ 2008 年、2011 年、2014 年，中国皮书
网均在全国新闻出版业网站荣誉评选中
获得"最具商业价值网站"称号；
◆ 2012 年，获得"出版业网站百强"称号。

网库合一

2014 年，中国皮书网与皮书数据库端口
合一，实现资源共享。

S 基本子库
UB DATABASE

中国社会发展数据库（下设 12 个子库）

整合国内外中国社会发展研究成果，汇聚独家统计数据、深度分析报告，涉及社会、人口、政治、教育、法律等 12 个领域，为了解中国社会发展动态、跟踪社会核心热点、分析社会发展趋势提供一站式资源搜索和数据服务。

中国经济发展数据库（下设 12 个子库）

围绕国内外中国经济发展主题研究报告、学术资讯、基础数据等资料构建，内容涵盖宏观经济、农业经济、工业经济、产业经济等 12 个重点经济领域，为实时掌控经济运行态势、把握经济发展规律、洞察经济形势、进行经济决策提供参考和依据。

中国行业发展数据库（下设 17 个子库）

以中国国民经济行业分类为依据，覆盖金融业、旅游、医疗卫生、交通运输、能源矿产等 100 多个行业，跟踪分析国民经济相关行业市场运行状况和政策导向，汇集行业发展前沿资讯，为投资、从业及各种经济决策提供理论基础和实践指导。

中国区域发展数据库（下设 6 个子库）

对中国特定区域内的经济、社会、文化等领域现状与发展情况进行深度分析和预测，研究层级至县及县以下行政区，涉及地区、区域经济体、城市、农村等不同维度，为地方经济社会宏观态势研究、发展经验研究、案例分析提供数据服务。

中国文化传媒数据库（下设 18 个子库）

汇聚文化传媒领域专家观点、热点资讯，梳理国内外中国文化发展相关学术研究成果、一手统计数据，涵盖文化产业、新闻传播、电影娱乐、文学艺术、群众文化等 18 个重点研究领域。为文化传媒研究提供相关数据、研究报告和综合分析服务。

世界经济与国际关系数据库（下设 6 个子库）

立足"皮书系列"世界经济、国际关系相关学术资源，整合世界经济、国际政治、世界文化与科技、全球性问题、国际组织与国际法、区域研究 6 大领域研究成果，为世界经济与国际关系研究提供全方位数据分析，为决策和形势研判提供参考。

法律声明

　　"皮书系列"（含蓝皮书、绿皮书、黄皮书）之品牌由社会科学文献出版社最早使用并持续至今，现已被中国图书市场所熟知。"皮书系列"的相关商标已在中华人民共和国国家工商行政管理总局商标局注册，如LOGO（▯）、皮书、Pishu、经济蓝皮书、社会蓝皮书等。"皮书系列"图书的注册商标专用权及封面设计、版式设计的著作权均为社会科学文献出版社所有。未经社会科学文献出版社书面授权许可，任何使用与"皮书系列"图书注册商标、封面设计、版式设计相同或者近似的文字、图形或其组合的行为均系侵权行为。

　　经作者授权，本书的专有出版权及信息网络传播权等为社会科学文献出版社享有。未经社会科学文献出版社书面授权许可，任何就本书内容的复制、发行或以数字形式进行网络传播的行为均系侵权行为。

　　社会科学文献出版社将通过法律途径追究上述侵权行为的法律责任，维护自身合法权益。

　　欢迎社会各界人士对侵犯社会科学文献出版社上述权利的侵权行为进行举报。电话：010-59367121，电子邮箱：fawubu@ssap.cn。

社会科学文献出版社